*i*
imaginist

想象另一种可能

理
想
国
imaginist

# 历史大脉络

将中国纳入世界

〔美〕许倬云 著

云南人民出版社

著作财产权人：© 三民书局股份有限公司
本著作中文简体字版由三民书局股份有限公司许可北京理想国时代文化有限责任公司在中国大陆地区发行、传播与销售。
未经著作财产权人书面许可，禁止对本著作之任何部分以电子、数字、影印、录音或任何其他方式复制、转载或传播。

著作权合同登记图字：23-2024-055

**图书在版编目（CIP）数据**

历史大脉络 /（美）许倬云著. -- 昆明：云南人民出版社，2024.12（2025.8重印）
ISBN 978-7-222-23033-0
Ⅰ. K0
中国国家版本馆CIP数据核字第2024ZU8497号

**责任编辑：**金学丽　柴　锐
**特约编辑：**赵　欣
**封面设计：**陆智昌
**内文制作：**马志方
**责任校对：**柳云龙
**责任印制：**代隆参

## 历史大脉络

[美] 许倬云 著

| | |
|---|---|
| 出　版 | 云南人民出版社 |
| 发　行 | 云南人民出版社 |
| 社　址 | 昆明市环城西路609号 |
| 邮　编 | 650034 |
| 网　址 | www.ynpph.com.cn |
| E-mail | ynrms@sina.com |
| 开　本 | 1168mm×850mm　1/32 |
| 印　张 | 13.75 |
| 字　数 | 275千 |
| 版　次 | 2024年12月第1版第1次印刷　2025年8月第2次印刷 |
| 印　刷 | 山东京沪印刷科技有限公司 |
| 书　号 | ISBN 978-7-222-23033-0 |
| 定　价 | 78.00元 |

## 简体字版序

　　一本历史性质的书，总反映一些撰写者自己对历史的理解。司马迁的《史记》是一部通史，其实是他在撰写他身处的当代史。历史学家克罗齐也曾指陈："所有的历史其实都是当代史。"我的这一本小书，何尝不是尝试从现代人的角度组织过去的事迹，选择与后来发展有关的部分陈述其发展的大势？

　　本书的前半段，乃以泼墨山水的手法勾勒人类历史与中国文化发展有关的大方向。后半段是从16世纪开始，即大洋航运开通，新大陆进入世界史，世界已是一个整体的局面下，中国与世界各处的发展。在前半段，欧亚大陆间的种种大事，都以大陆为舞台，以海洋为边外之地。在后半段，海洋却成为门户！

本书的安排，是把中国纳入世界：为了今日，理解过去，在世界史的大框架内，立足中国，关心世界！

　　历史与可以重建和复核的自然科学不同，过去是过去，即使有相似的个案出现，终究有不同的时空背景，不能真的重现过去。因此，历史的陈述，只能是旁观者的观察，从许多线索中寻找因与缘："因"是直接的演变，"缘"是不断牵涉的因素，无数的因与缘于是凑成无数可能之中的"果"。历史学能做到的，也不过是截断众流，挹起一瓢而已。

许倬云序于台北盛暑

2008 年 7 月 17 日

# 目 录

## 第一篇 古代世界与传统中国（从远古到1500年）

第 一 章 古代两河与埃及地区城市的出现 / 3

第 二 章 中国新石器文化到青铜文化时代的变化 / 10

第 三 章 中国古代的思想体系 / 17

第 四 章 两河、埃及、希腊、罗马与印度的思维模式 / 22

第 五 章 中国秦汉帝国的形态 / 29

第 六 章 古代的帝国——波斯、希腊与罗马 / 34

第 七 章 中国的精耕农业与市场经济 / 40

第 八 章 中国地区人口与族群的移动 / 48

第 九 章 欧洲地区族群的移动 / 52

第 十 章 欧洲的经济形态 / 57

第十一章 欧亚之间的丝路 / 62

第十二章 中国南方的对外通道 / 70

第十三章 基督教与伊斯兰教的扩张 / 77

第十四章 佛教及其他宗教传入中国 / 84

第 十 五 章　16 世纪以前的中国　/ 90

第 十 六 章　800—1600 年的欧洲　/ 98

## 第二篇　近古世界与中国（1500—1840）

第 十 七 章　大洋航道开通后的世界　/ 107

第 十 八 章　中国沿海的各国海商活动　/ 115

第 十 九 章　大洋航道的开通对台湾的影响　/ 121

第 二 十 章　16—18 世纪近代西方国家的兴起　/ 128

第二十一章　明清时期的国家形态与亚洲周边　/ 136

第二十二章　台湾的开拓　/ 143

第二十三章　明清民间武力起事活动　/ 151

第二十四章　明末清初的思想界　/ 156

第二十五章　欧洲的宗教改革与启蒙运动　/ 163

第二十六章　近代科学的兴起　/ 171

第二十七章　大革命的时代　/ 179

第二十八章　工业革命与资本主义经济　/ 185

第二十九章　近代帝国主义国家的扩张　/ 191

第 三 十 章　衰竭前夕的中国经济　/ 198

第三十一章　明夷之际的中国文化　/ 203

第三十二章　清朝的兴衰　/ 209

## 第三篇 近代世界与中国（1840—1950）

第三十三章 鸦片战争的背景 / 221

第三十四章 第一波西潮的冲击 / 228

第三十五章 日本明治维新与中日甲午战争 / 234

第三十六章 日本殖民统治下的台湾 / 242

第三十七章 对于第二波西潮的反应 / 249

第三十八章 辛亥革命 / 256

第三十九章 19世纪中至20世纪初的世界大势 / 262

第 四 十 章 从五四运动论自由与民主 / 270

第四十一章 北伐与十年建设 / 276

第四十二章 两次世界大战间的世界形势 / 282

第四十三章 世界经济恐慌与美国的崛起 / 287

第四十四章 日本侵华与八年全面抗战 / 293

第四十五章 第二次世界大战 / 302

第四十六章 国共内战 / 307

第四十七章 光复后的台湾 / 313

第四十八章 第二次世界大战后的世界情势 / 321

## 第四篇 现代世界与东亚（1950—2000）

第四十九章 国民党迁台 / 331

第 五 十 章 冷战的世界 / 337

第五十一章　新中国成立初期（20世纪50年代）　/ 343

第五十二章　朝鲜战争及东亚形势　/ 350

第五十三章　重整时期的台湾地区　/ 355

第五十四章　台湾地区的经济起飞　/ 362

第五十五章　台湾地区的民主化与大陆的改革开放　/ 369

第五十六章　亚洲太平洋地区的情势　/ 373

第五十七章　今日世界大势　/ 378

第五十八章　后现代论述　/ 383

第五十九章　信息革命　/ 389

第 六 十 章　科技的发展　/ 394

第六十一章　知识工业与经济　/ 400

第六十二章　美好的新世界？　/ 405

第六十三章　重建价值系统　/ 410

**中外大事记　/ 416**

# 第一篇 古代世界与传统中国（从远古到1500年）

第一章

# 古代两河与埃及地区城市的出现

　　大约距今一万年前,有些地方的人类培育了可以食用的植物。农业的出现,从此使人类由食物的采集者变为食物的生产者。这一改变之后,人类开始长期定居,不必四处游徙谋生。人口增加,聚落也出现了,有些地方的聚落进一步发展为城市,形成多种功能的复杂社区组织。

　　经由考古的资料及古代文字的记载,我们对于古代两河城市的认识较为清楚。这一地区古代城市发展的过程也大约可以考知,而且两河地区的农业发展,在人类农业史上也为时最早。因此,我们讨论人类大型聚落,不妨以两河地区的城市为切入点。

　　两河地区,即指今日伊拉克幼发拉底河与底格里斯河的流域,基本的地形是一片平坦的冲积平原。这一地区的西边和北边的高地，当是麦类培育的地区。两河冲积平原水源丰富，土壤松软，因此农业发达，农村也相当多。可是冲积平原上，除了土壤，其他生活资源并不足够。为此古代农人必须从外地取得本地没有的生活资源，例如从山区运来石材，从黎巴嫩运来木材，从里海运来食盐等类物品，而以本地的农产品外销。远地贸易便相应而生。

因此在两河平原，尤其东南方最为肥沃的巴比伦地区，出现了一些作为货运中心的大型村落，成为周边村落群的中心，这些超级聚落，遂演变为最早的城市。距今五六千年前，城市为财富之所在，遂有了越来越坚固的防御设备，深沟高垒，保护其中的居民。一座城市往往有自己的保护神，有神庙为祭祀中心，主持祭祀事务的人员也是管理地方事务的领袖。城市与城市之间，不免因为争夺生活资源而有战争。有些战场上的战士，渐渐成为专业的军人，掌握了武力，取代神职人员成为城市的统治阶层，更因为城市之间的兼并，出现了一个中心城市辖有周边卫星城市群的领土国家。阿卡德、乌尔、巴比伦等，多有过这样的演变。两河流域经历的这一过程，在世界各处也曾出现类似的现象。

两河流域的古老文明，文献的记载有限，都由考古学的工作重建了这一地区人类历史的早期成就。今日的知识将这一段历史——在新石器时代发展农业及定居生活后——分为苏美尔文化、巴比伦文化及亚述文化三个阶段。楔形文字及大型聚落，都在苏美尔文化时期出现；而巴比伦文化时代，

## 第一章 古代两河与埃及地区城市的出现

巴比伦遗址。拍摄于20世纪30年代

文物典章,斐然可观;至于亚述文化时代,大型国家已发展为帝国,文字也已分别为周边各处所备用,成为拼写各种不同语言的字母了。

北非尼罗河中下游狭长的河谷,孕育了古代埃及文化。这一文化系统的源头,还有待进一步的探讨。我们所知者,埃及文化的早期发展,颇受为时更早的两河文化刺激而引发其动力,但日后的发展,埃及文化有自己的途径,在社会组织、文字系统等方面都与两河文化迥异。

古代埃及的农业聚落,分布在尼罗河两岸及河口的三角洲。经过兼并,出现了几个中心城市,后来归并为上下埃及,最后统一为笼罩尼罗河上下游的古代国家。埃及古代的城市也是财富集中的中心，也有各地独有的保护神信仰及其神职人员。最后统一埃及的古代王国，其法老既是最高祭司，也是军事领袖。

在印度河流域曾出现哈拉本（有人称为哈拉帕）文化，其遗址显见哈拉本文化的聚落结构之间都相当相似，只有面积大小的不同。这些遗址都有建筑在高地的庙宇、宫殿及储粮的仓库，防卫严密，自成格局，在低地则是市场与民居。遗址有大有小，呈现大聚落与众多小聚落的等级布局。

印度河流域发展的印度古代文化似乎是独立出现，但很早即受外来文化的影响。可能是印度河原生的哈拉本文化，既受两河文化的冲击，又因中亚印欧语系族群南下的影响，遂发展出后来的吠陀文化。而在其向南方开拓的过程中，进入了恒河流域及印度次大陆的高原与沿海地带，一波一波南下的印欧族群与各处的土著不断融合，缔造了各地具有地方色彩的次文化，但其主要成分还是印欧族群主导的印度文化。

古代希腊城邦是另一形式的城市，一般教科书都将希腊城邦美化为古代文明的高度成就，甚至以为希腊城邦是民主政治的源头，其实，凡此描述颇与实际情形不符。希腊城邦是印欧语族群由北方进入希腊半岛后建立的殖民地。城邦居民分成两个阶层：殖民族群是统治者及他们的奴隶，住在城内，城外是原来的本地居民。只有那些雅利安殖民者是城市的公民。世界上不少以移徙与战斗功能组织而成的军事部落（例如欧亚大陆的游牧族群及美洲大陆的若干印第安部落），

第一章　古代两河与埃及地区城市的出现

古希腊神庙

其部落成年男子对于部落事务有相当的发言权，尤其在推选领袖时往往由成年战士公决。希腊城邦中并非全是民主政体，雅典是最著名的民主城邦，斯巴达则是王政的城邦，而北边的马其顿是王国，不是城邦。

　　古代印欧语族群曾多次大批迁徙，进入印度，与当地居民融合为后来的印度人种。这些新来的族群，或组织为城邦，或组织为王国，其发展形态颇与古代希腊诸邦相似。至于古代哈拉本文化遗址的古城与这种印欧城市之间的关系，我们无法确知。大致言之，两者可能分别代表汇聚与殖民两种形态。

　　上述汇聚型与殖民型两类城市，共同的特点为人口高度集中于城市，财富也相当集中于城市。有了人口与财富的集中，城市遂成为文明孕育与发展的中心。

首先，一个社区有了足够的资源，即有余力维持人群中的俊杰之士专注于劳心工作，由此可以进行抽象思考（例如哲学、宗教、数学），也可有人专注于创作（例如艺术、工艺）及将这些成果保存并传输于后人（例如历史、教育工作）。文明遂得以世代存续，继长增高。

其次，城市人口众多，成分复杂，管理这样一个复杂的社区，已不是村落或宗族结构的管理方式足以肆应，于是古代城市的出现，也意味着大型复杂的政治体随之发展，并由此分化为不同的组织方式与管理形态的政治共同体，即不同形态的国家。

文明的发展与文字的出现，有不可分离的关系。两河楔形文字是该地区最早的文字系统，由象形开始，进而发展为拼音系统。后世许多拼音系统，直接或间接由这一系统衍生演化。古代埃及的象形文字，出现的时间略晚于最早的楔形文字，却又在后来演变为"形声字"的系统。两河与埃及相距不远，所以一先一后，后者却又未袭用前者的造字原则，其中的历史关系至今没有令人满意的答案。楔形文字的起始似与商业有关，埃及的古代文字则与宗教祭祀有密切关系，这一差异也是值得注意的。

两河、埃及及其邻近地区，各文化之间互有影响。上述两个文字系统之间的关系，不过为一例证。又如，埃及金字塔的原型，可能来自两河神庙的高塔。埃及古代一度出现的独一尊神观念，后来成为犹太教的主要特点。两河地区的麦类农业，传播于西亚、北非各地，后来更远传东亚及欧洲。中亚的马车传入两河及埃及，也东传到中国，南传到印度。凡此文化传播与交流，处处可见，数不胜数。

　　本章主要讨论人类文明的起源，而以复杂社会组织及文字的出现为指针。除中国文明系统之外，幼发拉底河和底格里斯河的两河流域、尼罗河谷的埃及与印度河和恒河流域的印度，都是人类缔造文明最早的地区。在人类历史上，以至今可见的资料而言，两河与埃及的城市堪称大型聚落最早出现的几个例证。大型聚落的出现在人类社会复杂化过程中，有划时代的意义。人类从群聚定居之后，生活安定，彼此学习，文明由此而逐步发展，开启了几千年的人类历史。

第二章

# 中国新石器文化到青铜文化时代的变化

中国幅员广大,内部因地理条件的差异,可以划分为许多区域。各区域之间又因为壤地相接,并无难以跨越的障碍,以致文化发展与其相邻文化经常互相影响,甚至逐渐融汇。与上一章两河、埃及、印度各种古代文化的发展模式相比,中国地区的文化发展是不断融合,最后趋于大同小异的面貌,而两河、埃及与印度三区,论其涵盖的总面积比广义中国的范围大不了多少,却长期区隔为独自发展的系列。

若以农业及聚落的出现作为指标,中国地区的农业在距今一万年前即已出现。北方以河北磁山的黍稷为至今最早的遗存,南方则以湖南澧县的稻米为最早的遗存。黍稷与稻米文化的分布,大致以秦岭淮河线为分界,但是中间的过渡地带相当大,而且黍稷的栽培也可见于南

## 农业的出现

近年来新的考古资料陆续出土,关于农业的出现也有了更多的了解。除了出土石器如石镰、石锄等农业生产工具以外,还有稻米的遗留。距今将近一万年前的澧县彭头山等遗址就发现了稻谷、稻壳的遗存,将中国种植水稻的时间大幅推前。距今七千年前左右的浙江余姚河姆渡遗址,出土的相关考古文物更为丰富,甚至还有稻秆、稻叶以及生产工具。大约同时期黄河流域的裴李岗、磁山遗址,以粟为粮食,也发现了许多农业生产工具,如石铲、石磨盘、石磨棒等,可知当时的人类不但已经从事农业生产,并能进行加工,已非原始形态。

方高地山岭。

中国新石器时代文化遗址数量众多,超过任何其他地区,然而,由于大部分遗址是在现代建设工程进行中发现的,难以做预先设计的全面发掘,因此中国考古学上罕见两河流域那种有计划地大规模发掘一座城市的考古工作。中国的考古发现以居住与墓葬为多,我们可以由文物内容探索古人生活,但与两河、埃及考古所得相比,较少有大型建筑的全貌(例如金字塔、神庙)。

中国考古学的特色,在于由古代器物的形状与遗址的层位关系重建同一文化的演变过程及不同文化之间的交流与影响。从区系类型的考察，中国考古学至少已对东北、山东、东南、华南、北方与江汉六个地区的变化有相当清楚的认识。这些地区，每一区都有其演变的谱系：例如东北区的红山—夏家店下层—夏家店上层文化系列；山东地区的北辛—大汶口—龙山—岳石文化系列；江汉地区的大溪、屈家岭、青龙泉三个平行而又彼此纠缠的文化系列；北方渭水与黄河中下游地区则是由仰韶文化分化而成的半坡与庙底沟两系文化，庙底沟文化迤逦而东，远达郑州；东南太湖地区则有马家浜—良渚—马桥—吴越文化系列……凡此发展，都延续数千年之久。

在四五千年前，东北、山东与江汉地区的文化，都有过一次由盛而衰的过程，例如山东的大汶口文化，文物精美，遗址众多，接下去有更为可观的龙山文化，个别聚落比大汶口更大，社会组织也较复杂，但嗣后的岳石文化遗址数量少，文化也较简陋。在距今四千年前左右，新石器文化的中衰现象，在东北、河北、江汉、东南都曾出现；反之，中原黄河中下游的庙底沟文化，从未有过红山、良渚文化那种精美玉器，或大汶口与龙山文化那种优质的陶器，却居然一枝独秀，出现了二里头遗址的大型宫殿与城市，以及陶寺遗址的庞大墓地和居住遗址。这一次的巨大变化，其原因还待探索，却是中国地区第一次出现了一个逐渐凝聚的核心，由此发展了可能相当于传说中夏代的大型国家，并在此基础上发展了从东北进入中心的商代与嗣后从西方进入中心的周代，从而形

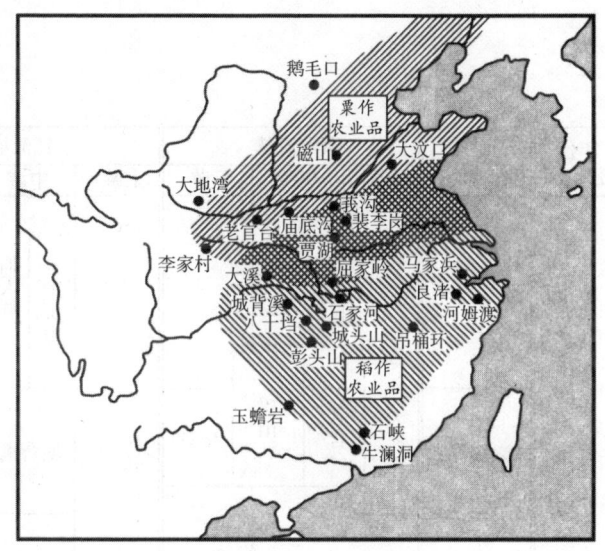

新石器时代重要遗址分布图

成中国传统历史的"三代"观念及与此相关的"中原"观念。

二里头的城市遗址与商代的城市遗址（偃师、安阳殷墟、洹北），似乎都是政治中心与礼仪中心，从其宗庙的位置及其规模言之，这些中心的政治功能，其实与礼仪功能难以区隔。中国古代的信仰，应有崇拜自然力的神祇信仰与慎终追远的祖宗崇拜两个不同的方向。红山与良渚的精美玉器，毋宁是崇拜神祇的巫觋之法器，而商周的祖宗崇拜则以宗庙祭祀祖先。"中原"的"三代"，以祖先崇拜为主，宗庙乃统治阶层的权力所寄，是以此后的中国文化中，"慎终追远"成

| 年代(公元前) | 燕山以北 | 黄河流域 |||  长江流域 |||
|---|---|---|---|---|---|---|---|
| | | 上游 | 中游 | 下游 | 上游 | 中游 | 下游 |
| 7000 | | | | | | 彭头山 / 仙人洞 | |
| 6000 | 兴隆洼 | 大地湾 | 老官台 | 磁山 | | 城背溪 | |
| 5000 | | | | 北辛 | | | 河姆渡 |
| 4000 | 红山 | | 仰韶 | 大汶口 | | 大溪 | 马家浜 |
| | | | | | | | 松泽 |
| 3000 | 小河沿 | 马家窑 | 中原龙山 陶寺 | 山东龙山 | | 屈家岭 | 良渚 |
| 2000 | 夏家店 | 齐家 | 二里头 | 岳石 | | 石家河 | |

新石器时代重要文化系统表

## 第二章 中国新石器文化到青铜文化时代的变化

为十分重要的观念。

二里头遗址中，有相当面积是制造石器与陶器的作坊，有一处还堆积了大量绿松石的石材。由此观之，二里头的古城也是一个制造中心，至于制成的成品是否也是外销的商品，抑或是由别处取来原料在此制作自用，目前不能确定。至少这些石料与石材必定来自他处，则二里头也是一个资料集散地，是一个类似两河流域商业城市的聚落。

河北的藁城与湖北的盘龙城都是商王朝外围的城市，应是卫戍城市，军事性与政治性应强于礼仪性。周人由西陲进入中原，取代商王朝，统治了中原。周代的封建制度众建诸侯，以为藩屏，自周代在陕西的老根据地逐步分封子孙亲戚，纷纷建国，今日的陕西、河南、淮河、山东、山西、河北，都有周人封国。一个"国"其实是一个中心城市加上若干卫星城市，以"点"控御四周的"面"。周代的封建启动了社区扩大与凝聚的过程，从城市发展为城邦，然后充实为领土国家。

春秋时期，中原与南方之吴越的对峙与互动，促成中国南北两个文化大区域的融合。另一方面，有一些政治—军事—礼仪功能的城市，例如临淄、邯郸、咸阳、郢、宜阳等，因为各地之间的互通有无，成为地区性的制造与贸易中心。这些商业城市构成一个网络，促进了中国各地经济的整合，创造了"天下定于一"的经济条件，结合文化上的整合，中国终于走向统一的"天下国家"。

西周王国解体，本来依赖宗族维系的封建体系，在春秋战国近六百年间，竟逐步转化，完成了从城市到天下的历史过程。

第三章

# 中国古代的思想体系

中国的文字系统，起源于何时，至今还不能断言。新石器时代晚期，陶器上偶见一些符号，可能即是当时的文字。至少大汶口文化的一些陶文，例如日、火、山形的合文，虽然相当抽象，但已具备造字的原理。而且这些陶文在不同地点出土的陶器上出现，似乎表示已经约定俗成。可是，这些陶文都只是偶然一见，此外并没有成为文句的文字。四川的巴文化青铜器上常出现几个符号，有的如手掌形，有的如心形，但也只是个别的符号，不能成为文句。也许远古已有文字，却因书写工具朽腐，遂不能留下篇章，以供后人从中窥知古人的思想。

中国古代文字已确切可读的，则是商代的占卜文字及青铜器上的铭刻文字。前者笔画较简，后者较繁，但二者之间仍有互通的造字与组句的原则。为此，卜辞是简体，金文是繁体。

卜辞与金文，文句简短而且限于祭祀或礼仪之用，从中抽绎，也不过是对于祖先的礼敬及对于自然力（例如天、山、河、风）的敬畏。古人大约只有神祇信仰与祖先崇拜，简约言之，即是敬天与法祖两类。但是二者不是互斥的，在各个族群里却也可能各有所偏，例如红山文化可能是敬天的文化，而商文化则是法祖的文化。合而为之，敬天法祖的观念，自远古起即是中国思想的重要成分。在祖先之前执掌礼仪的是祝卜，在神祇之前专司通灵的人物是巫觋，这两类人物，都因其神圣的任务，既是专业的知识保存者，也是能作抽象思考的学者，他们便是后世思想家的前驱。

可作为探索古代思想的典范，至少有《尚书》《诗经》《易经》《仪礼》《礼记》及《春秋》经传诸种经典，凡此都是北方文化的产品。在江汉地区，《楚辞》之中也保存了不少南方的信仰与思想方式。至于古代思想家的派系，则有以孔子、孟子、荀子一系列的儒家为北方主流，以老子、庄子、杨朱为代表的南方系统，而又有衍生于儒家的法家、接近于自然的阴阳家、出于儒家而又反对儒家的墨家，以及专论逻辑的名家。南北交融，整合为中国思想体系，则当在秦汉以后了。

这些系派的分类，其实出于汉人的分类，并不能反映中国思想的实际演变过程，我们毋宁依照若干观念的转化来探讨中国思想的发展。

## 第三章 中国古代的思想体系

敬神，是对自然而神秘的力量的敬畏；法祖，是对于父母感情的延伸。两者都未必具有超越的内涵，也未必有道德的意义。这种敬畏的超越，于自我及现实，当是在商周之际对于"天命"的认知。《尚书》与《诗经》中的"天"，是一种神秘的力量，也是奖善罚恶的道德性主宰。周人代殷商取得天下，自以为是"天命"的裁决。这一突破，或可认作古代中国文明的开始，从此而后即有善恶是非之分，生命有了指标与方向，遂有人生终极的意义。

《礼记·中庸》："天命之谓性，率性之谓道，修道之谓教。"1993年湖北荆门郭店出土的（楚墓竹简）文书"性自命出，命自天降"，均可解读为人性的意义；此处的"性"可以是人类共有的属性特质，也可以是个人特有的禀赋，"命"则既是天赋的使命，也是由禀赋确定的命运。两者都超越于单纯的存在，而有一定的庄严性。《礼记》和郭店文书均为战国至汉代的文献，其中观念也是古代观念合理的延展。我们无妨由此解读，认知中国文明之所谓人文精神，即是由命与性的定义导出。

西周贵族社会，将周室王权追溯于列代祖先接受的天命。前述神祇与祖宗信仰的结合，在"天命"之笼罩下，一切礼仪已不仅仅是为了取悦神明与祖灵，而是具有庄严意义的"礼"，即由如何遵行礼仪转变为"当为"与"不当为"的尺度标准。

孔子的出现，进一步将贵族的"礼"制当作每一个人都该遵守的行为准则，"礼"还是一个人文社会维持其文明的通则。礼是外在的规范，与之相应的则是"人"内在的本质。孔子揭出了"仁"的观念，以落实人性。"仁"字原本是意指"美好"的形容词。同时，在"仁"与"不仁"的意义，又作感受解。果实的核心是"仁"，则是认知果实为植物生命之所寄。孔子重新诠释"仁"字，赋予人性最根本、最美善的本质。于是外在的规范，有了内在孕育的人性本质，若能发扬人性中这一份"仁"，人即成全了其为"人"的"命"。

墨子原来可能是从儒门中分出，但其着眼点不在个别"人"完成的人"性"，而在群体的公义及如何促成群体共同福祉的机制。孔子身后，墨家成为显学，则可能与春秋末列国国家功能渐强而有了以国为本体的群体意识有关。孟子为了反驳墨家，将仁义结合为内外的一体，仍是发扬光大孔子的"仁"。

在墨子为显学的时代，杨朱的个人主义也是显学，这一主张可能与淮汉南方的文化传统有关。南方气候温和，植物易于生长，个人独立也能谋生，因此不必强求群体中的合作互助，却重视个体的自尊与自主。在这一系统中，老子与庄子当然提出较杨朱学说更为清楚的论述。于是自从战国时代以来，儒道两家互为影响，到了汉初还未十分融合，这一长期的纠葛终于在南北朝以后形成中国思想中互补的两翼。

另一方面，荀子从孔子思想中特别提出"礼"的部分，扩大"礼"的内涵，包含典章制度与法律。修道之谓"教"，则联系外在的礼与内在的仁义。这一理论系统中,个人的修为与国家的治理有密切关系。法令以礼教为本,而以"学"自进,趋于群体"大道"的实现。

东方沿海地区发展的阴阳五行之学,可能是由古代神祇信仰演变的思想体系,致力于理解自然力及配合自然力的互动。这一系统的思想,重点在于"变",而且重视人与自然界的互动,以厘清天人之际的变化。阴阳五行两家的基本观念,当与《易经》有相当程度的关联。

法家及名家,一是管理的方法,一是辩论与思考的方法,并不涉及目的。

到了汉代,上述诸家思想之间不断辩诘,互相影响。《吕氏春秋》《淮南子》甚至《礼记》中的若干篇章,都多多少少是一家学派在与别家辩诘过程中发展为一定程度的综合。先秦诸家经过辩证的综合,由董仲舒提出的巨大体系熔诸家于一炉。董仲舒的理论,大体是以"变化"为主轴,其中诸种力量相生又相制,尤以阴阳两极互补而又不得走极端。个人为群体,是延续的扩大,而不是悖反对立。于是社会的扩大、空间的盈缩与时局的变化,构成一个庞大的复杂体系,人在其中,承受体系的涵盖与约束,而又以个人的自由意志参与不断变化的大道。这一系统成为中国人长期思想的模式,直到佛教进入中国才有新的转折。

第四章

# 两河、埃及、希腊、罗马与印度的思维模式

本章牵涉许多古代文化的思维方式,难以在此详述细节,是以仅就有关西方主流思想形态的部分稍加论述。

两河流域的泥版文字,经过解读,颇多古代传说与文学资料,引人注意者,寓言方式的歌谣,其内容均是两种事物的对比或互讽,例如雨水与烈风、甜水与苦水、牧人与农夫等,凡此对话,呈现对立的二元,彼此互斥而不能相容。二元论的思维,在两河思想体系,例如在波斯发展的祆教及后来的摩尼教,都是善恶两分的思维模式,颇继承了古代两河神话中神魔相争的传统。

二元思想也呈现于严冬与春天、死亡与生命、黑暗与光明等诸种更迭,严冬来袭,春神潜居黑暗的洞穴,人们必须经过努力,甚至牺牲,才能唤回春天,也唤回生命。这种仪式,

法老埃赫那顿主导了独一尊神的信仰改革,崇拜太阳神,这可能是人类历史上第一次提出独一尊神的观念

就是后世基督教生命与复活观念的滥觞。救回春天与生命的英雄，例如古代传说中的马尔杜克，原是神魔大战中的神将，在巴比伦时代演变成为救世主的形象，功在救回春天与生命，以此受人膜拜。凡此救赎与复活的主题，不仅在后世基督教教义中具有重要意义，也是许多启示性宗教的特色。

由壁画及纸莎草文献中可知，埃及古代信仰长期延续了多神信仰的传统。但在公元前14世纪时，法老埃赫那顿主导了独一尊神的信仰改革，以太阳神为独一尊神，他君临宇宙，赋众生以生命，不论猛狮或小草都受太阳神的庇佑。这次宗教改革不久即因各地神庙祭司的联合反对终于失败，可是这一事件可能是人类历史上第一次提出了独一尊神的观念。当时正有许多犹太人在埃及帝国为奴，后来在摩西的领导下，他们离开埃及，回到故乡。摩西提出的"十诫"乃是古代犹太教的基石，其中独尊单一真神（上帝），是否受埃赫那顿信仰改革的影响，我们虽难确定，却也十分可能。更堪注意者，埃赫那顿的太阳神是普世的真神，这一普世特性其实与犹太教的族群神性质不合。犹太人自命为上帝选民，受上帝的特别恩宠。但在犹太人屡次经过亡国之恸、族群离散之苦后，却也逐渐将自以为以色列独有的尊神转变为普世的真神。基督教初期的发展，保罗是一位关键的人物，经过他们发扬阐释，以色列的上帝遂完全转变为人类共有的普世真神。

古代希腊的斯多葛学派，在中文往往译作"禁欲主义"，其实这一派的思想主旨在于修身养性，颇与中国儒家的"克

## 第四章 两河、埃及、希腊、罗马与印度的思维模式

己复礼"相似。这一宗派堪称西方的儒家,在希腊化时代及罗马时代是地中海地区的显学,其影响超过同时代的其他宗派。那时,基督教还正在发展的初阶,吸收了斯多葛学派伦理道德的观念,丰富了原来族群信仰所不足的超越理念。尤其是这一宗派主张宇宙间有一个终极的逻各斯(logos),颇类似中国的"道"。在基督教新约圣经中"太初有道,道成肉身",即是吸收了希腊哲学的观念,转化为上帝代表的超越理念。

与斯多葛思想同时,有希腊哲学的伊壁鸠鲁派,中文常译为享乐主义者,其实也是误译。这一宗派的思想以人生求其愉悦为目的,但是并不主张过分地享用,更反对贪欲与追逐名利,毋宁与中国道家的"天然率性"相近。这一宗派主张宇宙的客观存在,甚至提出"原子"(atom)是宇宙的基本物质,在近代科学发展后,这一派的理念竟可称为远祖。

犬儒学派,中文常称之为嘲讽的学风,也是误解这一学派以个人自尊自在为志,不在乎世俗的虚荣与享受,生活但求自适,是绝对的个人主义,颇类似中国古代的杨朱学派。

至于毕达哥拉斯学派,则以为宇宙之理可由数字译码,实是数学之祖。若与中国古代学派相比,颇似阴阳五行家的术数之学。

这些希腊的思想派别,竟可与中国古代诸家挂号相比,当然,两个古代文明仍有相当差别。大致言之,中国思想重入世的人文与群己伦理,希腊思想则重视宇宙之理及个人的自主。

中国与希腊的宇宙观及人生观，均有从"实有"的方向思考，古代印度文明却从完全相反的方向来讨论宇宙与人生的虚幻。

印度最古老的典籍"四吠陀"及奥义书，原是多神信仰的仪礼，其内容无非是如何祭祀礼教神祇。为了通灵神游，这些祭司阶级（婆罗门）经常服用或熏烧药物，以期达到忘我境界。这些仪礼并不讨论人生与宇宙存在的意义，因此，吠陀文化并无超越性质。

佛陀出世，没有为婆罗门教提供超越的意义，而初期佛教是对于婆罗门教的反动。释迦牟尼认为生老病死，四谛皆苦，但一日在世，还是必须遵循八正道，而不能有恶言恶行。佛教的终极意义即是诸法皆空，凡所见诸相，无非心念所动的虚幻，从自己心念构建的人相我相，不过是梦幻泡影。

早期佛家应是无神论，可是佛陀之后，僧侣发展为信佛的宗教，原来还只是从辩证中自求解脱，但是自从佛教传入中亚，受了当地启示性宗教的影响，遂从自度转化为度人。由中亚传入中国，中土的佛教已不是自度的思辨，而是以救赎众生为其志业了。在中国，经过将近一千年的消化，度人的佛教与经世济人的儒家逐渐相融，将入世与出世融合为自救与度人，而成就两方面兼顾的志业。

各地人群，除了谋生求活之外，总会对自身所处的宇宙及宇宙中其他人群与自身的关系充满疑问，不断探寻其存在的意义及价值，提出这些超越于求生的问题——期待突破浑

鹿野苑笈多王朝浮雕，表现了释迦一生的四大事迹，由下而上为释迦诞生、降魔成道、转动法轮、涅槃寂灭

浑噩噩的生活，开创文明。各地人群各有其提问的方向，因此决定了其解答的可能范围。本章所述，乃是两三千年来人类文明已走过的旅程，一路行来，纠缠交叉，彼此影响，终于走到今天的世界。如此走下去，走到哪一境地，也全靠人类自己的抉择了。

第五章

# 中国秦汉帝国的形态

自从秦始皇统一了当时的"天下",中国即成为一个长期整合的政治体。从此以往,这一政治体虽有分合,"中国"的本部总是一个国体,而且文化与经济的共同体也是依附在"中国"这一观念上。

中国作为一个政治单元,能够有长期的凝聚性,固然是由于其地理环境自成格局,但也是由于国家形态具备一定程度的稳定性。

经过春秋战国的蜕变,古代的封建社会转变为编户齐民的天下国家,在同一个统治机制下,一般平民百姓虽有贫富之分,人的地位也有高有低,却没有永久的贵族与大量永远不能翻身的奴隶。大多数国民,都在同一个国家体制下交粮纳税,也由同一法律规范其生活所依的秩序。编户齐民的国

> **编户齐民**
>
> 战争促成了"编户齐民"的国家形态。春秋战国时期,各国为了能更有效地控制资源及动员人力,逐渐凝聚组成严密的国家形态。封建制度崩坏后,人民不再属于诸侯领主,而是进入国家组织,承担纳税服役的义务。秦统一天下后,实行郡县制度,天子领有万民,所以理论上所有的人都是平等的(齐民),国家则通过户籍制度,以户为单位将人民纳入国家组织(编户),并利用乡里作为最基层的地方行政组织,从而完全掌握地方。

家形态,在古代世界并不多见(参见第六章)。可能正因为这样的国家形态,经过长期的凝聚,"中国"这一观念竟界定了"中国"的存在。类似的国家形态,是最近数百年出现的主权国家,在今天已是常态。但在历史上,中国的编户齐民制可能是延续最长久的例子了。

秦汉帝国的结构并不是任何人设计的,而是经过战国时代列国纷争,一个一个国家个别尝试,又互相模仿,方出现的。战国时代晚期,一个国家已是由君主与专业官吏治理,也已有了中央与地方的分层管理。秦始皇统一中国,将秦国已实行的制度施行于全国,汉承秦制,大体未改,但是经过三四代的逐渐改革,专业的文官构成统治机构的主体。从此以后,

## 第五章 中国秦汉帝国的形态

中国的皇帝不得不与庞大的文官集团共治天下，内廷与外朝的区分，颇同今日企业组织董事会与公司抗衡相似。

外朝，即执行政务的政府，是一个庞大文官组织的高级主管，汉代的外朝由丞相主持，在权力结构上应是与皇帝的内廷分工的，但是皇帝的权力仍时时干预外朝。皇帝内廷的幕僚，包括宦官、外戚或宠臣，常常借君权夺取相权。从汉至清，只有宋朝的内廷没有伸张势力，侵夺文官组织的权力。皇帝终究是专制的君王，臣僚对皇权还是无可奈何的。

中国的文官系统，古代世界难见同类。今日社会学上的官吏僚属（简称官僚）的定义，乃是一群以管理为业务的人员。这些官僚应是执行政策的工作人员，因此政策制定人对于执行人员应尊重其专业上的理性。但是，中国的文官，自从汉代荐举贤良方正、孝悌力田等作为官员入仕进阶的条件，数千年来的士大夫都接受儒家理念教育。科举制度考试用来测试举子对儒家观念的认识。于是，数千年来，中国的文官系统不仅以专业为入仕资格，而且以实现儒家理念为目的。这是一个有意识形态的文官群体，并不仅是管理系统中的工具。

许多宗教都有出世的理想，其乐土都不在人间。儒家则秉持入世的理想，要在人间缔造一个符合其理想的社会秩序。于是以儒家士大夫为主体的中国文官系统，至少在理论上，认为政府不仅可以征集资源，保持国力，更必须为生民立命，为万世开太平。因此，中国的王朝至少在政治上不是为了皇权而存在，而是为了天下生民而存在。王朝有好有坏，大多数的王朝，完全背离这一理想。只是，有理想总比没有理想好。两千多年来，中国老百姓的生活，大体来说，比在欧洲贵族政治下的百姓的生活还是好些，至少有了天灾人祸之时，政府通常会有赈济的措施。当然，在最近四百年内，欧洲政制已今非昔比，欧洲百姓的生活水平已超过中国百姓的了。

中国的文官，正如任何权力结构中的人，大部分会为权力腐化，更多的人会依附权力，忘记了儒家理念。可是，只要以理想为鹄的，总有一些人，或在权力结构中力求匡正缺失，或在权力圈外抗争。许多忠烈正直人士，即使在当时只是白费气力，儒家的理想也会因有这些谔谔之士得以长存不堕。

中国的文官既以科举为入仕途径，过了关口的人数相对于读书人的总数必然只是少数。读书人中，包括尚未入仕及已经致仕的，有不少人士成为社区的领袖，即地方的缙绅。他们代表了社会力量，对国家既支持也制衡。在近代民主政治出现之前，许多欧洲国家并没有类似的社会力量以制约国家的权力。

由于中国政治上的这些特点，两千余年来，编户齐民支撑的皇帝—文官体制为中国百姓提供了比较安定的生活。是以，中国天灾人祸并不少于欧洲，但是中国人口持续增长，文化与经济的整合也持续进行，致使这一庞大的"天下国家"延续了两千年之久。

中国历史上的王朝不断更迭。一般言之，改朝换代乃是一种关节更新。朝代初起时，惩于前朝覆亡，必有若干新制

## 第五章 中国秦汉帝国的形态

以匡救敝败,而且新朝代君臣中必有一些能干的人才。因此,新朝之始,施政大致不差,到了两三代以后,制度日久生弊,再加上一两代的安定,人人好逸恶劳,莫说创业,甚至守成也不足。再过两三代,王朝若不振作,则会内乱外患,朝政敝坏,国事江河日下。此时王朝无力肆应,就难有重启新运的机会了。若是王朝垮了,另一批人乘时而起,从头收拾,即是新的朝代。这种周期,因每一个朝代的特定情形各有其历史背景,还不能有一定的时间长度以预测其发生。

总之,中国的皇帝—文官制度,使中国历史有比较长期的稳定,在近代的世界大变化以前,中国文化与经济在这一种国家形态下,有相当长时期的涵泳与凝聚;于是,中国的政治体、文化体及经济体,三者几乎完全重叠,即使在三者扩大的过程中,新吸纳的边缘也往往逐步融入其中,成为巨大共同体的一部分。另一方面,中国帝国体制也因为受此调节而陷入僵化的困境,以致不能在大变之时有所调适。

第六章

# 古代的帝国——波斯、希腊与罗马

波斯、希腊与罗马都是古代的大帝国，其声势颇与东方的中国相埒。不过，中国有其发展及凝聚的特点，这三个古代的大帝国也都有各自的特色。东亚、西亚与地中海，三个古代世界在后世走上不同的途径，其影响及于今日。复杂文化系统的开展，时时有重要的转折，然而其发轫之初即决定了以后逐步前进的方向。

从两河流域与尼罗河流域的古代亚非世界来看，今日的伊朗地区只是文明的边缘。却正是在这一边缘地带，波斯崛起为中东的主角。波斯由米底亚发展，正值古代中东由盛而衰之际，两河流域与尼罗河流域因长期争夺霸权都已疲惫，波斯从今日波斯湾起家，很快席卷中东，奄有古代最为繁盛的地区。波斯帝国的政治结构，是相当强大的中央集权，帝

## 第六章 古代的帝国——波斯、希腊与罗马

国的管理，由效率不低的驿传来传递讯息。全国分为几个省区，总督听命于中央，收取地方的资源，以供帝国朝廷之用。波斯皇帝不但有一支强悍善战的中央禁卫军，随时可以开拔征讨，还有一个特务组织负责搜集情报，监视内外臣民。

波斯帝国可称为古代罕见的战争机器。皇帝的权力在不断开疆辟土的过程中，加强了绝对的专制特性。也许正因为波斯以征战是务，这一强权也在征伐中栽了大跟头。经过三代名王的努力，波斯先崛起为中东的陆上霸主，旋即致力于征服地中海。波斯与希腊诸邦的联军对峙数十年。最终，强大的波斯败于斯巴达领导的联军，又被雅典组织的舰队击败，几乎全军覆没。古代亚洲陆权与欧洲海权的争衡竟成了亚历山大大帝崛起的历史背景。

相当于中国先秦时期，亚历山大在希腊边远地区的马其顿取得了希腊世界的共主地位。亚历山大帝国虽然盛极一时，终究未能在亚洲陆地长久存在。他英年早逝，庞大的帝国根本未曾凝聚，即分裂为三块。其中在中东的一块，终于由一个中亚草原上的族群建立了中国历史上记载的安息国。这个中东大国，俨然是波斯帝国的继承者。汉代中国的丝绸之路逐渐开通，安息属于东西贸易西端的枢纽，蒙利甚丰。但是，这一富有的大国也正如其前身的波斯，同样不能摆脱与地中海霸权争衡的历史孽缘。安息在战争中逐渐消耗，未及整合成为中东的核心，即在古罗马的扩张中卷入了数百年的拉锯战。

3世纪,波斯贵族推翻安息政权,建立了萨珊王朝,继安息而成为第三个波斯帝国。萨珊波斯继续与罗马争夺霸权,其主要对手,已是罗马分裂后的东罗马。双方斗争四百年,前半段是萨珊占上风,后半段则是东罗马逼垮了波斯。在这一段中古时期的欧亚争霸过程中,还有欧亚大陆内地大族群在向西移动,即欧洲历史上所谓"蛮族"入侵。一波又一波的族群如同多米诺骨牌效应,潮水般涌入中东及欧洲。萨珊波斯与东西两个罗马都承受了极大的冲击。以波斯为核心的中东,终于在新兴的伊斯兰教崛起后有了根本性的转变。教权与皇权(有时是部落酋长的权力)结合为中东政治体的特色,至今仍大致未变。

在地中海上,古希腊是前期的主导者。希腊城邦系由部族转化形成的共同体。我们常以为希腊城邦制以雅典为代表,是民主政治的祖源。其实,希腊城邦毋宁是军事部落与商业活动的产物。在希腊与波斯争斗时,希腊诸邦曾以联盟的方式两度击败波斯,但是,希腊诸邦的内斗也十分激烈。统一希腊的马其顿,竟不是一个城邦,而是部落转化的王国。亚历山大不仅是希腊的共主,也是泛希腊化地中海的君王。他的帝国是军事征服的成果,没有凝聚为一个文化与经济的共同体。在他身死之后,帝国就分裂了。

罗马接续了地中海的霸权,甚至欧洲的霸权。罗马不是一天建成的,早期罗马共和国不过是泛希腊世界边缘的一个城邦,由意大利半岛上的部族模仿希腊城邦的制度,崛起为

## 第六章 古代的帝国——波斯、希腊与罗马

地中海的主人。共和国是罗马城内大族领袖结合的政治体，实权在元老院的寡头政治。经历了公元前1世纪恺撒、庞培与克拉苏，以及安东尼、雷必达与屋大维前后"三雄"的斗争，罗马终于转化为君主政体。军事领袖挟兵权夺取政权，这一帝国又演变为将军们轮流称帝的军事政权。

自罗马共和国起，罗马的扩张从无停息。罗马军团兵锋四出，出征的大军就留居在被征服的领土上。于是，罗马在不断胜利的同时，也耗费了自己的国民人口资源。罗马人不够了，伊特拉斯坎人不够了，意大利人不够了。"公民权"的不断扩大，一批又一批的异族进入了罗马，也一次又一次改换了"罗马"的性质。条条大路通罗马，欧洲因此也改变了。

帝国之内，每一片新得到的领土，都与"罗马"有特殊的关系，经过当地原有族群与罗马军团的"协商"，构成各处领土的权力集团。罗马法律理论上是帝国共同的法律，实际上各地原有的法律也还存在。一个众所周知的例子：耶稣上十字架，不是罗马总督的裁决，而是犹太人以犹太法律处决了耶稣。

在中古时代，所谓"蛮族"入侵，实质上已为罗马送终。罗马分裂为二，西罗马在混乱中消失了，东罗马则实质上是亚洲陆地的帝国，其性质更近于波斯以来的东方专制，其中已没有多少"罗马"成分。在一片军人与蛮族的扰攘之中，罗马的权力落在基督教教团手中。信仰这一新兴宗教的军人，拱手让教会取得统治权。僧侣们的领袖，号称使徒彼得继承

图拉真纪功柱上的浮雕,记载了图拉真皇帝对蛮族的战争以及取得的胜利

者的罗马主教成为罗马的教皇；许多教区主教则形同地方首长，分别结合了部族的军事领袖与商业城市的富商大贾，在欧洲建立了前所未见的神权政治体系。

从波斯帝国到伊斯兰教的崛起，中东没有像中华帝国的皇权加上文官系统的那种政体。同样的，由希腊经过罗马到天主教教廷的公教体系，欧洲也没有像中国那样的政体。中东与欧洲的教士都是以超越人间的上帝为其权力的依据，他们都是以"出世"与超越的理念为号召取得权力的，不像中国的儒家士大夫，以"入世"的态度悬治国平天下的理想为鹄的。

第七章

# 中国的精耕农业与市场经济

从战国时代到汉初,中国曾经有过相当蓬勃的市场经济,其发展与都市化、货币流通及私有财产制均互相关联。秦汉时期虽然皇权高涨,但在秦始皇的朝堂上还是有富人因财富而取得"奉朝请"的地位!这一发展,当因周代封建制度彻底崩溃,战国时列国争雄,都在为了开发资源而不遗余力。在新兴的私有财产制下,有些人可以发挥求富的积极性,以致出现了《史记·货殖列传》所述,各行各业均有富可敌国的企业家。

汉武帝时,外有战争,内有建设,须为巨额的开支寻求财源。那些坐拥巨资的工商业主,在财产税及逃税的重罚(所谓"告缗")双重打击下,大受创伤。这一现象其实也不难理解:汉初是皇权正在扩张之时,皇权必须掌握一切资源,政治力

## 汉武帝的抑商政策

汉武帝之时，由于在国内大兴建设，对外又发动战争，财政困难，为免商人投机获取暴利，致使社会贫富矛盾，在张汤、桑弘羊等人的筹划下，汉武帝采取抑商政策，打击商人势力。例如：禁止私人及郡国铸钱，由政府统一铸造钱币；将盐、铁及酒收归国营，严禁私人贩卖；行均输法及平准法，平抑物价，防止富商牟取暴利；颁布算缗令及告缗令，向商人和手工业作坊个人征收财产税，并对车、船征税，对于逃漏税者惩罚戍边一年，没收全部资产，并奖励百姓告发违法商人。经此国家财政方得纾解，许多商人也因此而破产，势力大不如前。

量不会容许财富成为挑战政权的另一股势力。汉武帝打击工商业，使甫具规模的城市经济从此一蹶不振，中国遂长期以农业为主要的经济形态。

战国时期列国争雄，各国都尽力开发资源，农业资源当然也是为人所重视的项目。一方面开拓田亩，招徕人口；另一方面，为了增加单位面积农田的产量，有人注意农业技术。农家由此而成为专门的学派（《管子》与《吕氏春秋》都有篇章讨论农耕技术）。

当时中国人口分布以中原地区最为密集。在人口压力下，只能增加单位面积的产值，改善农业发展的条件（例如建设水利），投入大量的劳动力，用精耕细作的方式来增加土地使用的最大效产。在汉初，劝农是政府的重要政策，政府主导推广高效率的农耕工具及农耕技术。改良农具，例如汉武帝时赵过的代田法是在有限的农田面积借垄沟互换，达到就地易土休息的效果；区种是在一块小面积上集中使用大量肥料；推广以畜力拉动改良的耕犁，以增加犁耕效率；推广春小麦，以缩短冬休时间，引进苜蓿，作为牲口饲料。以上均是努力提升农业水平的例证。另一方面，政府有意提高农民的社会地位，"力田"是政府察举人才的一个项目。相对言之，商贾则受到压抑，政府甚至规定商贾的生活水平不得超越一定的限制。

从农户这方面而言，为了实施精耕细作，必须掌握足够的劳动力，以备忙季之用。但在农闲的季节，又不免有多余的劳动力。于是，农户常需在农闲时，或为农产品加工，以增加其附加价值（例如腌肉、渍菜），或将经济作物制造为商品（例如纺麻、织布），凡此农户的活动，遂使农舍不啻工场。农舍手工业的收入，毋宁成为农村经济的一大支柱。我曾估计，汉代农舍手工业在农户收入中占了不少于总收入四分之一的比例。

农舍手工业的发展，填补了前述城市制造业被摧残后留下的空缺！农村散布各处，农舍手工业的商品，必须经由市场的集中与分销。这一具有集散作用的市场网络，遂成为一

## 第七章 中国的精耕农业与市场经济

个全国性的经济网络,最底层是农村定期轮流的集市,而逐渐提高为常设市场的镇市,再提高为地区市场中心的城市,然后是大区域中心的重要都市。这一巨大的网络,在地理空间上,呈现为全国的交通路线网,以干道、大路、支线与村落之间的小路编织为区网,联系全国各地。在这一网络上,政府的行政权力与民间的讯息传播,和商品的流通一样都可顺畅。中国广土众民,凭借这一网络,整合为文化、经济与政治复合的共同体。我认为中国的多重共同体,正因其多重功能的互补,而凝聚为罕见的紧密。中国历史上,不乏分裂的时期,但政治上的分裂往往经由文化上的一致及经济上的互通,还会修补成为一体。中国也常有异族入侵建立政权的朝代,这些征服王朝的族群几乎都难免终于为中国吸收,最后成为中国的一部分,促使"中国"的范围及"中国"的观念一次又一次地扩大。

中国的三重整合的共同体中,其特有的经济形态,使中国农户对于市场有相当程度的敏感性。从汉代以来,中国的农户难得有孤立自主的可能,像桃花源那样封闭的社区,终究只是难以寻获的理想境界,渔人黄道真终究不能再找到桃花源的入口。

中国精耕细作的农业还必须有其配合的意识形态。儒家的孝道观念与宗族观念为社区社群意识增加了血缘纽带的认同,是以中国的农村常是一个或数个宗族聚居,并以此伦理维持了农村的秩序。同时,孝道的伦理,尤其是"不孝有三,

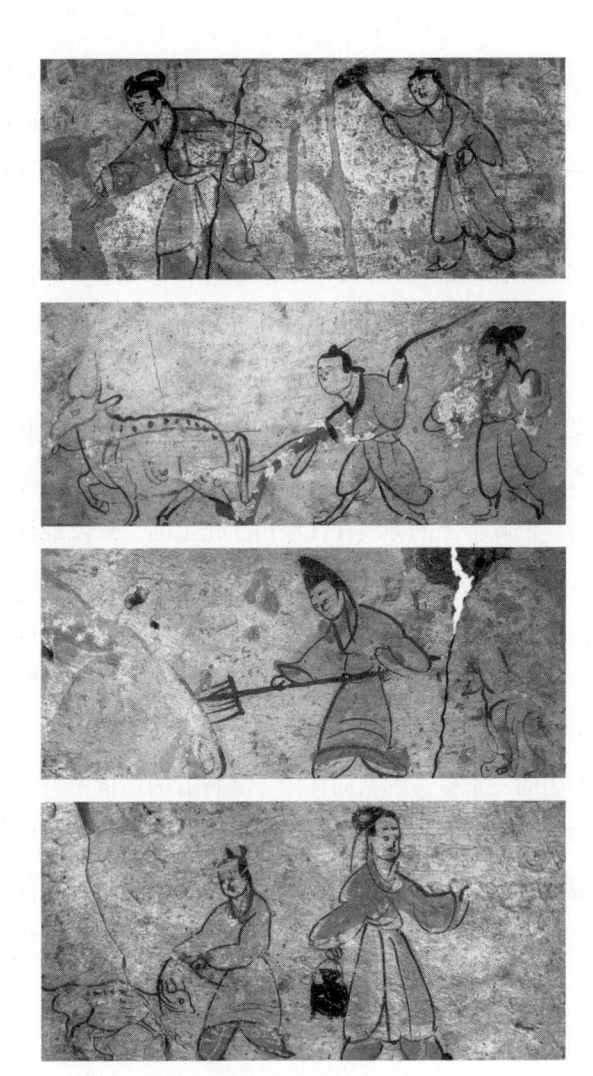

嘉峪关魏晋四号墓砖画,描绘了当时农业生产的场景,自上而下依次为:播种、耕种、扬场、牵羊

无后为大"的观念,也与农户保持劳动力不缺乏的需求有彼此相证的合理性。

农村成为中国共同体的基础,遂使中国人对农村有无限的依恋。还"乡"是回到"乡"村,乡村的人才从原乡出去,无论做官还是经商,在老年退休时还是回到原乡,因此不至于有人才与资源的流失。

农村也有因为天灾人祸以致难以维生的时候。逃离家乡的农夫,扶老携幼,逃亡他乡,却在他乡又建立了老家的翻版,甚至地名也整个搬过去。中国核心地区的三重整合网络,于是随着人口不断迁移,也不断扩展到四周地区。中国疆域的扩张,很少是由于国家大军出征取得新的领土,更为常态的毋宁是随着一波又一波的移民潮,"中国"的疆域扩大了。政府的设置,通常是接踵而至的后续行为。

精耕细作的农业,必然用尽已经开垦的土地,以维持其人口的生计。人口按几何级数增长,无论再加上多少劳动力,土地的生产力一旦到达产出的极限,就不能再有相应的增加。为了维持不断增加的人口,只有增加可耕地的面积。于是中国的山林薮泽,从村落边缘开始,一片一片,不断被开垦为农田。同样的缘故,河流也陆续用于灌溉农田。经过数千年来农地的持续增辟,中国的自然景观为之丕变。中国人以为繁荣安定的景观是田畴相接,庄稼丰茂;中国的诗歌中最常见的是田园,很少有欧洲的牧野与山林。

精耕细作的农业,为中国人的饮食开发出不少美味佳肴,

谷仓　　　　　猪舍及茅厕

多层建筑　　　磨坊

东汉陶制模型

可是其中最为丰富的成分是碳水化合物（淀粉）、纤维质与素食的蛋白质。相对于欧洲，中国人不食用大量的肉类与乳类食物。这种偏于素食为主、肉食为辅的营养来源，也决定了中国人（或东方人）的体质。

总而言之，中国精耕细作的农业经济，构成中国文化系统中的重要条件。长久以来决定了中国的人际关系、人与人群的关系、人与自然的关系，及"中国"之所以凝聚与整合为如此庞大的共同体。

第八章

# 中国地区人口与族群的移动

中国地区的人种绝大多数是人类学上的"蒙古种"(黄种),不过北方是大陆型,南方是海洋型,两者之间的体型与肤色稍有差别。南方及西南可能有少数海洋尼格罗人种渗入,西北部也有一些高加索种(白种)的少数族群渗入。

中国地区,人口常有区间的迁入与移出。同时,区内的族群移动也相当频繁。

在史前时代,可征考的资料不多,难以确知人口移动的情形。就文献可征的古代而言,至少可知商周之际,因为周人封建亲戚,各处新封国家都有源自西土的周人及配属的商人与当地土著人口构成一个又一个多元的地方族群。春秋战国时期,战争频仍,在兼并的活动中,各大国的人口移动也是常事。秦汉统一,至少东南与华南地区的越人,曾大量移往北方。为了防御北方的匈奴,秦汉两代都迁移相当多的人

## 第八章　中国地区人口与族群的移动

口实边。秦始皇曾移东方豪强于边地；西汉时代，三选七徙，充实陵邑，也曾有数十万户关东的富户豪民移往首都。这几次人口迁移动辄数十万，在当时的总人口数中，已占不小的比例。

相当于秦汉时期，日本的九州岛地区曾有相当数量的大陆人口陆续移入。这些来自中国地区的移民，创造了弥生文化，为日本带来水稻耕作及冶炼铁器的技术。在公元前后两三百年的时段内，据估计有数百万人移入九州岛。近来以基因测验，日本九州岛人口与中国山东及东南地区的人口确有相当的近缘性。我以为：秦灭六国，齐鲁燕楚的人都有可能航海出走；秦汉并吞百越，也当有一些人口被移送北方——汉代曾将数十万越人移往淮河地区。

两汉时期，北方人口陆续移入长江流域及西南各地，改变了全国人口的分布格局。两晋南北朝时期，南迁的北人为数更多。同时，南方的土著族群，在汉人南下时，或则避入深山，或则往南方及西南移动。

在中国北部，南北朝时期有所谓五胡乱华：东北至西北的北方民族人口大量移入中原，最后终于融为中国的多元国族。这一为期五六百年的长期人口移动，牵动了中国及周边的许多族群，总的趋势是南向的"连锁说"式骨牌效应，涉及的人口数字应以百万至千万计。在人类历史上，可谓影响深远的大事。同样的趋向其实从未停止。中国东北森林与北方草原地区的居民不断进入中原，而原来居住在北方的人口又不断南迁，以致北方与南方语言有颇大区别。中国南方的"客家"乃是长久保持南迁集体记忆的族群，凡此屡次的大量人口南移，对文化与经济的南北比重产生了显著的影响。

中国人口由西向东的移动，大多源自西方。在唐代中叶，因为伊斯兰帝国的扩张，还有一批中亚人口陆续迁入中国本部，例如原在中亚的沙陀，成群移入中国陕西、山西地区。元代，政府调动中亚的军队（签军）戍守中国内地。这些人口大多融入中国多元国族中，而随蒙元势力进入中国西南的签军，成为中国境内伊斯兰族群的南支。

至于由东而西的人口移动，也曾见于中国西域地区。第一批西移人口，是在汉代原来居住在今日甘肃的大月氏，他们受匈奴扩张的压力而西迁至中亚阿姆河流域（今阿富汗）。匈奴与中国对抗，经历两汉数百年，最后为中国所击败。匈奴余部西迁，一路往西，连锁的效应导致欧洲历史上的"蛮族"入侵。中国南北朝时期，原在中国东北方的一部分鲜卑人，横穿草原，进入黄河西岸，结合当地党项羌，建立了西夏。突厥败于中国，西突厥余部移入中亚，建立国家。在伊斯兰帝国时，突厥人常是中亚地区的主人，最后突厥人移入今日欧亚之间，夺取当地政权，其后裔即是今日的土耳其。中国北方的契丹人建立了辽国，长期与宋朝分据中国。辽亡于金，余部西征，在今日新疆地区建立西辽，雄张当世。

中国人口南向出海则由宋朝开始。唐宋之时，南海航道畅通，航道上出现了不少新兴国家，华人也陆续进入南海各地。

第八章　中国地区人口与族群的移动

这一长期的人口移动，在元代更为可观。明初郑和"下西洋"，在浡泥、旧港、马六甲各处，都已有数以万计的华人建立聚落。16世纪，大洋航道开通，中国出海的人口更多。在明清之际，巴达维亚与吕宋都已有数万华人居住。18世纪以后，西方帝国主义开发太平洋，华南地区外移南洋、美洲西岸及澳洲的人数不下数百万。16世纪以来，台湾是闽粤人口迁移的新出路。明末郑氏开台，随郑成功入台的军民有十余万，加上在荷兰殖民时代已经入台的人口，总数应不下二三十万。清代康熙取得台湾后，陆续由闽粤两地迁移台湾的人口更多。甲午割台时，台湾已有二三百万人口。在闽粤人口移居台湾时，台湾原居民大部分同化于中国多元国族之中，也有若干部落则迁移入山，或移居东部，人数约以万数。

17世纪至18世纪，河北人移往陕北、甘肃地区，湖北人移往汉水流域上游及四川盆地，山东人移居东北（所谓走关东），则是区内人口的移动，往往以数十万至百万计。

中国地区内外人口的大量移动，三千年来从未停止。由外面移入的人口当以北方族群为主体，而南迁的人口则搅入南方的原住居民，使其融入中国多元族群之中，且这两种趋势都导致中国族群的扩大，也使中国文化的内涵更为多姿多彩。至于中国内部人口的迁移，则以其"搅拌"作用，促进了各族的融合，减少了地方性的差异。中国人口庞大，占今日世界总人口的将近四分之一。这一庞大数字，并不全由自然增殖，而是人口的不断吸收与融合所致。

第九章

# 欧洲地区族群的移动

旧石器时代的欧洲,曾有尼安德特人种居住过。最近基因研究的理论认为,现代欧洲人是非洲人种移民的后代。这一说法,使谁是欧洲早期居民的问题难以有清晰的答案。

若从农业出现算起,欧洲地区的农业发展较两河与埃及地区为晚。从两河地区发展的麦类种植传入欧洲,也是由东而西,谱系相当清楚。欧洲新石器时代的考古成果至今也很难确认谁是这些古代农人的族群。可知者,欧洲文明发展最为迅速的还是在地中海周边,尤其是地中海西端的希腊人。希腊人的来源,则明显是巴尔干及小亚细亚南下的白色人种。当时在东欧及欧亚交接地带,早有一群白人居住。这批人种分布的北限,可能达到中国西面与今日俄国东南面那一片广袤的草地。高加索种这一名称,即指在高加索山脉下古代居

## 第九章 欧洲地区族群的移动

民代表的人群种属。

在这一地带,也可能是人类最早驯养马匹的地方。在东亚,早期新石器时代的马骨几乎都是食余的遗骸。马匹作为畜力的牲口,还必须在新石器时代晚期才见于中国的遗址。青铜时代的殷商文化,马匹与战车即已在中国出现。至于胡人骑射,则在公元前10世纪的早中期已是北方草原文化的重要成分。马匹进入古代中东与埃及的战争史,是在希克索人入侵埃及之时,其时代约相当于马车出现于中国的殷商。印欧族群一批一批南下印度次大陆,约略也在公元前20世纪的中期。三方面的情形综合言之,公元前20世纪的中期可能是高加索人种及其挟带的马文化扩散的时候。只是他们东向的发展,被东亚的蒙古人种挡住了。最靠东边的一支高加索人种,可能是在中国河西走廊居住的大月氏。匈奴与中国在此地争夺霸权时,大月氏被迫向西南迁移。

这一背景,或者有助于了解欧洲居民的情形。高加索人种的西移,其迹象可由一种积石木室的墓葬观之。这种被称为"库尔干"的古代墓葬遗址,横亘欧洲大陆,处处可见。高加索人种自欧亚交接处向西向南扩散,最西端的极限远达爱尔兰,他们即被称为凯尔特(Celts)的族群。

在罗马扩张欧洲时,欧洲大陆的重要族群是今日法国一带的高卢人,另一批是被古罗马人奴役的斯拉夫族群,居住在东欧及中东以西的地区。沿着北海周边,有以捕鱼为生的北欧族群。地中海周边则是希腊罗马文化的核心地带。

> **库尔干理论**
>
> 20世纪50年代，Marija Gimbutas 提出"库尔干（Kurgan）理论"。库尔干出自黑海北部出现的一种史前人类的墓葬遗址，Gimbutas 以此称呼公元前5000—前2500年间黑海地区到北高加索、伏尔加河下游的草原地区，以至西伯利亚叶尼塞地区的半游牧文化。此一文化武器较先进，采用竖式墓坑，并已饲养马匹，有了农耕生活。之后陆续向外迁徙扩散，是为印欧人种的早期文化。但关于印欧人种的故乡何在，除了此一理论之外，学者从语言学、人类学或考古学下手，尚有中近东、安纳托利亚、巴尔干等说法。

中国与匈奴相争数百年，终于击败匈奴。失败后的匈奴，其后裔大多仍在东亚地区居住，但有一部分向西迁移，引发了亚洲内陆族群迁移的连锁效应。于是原来一些居住在欧亚大陆腹地的高加索族群也纷纷西迁，即4世纪在欧洲历史上开始的"蛮族"入侵。罗马建立的地中海霸权，随着一批一批的"蛮族"入侵为之终结。

自从"蛮族"入侵，欧洲的族群分布即完全改变，最重要的变化是日耳曼族群完全占据了欧洲大陆的腹地。从多瑙河到阿尔卑斯山脉以西，全是日耳曼人的天下。在罗马帝国

## 第九章 欧洲地区族群的移动

的时代，日耳曼人曾是帝国军队的重要成分。罗马帝国一分为二，其西半部变质为天主教会与日耳曼军事领袖共有的"神圣罗马帝国"。原来罗马帝国的东半部，则是东正教会与东欧土豪的天下。这些地方豪强，有的是斯拉夫族群，有的是巴尔干半岛与亚洲西边的一些当地族群。

北海边上的北族向东扩张，侵入了欧洲西部的陆地（今法国及荷、比等地）与海外的英伦三岛。他们也纷纷建立起地方性的政权，同时与早已在这一地区的高卢人及英伦当地原居民，逐渐融合为西欧的拉丁族群与盎格鲁—撒克逊族群，他们是后来的法语与英语族群的前身。

相对于中国地区的族群移动效应，欧洲的族群移动也为多元的分化。而中国有一个坚实的文化核心即华夏文化，能不断吸纳进入中国的族群，也不断将邻近的族群同化于华夏。这是一个以核心凝聚的形态，其过程是文化的含蕴。欧洲的多元分化，则是将原来堪为核心的"罗马和平"秩序冲散了。代替罗马秩序的是天主教会与东正教会的宗教秩序。这两支信仰秩序也有相当强大的含蕴功能，但是地方军事化部族的力量也相当强大，宗教秩序不能独擅胜场，还必须与地方族群的武力集团分享权力。

多元化使欧洲历史走入长期的封建制度，强大的领主不能有效地建立统一的国家，地方力量保持了相当程度的自主性。"君主"与地方力量之间，由宗教秩序提供一定程度的调和。这种权势维持颇久，原本一元的宗教秩序面对长期的文化与权力的多元化，终于由内部崩解。于是原本长期不衰的多元化趋势，在宗教秩序崩解后，遂不能不再作调整。新兴的国族体制，一方面摆脱了宗教秩序的束缚，另一方面经过对内凝聚为文化—政治—经济的整合，建立了新的共同体。于是，欧洲历史上出现了有单一主权的民族国家——这是一个迟到了数百年的族群整合。国族分立的列国体制也进一步延迟了欧洲全面整合的机会。

欧洲近代史上的列国体制，赋予欧洲诸国巨大的动能。列国体制是民族主义的体现，由于欧洲国家在国际竞争中表现了强大实力，于是民族主义与主权国家的理念随之扩散于全世界，以致世界现代史的前半段是一些民族国家以帝国主义的强势宰割欧洲以外的人类社会，后半段则是各处殖民地也以建立民族国家为诉求，以反抗列强帝国主义为口号，纷纷模仿欧洲的方式建立自己的主权共同体。

于是，4世纪开始的"蛮族"入侵，竟以其延迟了许久的发展，将世界也带入"分"的多元化。下一步，正因为有了这一多元分化的欧洲模式，也不免要付出许多列国斗争的代价，分崩离析的人类社会方可能融合为一个"合"的局面。

第十章

# 欧洲的经济形态

欧洲的工业化是最近三百年的事。在此之前,欧洲的经济也还是以农业生产为主,不过其以城市为基地的商业经济自古以来就相当重要。

在古希腊时代,城邦四周仍是农田。不过,以雅典为例,市民是统治阶层,不担任艰苦的劳力工作,苏格拉底等人整日讨论学问,未见从事生产。雅典城邦,城里城外,奴隶及压在下层的原住居民,大致总数不下全人口的三分之一,这些人是农业生产的主力。雅典以其良港的条件发展海运及贸易,最重要的商品是葡萄酒、橄榄油、粮食与盐。当然,铜斤、铁料及若干手工业产品(如细麻布)也是商品。商业贸易为利丰厚,是以雅典城邦重视海上活动,也有相当数量的人口从事贸易及水运工作。由雅典的情形可以推论其他希腊城邦,大致都相差不多。事实上，希腊模式为欧洲经济形态定下了基调。直到近代，欧洲的城市经济中商贸才占了经济总量的重要部分。

欧洲的农业，主要粮食作物是发源于中东的麦类。麦类之中，大麦、小麦、燕麦等种类繁多，与中国作物稻米相比，麦类是旱地作物，不需很多水分。与中国的黍稷类相比，麦类收割与储存都比较方便。中国北方的黄土，其土壤有毛细管吸水功能，不宜深耕，以免破坏了毛细管结构。麦类植根较深，吸取水分的能力较强。于是，麦类可以比较粗放、大面积地耕作，用畜力拉犁深耕，即可有不坏的收成。这也正是自古以来欧洲农夫采取的耕作方式。

在上章所述"蛮族"入侵以前，欧洲在罗马秩序之下，虽然没有后世出现的封建制度，但是使用奴隶及附属人口劳动都屡见不鲜。所以，欧洲一向不以小农耕作为主要形态。大田众作都适合于粗放的耕作。相对于中国的精耕细作，欧洲的粗放耕作不能经过细致的轮耕、加肥等工作手段，而在原地连续耕作。欧洲的传统农业，必须有两圃或三圃轮耕，方能保持土地的肥力，于是，在抛荒轮休的土地上，任草类或灌木生长是欧洲农林常见的景观。在这些草地与灌木林中，农林人口可以采集素食的食料，包括野菜、浆果、菇类，也可在草地上养殖牛羊，在林中养猪，在灌木丛中猎取兔、雉之类的野味。这些荤素食料，为欧洲人提供了碳水化合物以外的营养。

欧洲中世纪历书上所绘的农事图

"蛮族"入侵之后，军事部落制服了当地的原住居民，建立了封建制度。大小领主握有庄园，上章所述的耕作方式最为常见。这种形态的农村，通常有农舍、耕地、牧地及林地四种成分，农业是耕作、采集与牧养三类工作的互相配合。因为有牧地与林地存在，欧洲农林景观不是田畴沟洫，而是田园山林。欧洲人习惯于自己耕牧兼顾的农业形态，于是称中国及其邻近的东亚农业为"跛足"的农业，认为缺了牧（林）业，食料中的蛋白质将会有不足。其实，东方农业的食料中，豆类作物除了提供了足够的蛋白质，质量还优于肉类的动物性蛋白质。

前面曾提到古代城邦的城市经济，在中古及近古，欧洲的城市经济始终是整体经济的一个重要成分。地中海的城市经过海运，无远弗届，可以跳越邻近港口，直接与远处港口贸易。因此，地中海的海运不同于中国陆路交通，并不必然构成一个定型的网络。这些城市不必依赖四周的腹地，于是具有比较自由的独立地位。后来欧洲陆海交通联系各地，交通沿线出现许多重要的城市，但是这些城市彼此之间的依赖程度不大，因此，欧洲地区的城市，整体而言不似中国的经济网络，保持了相当自主的地位。欧洲城市自其早期的特性继承了独立的地位后，遂能在封建网络笼罩的农村之外，自成平行于农村经济的另一经济体系。

欧洲随着生产力的提升及东西方大区间贸易的出现，在中古以后欧洲经历了迅速的城市化过程。这些城市以其海外

## 第十章　欧洲的经济形态

贸易及长程贸易的需求，发展了金融业与运输业。熟练的工匠集中于城市，凭借充沛的原料供应，也发展了以城市为基地的作坊工业，提供城市与乡村的市场需求。这种城市中的作坊工业，在战国至汉初的中国城市也曾有过蓬勃的发展。但在汉武帝以后，农舍工业占了手工业生产的相当部分。欧洲的城市则始终能有独立于农村以外的发展空间，由此继长增高，为后世资本主义及工业化经济预留了强固的基础。

中国农村因为精耕细作必须维持足够的劳动力，中国的宗族制与孝道观念，安土重迁，将大批劳动力留在农村。欧洲的情形则不然。城市必须招徕劳动力，于是城市吸收了农村的多余人口。欧洲的长子继承制，使次子幼子必须外出觅食。这些"三只小猪"的故事反映外移劳力在新的环境下不能不自力更生。一方面他们有工作的积极性，另一方面有独立自主的自由空间。欧洲不断释放农村人口，对于后来资本主义市场经济的发展，毋宁也是其中一项因素。

因此，中国长期以农村发展为基础的单元经济形态，同欧洲农业与城市互补的双元经济形态，呈现迥然不同的特性。中国的经济稳定而坚实，但是只能有"量"的成长，不易有"质"的改变。欧洲的形态，却预设了不少成长与转变的机会，遂在近世出现了庞大而有力的工业经济。

第十一章

## 欧亚之间的丝路

"丝路"是汉代开通西域以后,中国对西方输出丝帛的通道。这一名称,是由德国地理学家李希霍芬创立的,并不见于中国的典籍,也不见于外国的文献,其实是一个近代才出现的名词。

东西方之间的交通,也不能论定是始自汉代。东西方之间人群的迁徙,文化的交流,早已有之,例如所谓"鄂尔多斯"型的艺术风格,本在西亚发展,但在中国的北方也属常见。至于青铜之出现,也是先在西亚发展,其观念辗转传入东方,中国地区的古人由此触发,开展了另成一格的青铜文化。

丝路并不只是经过河西走廊,出玉门关,通过天山南路沙漠及绿洲城市的那一条驼铃渡碛的道路。丝路是一个庞大的陆上交通网络:从中国西向,有北、中、南三条路,北线

## 第十一章　欧亚之间的丝路

> **鄂尔多斯文化**
>
> 19世纪末以鄂尔多斯（今河套周边）为中心，出土了大量青铜器的北方草原游牧文化，故名。此一文化鼎盛期约在春秋战国时期，范围包括中国北方、蒙古、西伯利亚一带，与当地的文化皆有交流。其青铜器制作工艺进步，包括兵器、装饰、日常用品、马具等，艺术水准高，以动物纹为其特色，代表文物如带扣和动物纹饰牌，造型别致，具有独特风格。

经过漠北，中线经过额济纳河流域，南线才是河西走廊的道路。在古代西域，有天山北路、天山南路两边及穿过今日西伯利亚的一边，也是三条路线。在西域，折西南方向，又可沿着葱岭以下偏东一线及靠近里海偏西一线。进入欧洲，则有经过今日伊拉克的主要道路及经由北面西向进入巴尔干与东欧的另一道路。汉代开通西域的张骞，当时走的是北路，经过匈奴西去，回来时经过南路返国。甘英西探大秦（罗马），可能走到了里海或黑海，因为畏惧风浪，竟中途折回。

我们讨论陆上的丝路，一向着重于中西之间的文化交流。是以，经过丝路，东方与西方有长期的贸易来往；而在文化交流方面，佛教进入中国即是经过中亚丝路传入，祆教、摩尼教、聂斯托利派的基督教、伊斯兰教等也都是经由丝路进入中国。此外，西方植物、艺术，经丝路传入中国的很多，例如西瓜、葡萄等都成为我们常用的食料。西方音乐，包括乐器（胡琴等）、曲调（唐代十部乐中至少六部），都融入中国文化。中国文化西传，除了丝帛细致的使用及生产技术外，造纸术与火药的制造技术都对伊斯兰世界及欧洲产生了重大的影响。凡此都是众所周知的大事。

我们一向不很注意的事，当是在亚欧两洲交界处，沿着广义的丝路由北南下，这一大片内亚腹地的广大地区所发生的族群移动。那些事迹不断改变了当地居住族群的成分，其影响所及，对于中国、欧洲与印度的历史无疑有十分深远的影响。

亚洲北部的蒙古高原，与欧亚交接处的乌拉尔山，西南下高加索山脉，东南下天山、帕米尔高原，两线之间构成一个大弧形的亚洲内陆。其气候都是高寒少雨，但在向阳的谷地，积雪融化，往往水源丰沛；即使沙漠之中，伏流的河水冒出地面，注为湖泊池沼，成为绿洲。这些大大小小的绿地，宜于牧业，也可以发展一些农业。至于地势低凹之处（例如新疆的吐鲁番），可能温度远高于四周邻近地区。新疆的许多绿洲，都可发展农业（包括瓜果的种植）；又如今日阿富汗北部，两条河流之间的"河中"地区，也是丝路上的重要农业区。

在这一巨大的弧形地带，人类曾经发展了以马牛羊与骆驼为牲口的牧业，并且因为长途逐水草而居，游牧文化成为与农业相抗衡的另一生产食物的生活方式。游牧生活中，在

## 第十一章　欧亚之间的丝路

现代机动车辆还未出现前，被使用的马匹毋宁是最为重要的工具。除驾车外，骑马更是牧人必须熟练掌握的技术。无论骑、乘，都可从生产功能转化为战争功能，遂使牧人与农夫之间，在武力斗争方面有强弱悬殊的差别。

这一地区的古代人民驯服马匹，可能是在公元前2000年，先是作为拖拉车辆的畜力，后来人类又学会了骑乘。若将驯服马匹对照中国与其他地区的历史，商代中期，北方外族鬼方、猃狁很活跃，商代卜辞中颇多与鬼方的战争记录。西周时期，与北方、西北方的战事也史不绝书，青铜器铭文中，也颇有战车会战的记载。战国时代，赵武灵王学习胡人的骑射，当然是因为北方的胡人已习于骑乘作战。

在别的地区，公元前20世纪的中期，正是大批印欧语系族群从内亚西出南下的时期。西出欧洲的印欧族群逐步西进，直到最西端的爱尔兰，这一持续进展的大迁移，若以库尔干型墓葬中的马具言，有了马匹是其迁移的重要因素。从那时以后，欧洲即是印欧语系的天下了。南下的族群移动，一支是由北向南，越过兴都库什山进入印度次大陆。这一批南下族群，一波又一波，在公元前1500年左右为最频繁，延续不断，终于将印度次大陆的人口成分改变为南支的印欧语族。另一支南下族群则是在中东两河流域古代文明核心地区穿越，其中走得最远的是进入埃及的希克索人，他们带去的马匹使埃及步兵望风畏惧，然而埃及也很快学到了战车的作战技术。

玉门关附近的一处古代仓库遗址，曾为长城卫戍军队的后勤基地

玉门关的标志：小方盘城遗址

敦煌西部古代烽火台遗址

第十一章　欧亚之间的丝路

在中国，秦汉农业帝国与匈奴游牧帝国对抗数百年。中国于公元89年击败了北匈奴，北匈奴从漠北败逃，向西南进入亚洲腹地，经过数百年的南下移动，一路吸收了不少当地族群，最后进入东欧。5世纪匈奴铁骑迫使东西两个罗马结城下之盟。匈奴后裔遂以马扎尔人的名称，建立了匈牙利。

匈奴往西南移动的例子不断再现于历史。中国传统的历史观点，只以中原与北族的对峙为主题，从未注意北族南犯的背景及后果。匈奴盛时，势力及于西域，原居住在河西走廊的大月氏，被迫西迁到伊犁河流域，又因为被邻近的乌孙击败，大月氏再迁到阿姆河一带；在公元前2世纪，大月氏征服了原在此地的大夏（Bactria），成为亚洲腹地族群，其语言是亚洲腹地通行的语言。1世纪，大月氏五部之一贵霜，侵略了其他四部，建立贵霜王国，是亚洲腹地的盛国。这一连串的效应就在中国周边发生，其实也是中国人应该知道的史事。

中国击灭了北方游牧大帝国的匈奴，北方由东到西，一时没有强大的对手，遂开启了诸族乘机发展的契机。匈奴余众西徙，引发了欧洲历史所谓"蛮族"入侵的连锁效应。在中国方面，则是"五胡入华"及其后中国的南北分裂。东北与西北的外族在中国北部建立了大大小小的政权，而以来自东北的鲜卑人为最强大的族群，其政权据有中国北部，即北魏与北齐、北周三个王朝。

此时在亚洲腹地活跃的粟特人，在中国文献中称为"昭武九姓"，原来服属于贵霜王国，后来则为亚洲腹地新起的嚈哒所征服；突厥兴起，又被突厥游牧帝国所征服。不论归属于哪一政权，这批粟特商人都是丝路贸易的重要分子。

鲜卑入主中国，北方地空，柔然兴起，压迫原居阿尔泰山南麓的嚈哒于4世纪南迁阿姆河一带，先后击败萨珊波斯，击灭贵霜王国，于5世纪成为亚洲腹地最强大的势力。在丝路上，嚈哒作为东方与西方的中介长达一个多世纪，后来突厥兴起，灭了柔然，于6世纪下半叶，又灭了嚈哒。这一连串的兴灭，都与中国北方草原上的族群盛衰息息相关。

突厥、回纥（后称回鹘）、契丹先后在中国北方及西北大为雄长。隋唐两代都曾对突厥称臣，唐代兴盛，击败突厥，余部西突厥却在中亚称雄一时。契丹在中国北部建立辽，后为女真所灭亡；契丹余部逃往中亚，建立西辽，是当时的盛国。这两个由中国西移的强族孑余，都被当地人视为另一个中国，以"桃花石"称之。回鹘则在唐代"安史之乱"时，支援郭子仪，恢复唐室。回鹘是当时的中亚强族，与唐、吐蕃、大食并立，四个政权彼此纵横捭阖，互争雄长。后来回鹘信了伊斯兰教，伊斯兰教的政权开始雄霸中亚。

综合言之，亚欧之间的一大片亚洲腹地，土地贫瘠不足以维持大量人口。早期的中亚，人口族群不断外移，或西或南，开拓欧印。在汉代开拓丝路以后，中亚腹地居东西贸易的中介，颇收过境转运的利润。这一新形势，使中亚腹地若干交通枢纽一变而为可以坐收中介之利的据点。于是即使在东方的失败者，一旦迁徙中亚，也可称霸当时。也正因此故，这一大片腹地不仅是过境的通道，也是族群争夺的利薮。北族南下，其间的纷争，竟比北族与中国之间的颉颃情形更为复杂。

因此，陆上丝路的开通，其影响不仅是商品转输及文化交流，其实还导致中亚形势的丕变，将欧亚交接的腹地一变为自成局面的棋盘。

第十二章

# 中国南方的对外通道

相对于中国北方的对外联系路线的"陆上丝路",南方的水上交通路线被称为"海上丝路",也有人称为陶瓷之路。本章讨论主题,除了贸易外,也兼及中国文化圈的扩大。

中国与外部的接触,除了开拓交通路线,也有领土的扩张,其影响则是将曾是"外"地的他族揽入中国,并且经过文化的涵化而吸纳于华夏文化体系之内。在北方与西北方,由于天然条件的制约,干寒的亚洲腹地不宜于中国式的农业。原来以牧业为生的族群,即使一度击败中国,建立了征服王朝,入居中国之后也都同化于华夏。但是,中国大多未能将北方与西北地区的牧野纳入中国版图。汉唐开边,两度远到西域及中亚腹地,却终究不能将这些地方纳入中国。但在南方(包括西南),中国的扩张常由开放吸纳进展为建立据点,

# 第十二章　中国南方的对外通道

再由移民深入,终于全面以文化的渗透与汉化吸收了边区,也同化了原来的族群,将其纳入华夏的文化体系之中,不再有内外的分别。

中国南方通道的开拓,通常由汉代的徐闻(位于今广东)、合浦(位于今广西)出发,经过南海,远达黄支(位于今印度半岛南),当作开拓对外交通路线之始。其实,这一海线的起点,本是刚纳入中国领土不久的南越交趾(位于今越南北)。在西南方面,益州是通往缅印及马来半岛的起点,而益州本身则是开通西南夷之后才纳入中国版图的。南方与西南方道路的开拓,都有其更早的阶段,两者之间是连续的历史。

南方的海道路线,是一段一段的连接,南方的陆地部分在长江以南,山川湖泊割裂地形。原来居住的族群通常只能形成较小的群体,不能构建较大的复杂社会。即使如秦汉之际的南越,也不过是广州交州的一部分,闽越与瓯越则更为弱小。后世在南方的割据政权,也往往不过今日一个或半个省区。若论南海的岛屿,更因散置于大洋之中,不可能形成大型的群体。但是,这些分散的聚落群体总是会与邻近的其他群体来往,即有其一段一段的道路存在。有些商品往往经过一站又一站的传递,被运送到相当遥远的地方。将这些一段又一段的路线串联起来,即是南方的长程路线。

举例言之,张骞曾在西域见过来自巴蜀的杖、布等,他以为应有道路可以从中国西南经过印度,直达西域。这一认知,启动了汉廷开通西南夷的大事。开通西南夷之后,中国

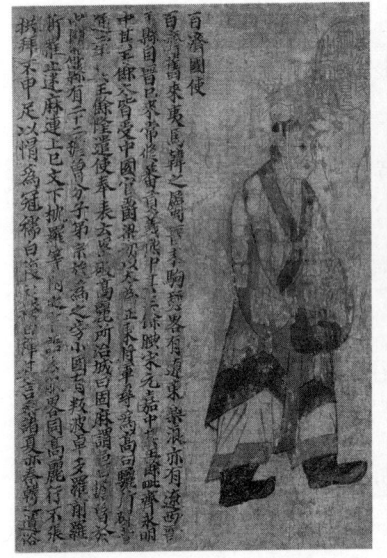

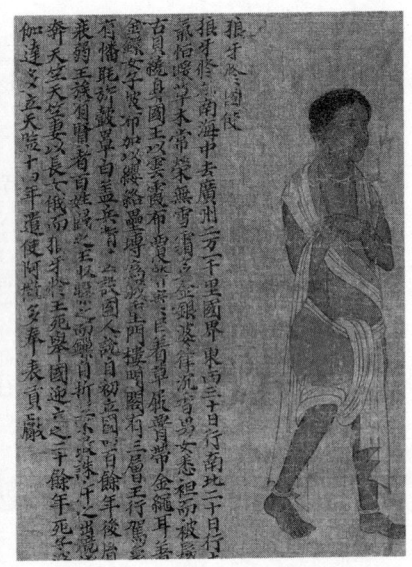

梁·萧绎《职贡图》卷，北宋摹本（局部）。图卷原画描绘南朝梁代外国使者二十五人朝贡的形象。现已残损，仅存十二人。此处使者分别来自百济国、狼牙修国。《梁书》记载狼牙修，"其界东西三十日行，南北二十日行，去广州二万四千里"，为古代东南亚国家，领土包括今马来半岛东岸、泰国北大年以东和东北地区及今马来西亚的吉打州，是当时世界的重要航站

## 第十二章 中国南方的对外通道

向南的确有通道，然而毋宁仍是逐站转运的长程运输，大宗货运其实不易。另一方面，因为这一认知，许多西南夷在转运线的"国"，包括那一个自大的夜郎，一个一个成为汉代的郡县。从这些干道上的郡县，又有许多支线旁出，中国的移民从商贩开始，逐步渗入腹地，将点连接为线，又从线扩散为面。他们未必取代了原来的族群，却是经过同化，吸纳了原来的族群。从汉代开西南夷开始，中国西南部的华夏化过程经历了两千年，经过多次的类似清代"改土归流"的过程，直到今天还在循同一方向进行中。

中国的南方也经历了类似的过程。汉代从长沙南下，以至南越番禺（位于今广东），这一条经过洞庭、湘水、漓水、珠江河谷的水陆路线，由几个点联系为一条线，经过这一条通道，汉代的五溪蛮、三国的山越、南朝的溪峒蛮獠等以至明清的苗瑶壮夷族群逐渐为中国吸纳，成为中国的编户齐民。

由中国南方海岸出海，航运所经过的地区，在印度次大陆以东，也是一连串的小群体。自汉代至唐代，这一条航线直接以大船运送商品前往中东的商贩不多，大多数的船只都是一站一站地转运，当可称为一连串的区间贸易。中国的经济体，比这些个别的小群体远为庞大，整体国力也强大。因此，中国在这一亚太地区，北至日本，南至马来半岛，构建了一个"华夏和平秩序"（我们可称为 Pax Sinica，类似欧洲历史上的"罗马和平秩序"[Pax Romana]），以贸易与朝贡制度结合，并以强大国力为后盾，长期执东方世界之牛耳。中国在亚洲腹地，极盛时虽有过唐代的羁縻州府遍设于西域葱岭，然而中国在内陆的霸权，从持久与实际影响言，都不如在东亚周边海上的霸权。相对言之，东亚地区列国之间，也的确未见严重的国际冲突。有之，则是日本屡次侵犯朝鲜半岛，以及安南两度有事，中国必须介入干预。在南海地区，小国之间的战争或国内的变乱并不常见，往往中国出面，一介使者即可解决争端。

南方航道所经之地的经济体通常国小人少，属热带或亚热带气候，又不需厚重服装。中国历史上外销商品中，最为有利可赢的丝帛在南方诸国用处不大。再者，中国丝绸产地，唐代中叶以前还在北方，中唐以后南方江浙沿海才成为丝帛的主要产地。北方生产的丝帛走惯北方丝路外运，南方海运又是区间贸易的转运，于是南方海道至唐代中叶以前，少见中东印度商舶直接来华。而南海商舶载来的商品，长期以来以珠玉、玳瑁、龙涎香等为主，从中国运出的商品则以工艺品为主。是以，早期南方航路的经济效应并不十分可观。

从唐代开始，印度、大食（即伊斯兰国家）的大型商舶大量来华，广州、扬州等地都有外来客商群聚。宋代更多外舶，泉州、明州也成为外贸港口。这一变化，一则由于亚洲腹地的战争频仍，中国的西部也多事故，那里的陆路商路并不畅通；二则中国的瓷器生产有了长足进步，北方出产邢窑、定窑、钧窑之瓷，南方吉州、龙泉、德化、长沙诸处均有名窑，瓷器质量均多而可观。这一现象，内销、外销孰为主因，

## 第十二章 中国南方的对外通道

以致刺激了生产,尚待进一步研究。以目前资料看来,长沙窑与德化窑,论质量不算上等,而且内销不多,这两处出品似乎是以外销为主。是以,唐代瓷器产量的大发展,或许竟是因为外销的刺激而起。然而,瓷器一跃成为重要的外销商品,对于南方国际海运起一定的作用;既因为不少名窑的产地在中国南方,也因为航运的载运量大及折损率低,海运占了优势。

这一转变,其影响所及,就国内言,南方所占中国经济的比重一时超过北方,至今还是如此。经济力量的强大,使中国南方在文化与政治两个领域都有与时俱进的庞大影响力。就国外的影响而言,大量商货运输所经之地,对于当地的经济与文化均有提升。于是,南方各地都有前所未见的国家出现,真腊、占城、越南均是富足的新群体,甚至中印通道上,南诏一时崛起,也是南路西线运道开拓后的现象。有此国际秩序的重组,东南亚的形势也为之丕变!

南方航运的发达,竟使中国不但是航路的终点与起点,也成为海陆两条商路的中继点。南海的香料在欧洲与中东有庞大市场,远大于中国对香料的需求。在中国北方为辽金占据时,南海香料竟可由中国转运辽金,再经过亚洲腹地的长程转运,转入西方市场。这一转变当可解释为日后全球经济网络成形的前奏。俟16世纪以后,大洋航运开通,新大陆的黄金白银投入国际经济网络,才是全球经济网成形之时,最后则有待于今日的发展,全球经济遂整合为不能分割的经济体。

综合言之，中国南方的国内与国际形势，其演变过程，较与中国外销经济及中外航线性质的变化有相应的关系；其整体的发展情势，似与上章所述亚洲腹地商路的变化呈现迥异的形态。

第十三章

# 基督教与伊斯兰教的扩张

　　基督教与伊斯兰教的扩张，分别对欧洲与中东的政治、经济、文化都有重大而长久的影响，转变了人类的历史发展。这两种信仰系统各霸一方，也从此决定了彼此的方向。

　　基督教是从犹太教衍生的信仰系统，然而基督教教义的普世意义，使这一宗教超越了族群神的信仰，逐渐由巴勒斯坦扩散到欧洲，最后遍布于全球。从基督教教义引申的若干价值观念，例如自由、平等及民主，均已成为人类社会共同持守的信念。同时，欧洲文化经此转折，发挥了空前的动能，遂使欧洲的印欧人种掌握了全球性的优势。

　　基督教在耶稣创教时，不过是以色列人的一个小宗派，其理念固然已超过犹太教众先知发挥的教义，但是当时人士大致只以为这一宗派不过是许多犹太复国运动的一支。基督教教义的开展，保罗诸人的贡献极大。这些早期的使徒，在希腊—罗马城市的犹太社区传教时，以书信的方式论释基督教教义，将当时泛希腊文化中的若干观念，尤其是斯多葛派的思想，糅入基督教教义，使这一信仰系统成为犹太人以外族群都能接受的普世宗教。

基督教在犹太社区时本来是一般平民百姓的信仰，传入东地中海诸重要城市后，也是在穷人之间吸收信徒。2世纪以后，罗马内部逐渐改变，共和体制沦为军人控制的统治体。罗马军团兵锋四出，各处征讨，罗马的兵源渐渐不足，于是原居住在东欧与亚欧交接处的许多族群成为罗马军团的新成分。这些所谓蛮族，其投军从戎者大多出身穷苦，当中不少人已接受基督教，于是基督教渐渐渗入罗马军团，成为基层兵卒的信仰。4世纪初，罗马皇帝君士坦丁在内战中察觉军人的基督教信仰，遂标榜基督教的十字架符号为军徽，此举鼓舞军心，竟得大胜。君士坦丁遂将基督教合法化。

这一转折，使原来在地下传播的基督教可以公开传教，得以循罗马军威传布于罗马世界各处。欧洲原来居民，如在西欧的高卢人及东欧的许多族群，本各有自己的民俗信仰，例如"泛灵"信仰。基督教义传布于这些族群时，也颇能将基督教的礼节迁就这些所谓"异端"的旧俗。举例言之，今日的圣诞节12月25日，其实即是冬至，就北半球而言，白日最短，黑夜最长，可以说是冬寒终将回春的转折点，也是农家在冬日遍地风雪前庆祝丰收的时节。今日耶稣的复活节，

第十三章 基督教与伊斯兰教的扩张

是清明前后,又正是大地回春、生机重现之日。基督教的教堂常建于"异端"的圣地,祝圣的圣徒也常借用当地原有信仰的若干人物形象。凡此现象,均是基督教能够迅速普遍吸纳欧洲各处信众的策略。

罗马帝国分裂为东西两部,都受蛮族侵犯。匈人阿提拉兵临君士坦丁堡城下,胁迫东罗马投降。日耳曼人于476年罢黜最后一任西罗马皇帝,罗马实际灭亡。欧洲沦入所谓"黑暗时代",基督教会是唯一能提供文化与秩序的组织。各处基督教主教,实质上在与当地领主封君共治。这些封君,渐渐必须以基督教会的祝福取得其在人民心中的合法地位。罗马的主教则是基督教会的最高权力者,其地位凌驾于武人自立的"皇帝"之上,欧洲遂为基督教会的"公教秩序"统治时代。当时罗马的希腊正教则是为皇权服务,教士们也是"皇帝"的文官,不论在罗马的公教,还是在东方的希腊正教,都可谓政教合一体制。教会握有权力,却也因此失去了洁净!于是,为了排斥异己,基督教会钳制思想,垄断文化资源,欧洲的文化沦为万马俱喑的局面。后在14世纪文艺复兴及16世纪宗教改革之后,欧洲文化才重获生机。

这一时期,中东(亚洲西部)伊斯兰教崛起于阿拉伯半岛,其族群居住在沙漠中,以游牧为生,这些贝都因人自古处于波斯文化的边缘,服属于此起彼落的王国与皇朝的权威。阿拉伯人习于迁移,是勇猛的战士,也是精明的商人,中东地区是东方与西方商路的中间点,几百年来坐收贸易之利,也

圣索菲亚大教堂，位于土耳其伊斯坦布尔，它见证了拜占庭帝国的衰落与伊斯兰力量的兴起。335年由君士坦丁大帝首建，532年查士丁尼一世续建。1453年被奥斯曼帝国占领，改建成为伊斯兰教的清真寺

## 第十三章 基督教与伊斯兰教的扩张

吸收了东方与西方的文化，发展为中东特有的文化。

在这些背景下，阿拉伯人穆罕默德创立了伊斯兰教，以顺从安拉意志为其核心教义。伊斯兰教与犹太教、基督教同源歧出，都是启示性的宗教，都着重在劫难与救赎。不过伊斯兰教的教义强调对唯一真主的顺服，甚至穆罕默德也只是最伟大、最后的先知，他本人不是神，于是避开了基督教圣灵三一与救主复活所牵涉的难题。真主规划的行为准则系顺服是善，违逆是恶，又不必在善恶分界及原罪观念上有所纠缠。这样的宗教，对于质朴不文的信众明白易行。因此，本来处于波斯文化边缘的阿拉伯人，有了一套可行于日常生活的信条及仪式，是以超越了宗族部落的局限，发挥了远大潜能，团结于这一信仰，构建为坚实的共同体。

伊斯兰教兴起时，正值中东两大帝国——萨珊王朝的波斯与希腊正教的拜占庭帝国——缠斗了数百年，都已精疲力竭。萨珊王朝更是老大帝国，政治、军事均不振作。伊斯兰教团在这一时机乘势扬起，扩张势力，灭了萨珊，压服拜占庭，又在亚洲腹地击败中国唐代的戍军，南向绕行地中海，揽有非洲北岸。从亚洲腹地到北非，均为伊斯兰的政权统治。固然内部有始终不断的权力斗争及朝代更迭，伊斯兰教的信仰体系确实已据有中东及四周的欧亚非三洲交接处。这一地区本是东方与西方远程贸易的枢纽，此时伊斯兰教团的势力笼罩了所有北线、南线和陆路、海道的运输路线。伊斯兰势力坐收中介利润，掌握了丰厚的资源。

这一形势使欧洲的商业受制于伊斯兰势力。欧洲的权力中心即罗马的基督教会，遂对地中海东岸的国家发动战争，然而却是劳而无功！另一方面，形格势禁，欧洲人不得不转而寻找新航道，冀望绕过伊斯兰势力的垄断，竟因而开通大洋航道，启发了后日一连串的历史，包括殖民东方、发现美洲，终于编织了全球性的经济网络。

伊斯兰势力掌握了丰厚的资源，取精用宏，既承接了希腊罗马与波斯文化，又接受了东方传来的中国与印度文化，一时之间，中东文明无论文学、艺术、数学、科技，均有十分可观的成就。此时也正是欧洲处于文化黑暗期，新近闯入欧洲的蛮族还未能继承古典文明。若没有伊斯兰世界保存了希腊罗马典籍，则后来的文艺复兴将无所凭借。伊斯兰世界学到东方文明，例如中国的造纸术、印刷术、考试制度与印度的航海技术等，并将这些知识转介于欧洲。这一贡献对于日后文明的发扬光大，功莫大焉。

历史的发展，往往因为偶发的因素导致不能逆转的趋向。基督教与伊斯兰教这两大宗教比邻存在，冲突在所难免。从西欧基督教国家发动对地中海东岸国家的战争以来，这两大信仰之间，和平相处之日少，兵戎相见的事件多。人类的超越性信仰，本是有许多可能的观念与方式的。然而，一旦超越性信仰有了排他性的独断，人己之间的包容与共存即不再可能了！

综合言之，基督教传入欧洲及伊斯兰教奄有中东，在人类历史的长程发展趋向上实占有十分关键的意义。许多幸运与不幸的事,都因为这两种信仰系统的发展及其间的纠缠,在人类历史上留下了深刻的轨迹。

第十四章

# 佛教及其他宗教传入中国

佛教传入中国在世界史上也是一桩大事,其重要性不亚于基督教在欧洲的传布与成长,因为佛教进入中国引发了中国文化本身的转变,由此也改变了日本、朝鲜以及蒙古等地的文化。

佛教入华有三条路线:南传佛教,经由南海进入中国;北路则是经过中亚的中继,传入中国本部;藏传佛教先在西藏高原立足,然后又传入蒙古高原与东北地区。三条路线传入的佛教,各有其特色。

最早传入中国的宗派,是经过中亚传入的大乘佛教。在印度,最初佛教是寻求自我解脱的宗教,其重点在理解四苦谛(生老病死)的无穷之苦,及由此悟觉诸法皆空。这是自度的佛教,不是度人度世的宗教。佛教进入中亚,发展了救赎世人的大乘佛教。据说龙树是这一宗派的创始者。但是，中亚地区早就有源出西亚的从诺斯替（Gnosticism，灵知派）衍生并混有祆教成分的摩尼教，此外还有密特拉（Mithra）与弥勒（Maitreya）的启示信仰。凡此天启信仰，都有两元（善恶或明暗）对抗、劫数、救赎，以及最后得喜乐和平的承诺。基督教其实也是这一类型的启示（天启）宗教。启示性宗教的影响，使佛教由自度转向度人。这一类型的大乘佛教由鸠摩罗什等人传入中国。在中国发展的许多宗派中，净土宗毋宁是最具启示性宗教的一支：人生历尽苦厄，仰仗佛力，或有解脱，则有弥勒、弥陀、地藏等救主式的佛力代表超度世人往生净土。至今净土宗在中国衍出的许多宗派，还是中国民间信仰的主要部分。

南传佛教，相对于"大乘"一向称为"小乘"，其实是误译。南传佛教保留原始佛教上座部的教义要旨，可说是从悟解求自度的佛法。南传佛教进入中国当在南北朝时，较中亚佛教的传入为晚。这一派的悟解观念，终于与儒家孟子一派的唯心主义互相契合，成长为中国的禅宗，日后蔚为中国佛教之中十分重要的宗派。相对于净土宗在一般群众中的强大号召力，禅宗的信仰者虽说可以有不识字的有缘人，终究还是对知识分子较有说服力。两大流派各有其信众，至于玄奘取经回来所创的唯识宗，则因为其高度的哲学思辨，竟至逐渐隐没，无法与上述两大宗派抗衡。

藏传佛教具有印度原始佛教的许多成分，也吸收了婆罗门印度教及西藏本土苯教的成分,相较于前述传入中国的教派,藏传佛教是显密两宗中的密宗,于仪式、咒语以及身体修持有其特色(藏语中称密宗的"上师"为"喇嘛",所以藏传佛教又称喇嘛教)。这一宗派在中国当时的本土并未发展,却驯化了草原上战斗性甚强的游牧族群,后来成为蒙古与满洲两族的信仰,远播西伯利亚的布里亚特地区,并随西蒙古的土尔扈特部播迁至伏尔加河流域。

汉代佛教入华,从汉明帝之后约三百年间,佛教基本上在民间流传,在佛教的影响下,中国人将本土巫术信仰及道家学说组织为道教。到了4世纪,佛教开始影响上层和士人,从上到下,各个层次的施主开始建造寺庙。公元400年前后,中国出现了第一批大寺。之后,佛、道与儒家鼎足而立,并且不断互相影响,而由中国文明系统中的宗教观念,整合为中国人的超越意识心态。佛教经过千年的融合,终于"华夏化",其中国色彩比重竟可谓不下于原有的印度传统,另一方面,佛教也开拓了中国文化的领域,不仅刺激中国组织了道教,也促成了儒家的重大修正,即明代王阳明的心学、近代杨文会及支那内学院复兴的佛学、熊十力演绎的新儒学。于是,原来属于印度的佛教完全蜕化为中国文明体系的一部分了。这一发展,正如基督教不在中东开花结果,却成了欧洲的主要宗教一样,佛教在印度逐渐消失,却在东亚蓬勃发展,这都是文化移植后在新的土壤上终成大器的表现。

欧洲基督教与中国佛教的情况,最大的不同在于宗教与

## 第十四章 佛教及其他宗教传入中国

政权之间的关系。基督教在君士坦丁被接受为合法宗教以来，始终与政权有相绊相接。西罗马灭亡，罗马教皇更俨然为欧洲的共主，而拜占庭的教会又几乎是皇帝的官僚系统。这种教权与政权共存的情形，须在宗教改革之后始有改变。

佛教则不然。当初在印度，作为佛、法、僧"三宝"之一，有过僧团（僧伽）组织，但不是统一的教会。佛教到了中国，从未有过全国性组织的教会。南北朝时，沙门不敬王者论曾经引发严重的辩论，却也因此确立了僧侣"出家"与世俗不再有牵涉，政权与教权之间、入世与出世之间无所关联。固然，除了"三武"法难，佛教曾数次受过政权迫害。大体言之，中国的君主政权，对世外的佛教还是相当尊重彼此之间的隔离，方外竟成不受君权约束的遁逃所。当然，佛教是社会力量，而不是以"教会"的组织形态与政府对抗，也不会因此而有互倚的共存。

祆教、摩尼教等中亚启示性信仰，均在6—7世纪传入中土，但是在中国没有发展为大型的宗教。在唐代中外交流十分活跃时，这些中亚的宗教，包括基督教的景教即聂斯托利教派，都在中国活跃过，著名的《大秦景教流行中国碑》即是景教建立寺庙的记录。中亚诸教大都是在中亚旅华的侨民社群中传布，例如粟特商人即有其"萨宝"（教长）主持宗教事务，甚至执行相当于"领事裁判权"的责任。唯一例外是摩尼教，当它在北非、欧洲趋于衰微的时候，却在东亚享有一时之盛。763年后，一些摩尼师被协助唐朝平定安禄山之乱的回鹘部落联合酋长从洛阳带到漠北，摩尼教被立为回鹘国教。840年后，西迁的回鹘可汗又把摩尼教带到吐鲁番地区。

可是，中亚诸启示宗教，在中国仍有其重要而又一向不受人注意的影响。祆教与其衍生的摩尼教，教义都在善恶明暗两种力量的相抗及彼此消长的不同阶段，所谓二宗即善恶与明暗的激荡；经历三世，由过去对立，经现在抗争，在未来光明得到全盘胜利（祆教的第三世却是明暗的整合）。从一个阶段过渡到另一个阶段即"渡劫"的时候，会有救主降生救赎世人。在中亚，民间的救赎信仰宗派曾经非常活跃，其教义在于强调"未来世"将是安乐的乐土。前面已说过，佛教的净土观念源自启示信仰。在佛教之外，中国民间信仰的宗派曾以不同的名称不断出现，早期的黄巾、天师道，中古的方腊吃菜事魔（摩尼教的支派），后来的如白莲教、弥勒教等，都是民间的信仰组织，并且常常以此号召穷而无告的社会游离人群组织反政府活动，甚至武装起事，耸动一时。

这种民间信仰宗派反抗政权的现象，在欧洲并不多见，有之，则俄国的民变或可说比较相似。中国历史上这种现象屡次发生，可说是宗教与政权之间始终存在对立。贫穷的弱势人群，只有借启示性信仰，保持一些对未来的憧憬！相对言之，儒家的知识分子与占了一定社会地位的佛教僧侣已居社会的优势地位，他们大致不会同情这些可能颠覆已建立的社会秩序之行为。于是，中国的民间信仰宗派，始终只能停

## 第十四章 佛教及其他宗教传入中国

滞在社会底层与社会边缘,少有提升为正式教团的机会。

综合言之,佛教进入中国引发的影响,不仅是一个信仰体系的传播,而是彻底地改变了中国的思想方式,既带来了另一种思维,也迫使中国固有的思想系统(儒家与道家)不断与佛教互动,终于融合为中国型的思想体系。

另一方面,中亚启示性教派进入中国后,不在中国的社会精英之间引发反应,而是为社会的底层与边缘人群开启了反抗与革命。

当然,佛教与基督教的最大不同之处还在于:教义上,佛教不是独一尊神的信仰,其容忍他教的信仰空间十分宽广,于是中国幸而免去了欧洲因信仰而引起的许多战争与迫害;体制上,佛教没有严格的教阶制度,不是制度化的宗教。具有讽刺意味的是,当年并非全是高僧的佛教僧侣在汉地传播信仰,由于完全自发而取得了完全的成功;明末清初,来华布道的耶稣会传教士有着高度教育训练和文化教养,但是由于受制于罗马教廷的严格督导而业绩不彰。

第十五章

# 16世纪以前的中国

我们用16世纪作为古代与近代的分界线,因为美洲大陆进入旧大陆的历史,开启了全球人类历史的新时代。在16世纪以前,欧、亚、非三大洲人类互有交往,却仍缺少美洲这一块,人类对于托身的地球其实所知并不准确。

对中国本身的历史论而言,春秋战国时代,孔子、老子等诸子百家兴起,塑造了中国的思想体系,而列国竞争到秦汉帝国,也促使中国的政治制度逐步发展成形。三国魏晋,中国分裂,外族入侵,第一期的中国结束了。南北朝时,中国民族吸纳许多新成分,迄至尘埃落地,隋唐中国是脱胎换骨,堪谓第二期的中国。隋唐号为华夏的中国,但究其实际,两代统治阶层已是胡汉混合体。安史之乱后,河北长期胡化,人不知孔子。平乱官军也是以回鹘土著为后援。中国的内战,竟可看作不同外族以中国为战场而展开。

宋代是中国的王朝，然而与宋同时存在的，有北方的辽金蒙古，西北有西夏，西南有大理，东北有高丽，东方有日本，南方有扶南、高棉。东亚俨然出现列国体制，宋不过列国之一，不再是一个"天下国家"。蒙古铁骑横扫欧亚，却分封诸汗，从未有过"天下国家"、普世"定于一"的理念。由西域与中亚调来的签军，戍守中国内地，使中国人口又增加了不少新的成分。隋唐以来的第二期中国，事实上已是屡次吸纳新族群，又糅合而成为新的华夏复杂体。于是，中国的文化也有所改变。单以生活起居的方式而言，秦汉席地而坐，已渐渐改变为坐椅据案！饮食的食料与烹饪也与前不同，面食已取代了小米，成为北方的主食。

明代驱逐蒙古人，自认为再造中华。然而，后元始终存在，东方的朝鲜、日本，都已有自己的文化发展。南方的安南，已脱幅独立；郑和舰队下西洋，所到之处大多也已为自主的政权。东北方面，满族将成大器。西北方面，蒙古宗王据土自雄，帖木儿异军崛起，以中亚、西亚为中心建立大国，其后裔据有以印度为主体的莫卧儿帝国，帖木儿还曾计划率大军进攻中国。明代的中国，固然不外乎过去"天下国家"的影子，实质上还是列国体制中比较强大的一个国家。

统治这一大国的明廷，其专制程度远超过唐宋朝廷。君主与文官（士大夫）共同治理国家的传统，在明代大有变化。明代君权强大，文官系统不能制衡君权，而且权臣与宦官合

> **帖木儿计划攻打中国**
>
> 帖木儿在1369年建立了帖木儿帝国，开始他南征北讨、积极扩张版图的帝国事业。东西察合台汗国、波斯、花剌子模、伊利汗国和阿富汗，都纳入其麾下，他还曾进攻钦察汗国。帖木儿对于周边国家虎视眈眈，至于中国方面，从明洪武二十年（1387）起，曾多次遣使进贡。到了1396年，帖木儿态度转变，扣押各国使节，包括明朝使节傅安，继续对外扩张，南侵印度以及小亚细亚，击败奥斯曼土耳其帝国，帖木儿帝国威震一时，傲视列国。此时他的眼光落在中国，1404年11月帖木儿率领大军从撒马尔罕出发，准备进攻中国，结果1405年2月在途中病逝。后来其子转与明朝友好，双方再度建立良好的外交关系。

作，经常狐假虎威，戕贼士大夫如草芥。文官体系中，也有人反抗，例如海瑞、杨涟等，但多成为烈士。

汉代以下，就集体而言，士大夫代表了社会力量，与君权之间有既合作又相互制衡的辩证关系。在明代，士大夫虽也拥有一些特权，但只有东南地区的士大夫具有集体力量的声势，例如东林代表社会与君权抗争。东南士大夫有此声势，颇与东南经济实力有关。因当时东南沿海地区本身经济与文化都积累了丰厚基础，加上南宋以来对外贸易兴盛，使南方地方力量有所凭借。相对而言，淮河以北的北方地区，屡经战乱及旱涝天灾，穷困贫乏，救死不遑，哪来抗争君权的力量？明代中国，南北发展落差之绝，竟可说是两个中国。于是，明末民乱，所谓流寇全在北方活动，不能进入南方。满人入关，北方传檄而定，南方却有长期的抵抗。凡此均显示中国内部实质的分裂。

唐代早期，中国人口比重南北相差不大。南宋以后，南方人口的密度远远超过北方。人口压力大，而又有外贸的经济优势，南方遂于农业之外多手工业及商业的发展。明代南方的丝绸、瓷器、制茶等均有可观的成就。科技史专家一致认为，在16世纪以前，中国的工艺技术及生产力居世界之冠，不是同时代的欧洲可以望其项背的。

但是，中国的经济终究是以农业为主，工商业的发展多多少少仍依附于农业经济，未能独树一帜。中国农业，精耕细作的传统源远流长。这一密集农作全仗大量劳力投入生产。按照马尔萨斯的报酬递减现象，劳力投入生产有其极限，过了一定程度，多劳不但不能增产，反而不足以补偿劳动成本。中国的密集农作，在宋代已创造单位高产的佳绩，到了一定的程度，单位产值即不易再有提升。人口增加了，而单位产量不增，则为了喂饱提供劳动力的庞大人口，唯有扩大耕地面积，以增加生产量。于是，明代的中国，各处均有垦拓山林、开发湖沼的现象，人口也一批一批进入丘陵山谷与林地

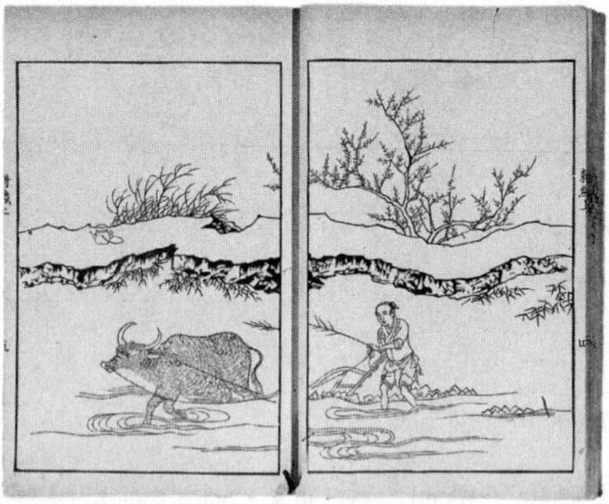

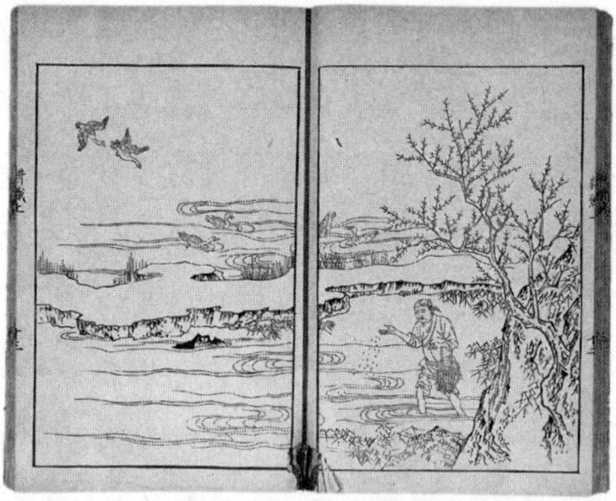

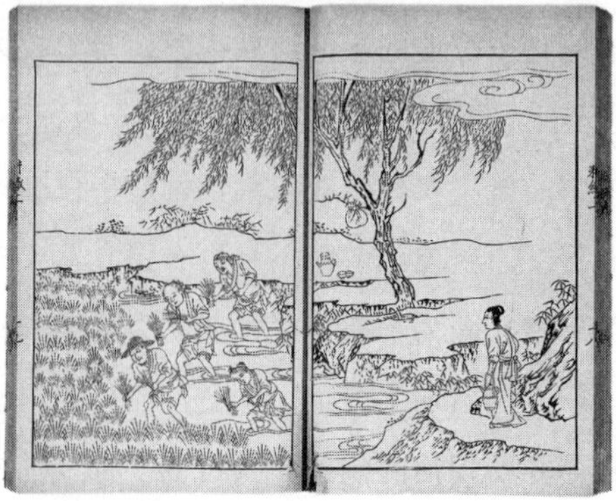

明·宋宗鲁《耕织图》：耕、布秧、插秧、耘、灌溉、收刈

原野，东南沿海更有海埔新生地辟为田亩。江汉以南以至西南山地，在明代日渐开发。北方也有开发蒙古与关东的移民。整体言之，中国密集农作的传统，难有质的提升，只能以量的扩大为其解决困难的途径。耕地面积不断扩大，事实上是以伤害天然环境为代价。明代的东南、南方与西南方仍不断有由狭乡移民宽乡的现象，相对也改变地理生态。中国的移民当然不限于国境之内，东南沿海的人口也大量外移。在南洋一带，处处有华人移居，建立了不少海外的华人社区。这一形势，在明代以前实不多见。

在文化方面，明代的儒家承接宋代理学的传统，加上明太祖加强君权的策略，形成以伦常纲纪为主轴的礼教，社会上人际关系相对地位即尊卑上下的观念，将个人纳入伦理的网络，维持了既得利益阶层主控的社会秩序，却也限制了个人的自由发展。物极必反，明代王阳明学派提出心学，以纠正宋儒的理学，实是对儒学僵化现象的反抗。正统学问之外，明代的民间信仰也颇多发展，一些从唐宋以来即相对活跃的启示性教派，形成社会底层与边缘的社会力量，却又不足以颠覆上层的礼教伦理，反而也不免在教派之内仿照上层强调其自己的伦理秩序。

综合言之，明代的中国，君权发展为强大的专制。经济发展到了瓶颈，未能在质的方面有所提升，也不能改变发展的方向。思想已僵化，又为政权利用作为工具，虽有"心学"独树一帜，但终究未能取代官方维护的理学。整体看来，明代的中国，各方面的发展都已到达极致。16世纪开始的世界，已不是中国能够面对的新局面。明代晚期仍有可能启动新猷，改弦更张，那一现象将在本书的第二篇再作讨论。

第十六章

800—1600年的欧洲

这里取公元800年为断代的开始,因为这一年法兰克王国的查理曼大帝加冕为皇帝,史称"查理曼帝国"。正如上一章所言,我们将隋唐以下视作第二期的中国,这一"帝国"也可解释为第二个欧洲。第一个罗马建立的欧洲秩序,已被一批一批"蛮族"入侵冲散了。东方的拜占庭帝国则与欧洲的主体分离,欧洲分裂为东西两个中心,日后的欧洲主体毋宁还是在西半边。查理曼大帝统一了原来高卢地区的法兰克王国。在他访问罗马时,教皇利奥三世加冕他为罗马人的皇帝。5世纪前后,法兰克人移居高卢。那一波所谓蛮族,经过四五百年的含蕴,已经融入欧洲的族群,成为欧洲文明体系的新成分。现在,这一批原来是外族的人群,已是欧洲的主人;他们竟必须面对新的挑战者:匈牙利人、保加利亚人、

## 第十六章 800—1600年的欧洲

波兰人、维京人、斯拉夫人等,当然还有更强悍的阿拉伯人。在800—1600年间,欧洲不断重整自己的内部秩序,重新界定欧洲文明的内容与意义,最后将推动全球人类社会的成形。

在这一将近千年的时段中,欧洲各地的族群陆续组织了地方性的政权,有爱尔兰、苏格兰、英格兰、波兰、基辅、法兰西、日耳曼诸邦及由此而兴的德国。神圣罗马皇帝,一个新的帝号,在962年为日耳曼的奥托一世所取得。欧洲的核心已经由地中海转移到大陆地区。

西欧、中欧、东欧、北欧、海上的英伦三岛、地中海的三大半岛合成了欧洲。这些地区,逐渐整合为后世的欧洲诸国。第一个欧洲的罗马是欧洲的霸主,也是欧洲的核心。经过基督教会普世性权威涵盖的时代,欧洲逐渐演变为多中心的列国体制,而且这一体制下的列国强调各国独立的主权。这一新起的国家观念,在将各地组织为近代复杂共同体时呈现了巨大的凝聚力,也因此导致许多严重的冲突,以至于今,未见终止!相对而言,宋代以后的中国,虽然实质上也身处东亚列国体制之中,却始终不肯放弃"天下国家"的理念,甚至日本、朝鲜、蒙古等也都采用了"天下国家"的皇帝名号。

欧洲的四周,有强大的伊斯兰势力与已经成为东方帝国的拜占庭势力。这两大势力,挡住了欧洲与东亚(中国)及南亚(印度)地区的交往。可是,正因为有他们之间的互相牵制,伊斯兰势力才不能进入欧洲。

在"主权国家"逐渐形成的漫长过程中,欧洲曾经有过许多地方势力割据的时期。"神圣罗马帝国"只是一个虚名，既不是真正的罗马，也不具备"帝国"的机能，至于"神圣"则是教会为了提升自己的影响力而提出的标志。欧洲的许多族群在移入欧洲时，大多是部族组织。部族的战士终于定居，各地必产生地方性的领袖。当新的国家逐渐在斗争中成形时，胜利者取得王位，也册封自己的部属与盟友，尔公尔侯，种种尊称，任他们拥有领地及人民。这就是历史上所谓的"封建制度"。欧洲的封建，其结构及功能酷似中国周代及日本武家政治曾建立的制度。究其实质，所谓"封建"，是由权力中心将权力分别委托于地方，让受托者就地攫取资源以维持其存在，而又以受托者的力量控制权力核心所不及的地方。封建制度不像文官组织的官僚制度，其权力是分散的，法度因人因地，各有不同。欧洲的封建因此与中国古代不同。周人封建亲戚，以为藩屏，宗统与君统合而为一，血缘纽带是团结的因素。欧洲封建则出自部族的重新编组，语言风俗是结合的基本。因此，这些封建群体最后演化为民族国家（nation state）。不过，在许多势力纵横捭阖的过程中，友邦以婚姻为结盟工具也是常事。欧洲人无论男女都有继承权，由于婚姻与继承权而使领地合并，在欧洲史上颇为常事。因此，欧洲封建制下的领土与人民，竟不啻是领主封君的私产！

欧洲封君，大的称国王、亲王、大公，小的称公、侯、伯，都直接领有土地人民。封君下面，有许多领主各自拥有庄园

## 第十六章 800—1600年的欧洲

及其邻近的山林原泽，由属下百姓或由领主拥有的佃户与奴隶耕种。有事时，领主即从自己的部属中组织队伍，参加封君的军队。为应付军事需要，封君常在要冲处选择易守难攻的山地建筑城堡，据守自保。在港口及津渡则设立关卡，稽查行人，收取关税，甚至掠夺商货。有些领主的庄园，也深沟高垒，俨然城池。欧洲的若干首都，即由这样的城堡演化而为都市。

在有些交通要道上，既有来往商贾驻足休息的生活功能，也有可彼此交易而发挥商货集散的机制，于是形成集镇，更进一步发展为经济都会。这种商业城市多是港口或几条陆路的交会之处，前者如威尼斯、热亚那，后者如科隆、汉堡。城市是五方杂处之地，有来自各处的行商坐贾，也有不同行业的良工巧匠。失去了祖国的犹太人，常在这种商业城市聚居于"犹太区"，以汇兑借贷为业，操纵欧洲的贸易网络。城市工匠结合成帮（例如建筑教堂的石匠，组织了跨国的共济会），以教学为业的知识人也在城市中组织大学（具象的意义为"联合教学中心"）。封建领主也不能不仰仗城市所提供的许多有用的功能，于是城市往往可以其经济实力换取不受封君约束的自由。有些城市还握有佣兵自卫，甚至结为联盟，彼此支持（例如中欧的汉萨同盟），在国际上举足轻重。凡此现象，均指陈欧洲城市与乡村的分离，实与中国的城乡延续现象不同。

基督教罗马教会在欧洲的重大影响是人类历史上罕见

的。罗马帝国的晚期,基督教驯服了入侵的蛮族,也在几乎没有政府的情况下担起维持秩序的任务,但在基督教与君权结合甚至还凌驾于君权之上时,权力腐蚀了掌权的教士。罗马教皇执政教合一的权柄,不顾这一宗教的高尚教义,擅作威福,对内以酷刑镇压异端,对外发动十字军东征,操弄信徒的信仰,草菅人命。这些都是人类历史上少见的罪行!

然而,也许正因为教会如此擅作威福,少数教士又如此生活腐败,逆火回烧,竟导致欧洲历史出现转变的契机。当时封君领主们长期为教会所操弄,终于有不甘心的一派。这些进入欧洲的民族原来都是部族共同体,有其各自坚持的个别主体性。基督教本是普世性的信仰,教会代表了一种普世秩序。个别主体性与普世秩序之间如何维持平衡,本来就不容易,当部族感受压制而自己的力量已经足够时,部族的个别主体性会以民族主义的诉求来反抗教会的普世秩序,这是中古后期民族国家兴起时封君领主的普遍心态。

教会的排他政策在知识分子中也引发了反感。城市中的学者、文人与艺术家,及经常周游各处的工匠群体,对于教会仪式的烦琐及教条的肤浅不再感到满足。他们开始从在欧洲已经被遗忘却在东方伊斯兰教世界仍旧得以保存的古典著作中,寻找欧洲文化的源头。许多古代希腊罗马学者所讨论的问题,重新引起中古学者的注意,他们又拾起已为宗教热忱所掩覆的课题,例如"人"的价值,例如理性的思考等。对艺术家们来说,艺术不应只为信仰服务,神圣不可触的神性也不应排除"美"的表现。于是,"人"也出现于神坛与教堂的宗教艺术中,例如耶稣与玛利亚,竟可以慈母与孩子的人间形象代替了刻板的神像。这一重新找回文化源头的集体志业,即是所谓的"文艺复兴"。

于是民族主义的诉求与文艺复兴的大业合流为巨大的能量,到了15、16世纪时,有些人在寻找欧洲文明的本质,有些人在重建自己民族的集体记忆,这两股力量最终都会反抗基督教会专断与独占的排他性。在教会内部,也有人寻求找回耶稣及其门徒所提示及信守的教义,这一势力将导致后来的宗教改革。

基督教是欧洲思想与学术的主流,其教会是一个足以抗衡君权的团体。在这些层次中,中国的儒家也有类似的历史地位。但是,两者对比,儒家之中有人担任文官,与君权共治,还有人则坚持儒家的理念,在朝针砭缺失,在野特立独行。正因为儒家没有教团的组织,遂能免于全体的败坏。

综合言之,第二期的欧洲与第二期的中国,都在吸纳外族后改变了人口的成分;古代天下国家的普世秩序,也都改变为列国体制之中的一员,必须与邻国共存。在这一方面,中国与欧洲的情形其实还是相当类似的。封建制度在中国早已出现,而在欧洲却出现于"天下国家"已经衰微之时,遂为后起的民族国家开一发展的契机。欧洲的城市,在中国历史上未曾出现。这些城市的经济机能及文化机能,为后世经济与学术的自主性奠下了基础。欧洲的庄园本是自足的生产单位，但不像中国小农劳动力密集，是以欧洲庄园有转为资本密集与技术密集的新方向。欧洲 14 世纪发生的大瘟疫，三分之一的人口为之死亡。欧洲失去了大批劳动力，不得不转向利用机械来重建其生产力。从 800 年到 1600 年间，欧洲走过的历史变化十分剧烈，变化的方向也颇多歧出，却为后来的发展开启了许多的可能性。

# 第二篇 近古世界与中国（1500—1840）

第十七章

## 大洋航道开通后的世界

1492年,哥伦布到达了今日美洲的巴哈马群岛;1497年达·伽马绕行非洲南端的好望角,进入印度洋。这两件历史事件之后,世界各地的商品都可交流,从此形成一个全球性的经济网络。人类历史不再以分区的格局处理,我们将1500年当作近古历史时代的开始,从此人类社会一步一步走向不能分割的整体。

欧洲人开拓新航道的动机,是由于伊斯兰势力在中东拦截东方与西方的商船,以致东方商品流入欧洲市场时价格十分昂贵,于是在大西洋海岸的葡萄牙与西班牙也想在奇货可居的市场上寻求丰厚的利润。他们原来的想法,只不过是绕行非洲进入印度洋,可以与中国及南海的航道接上,取得南海的香料与中国的瓷器、丝、茶,顺道还可取得非洲的象牙

1492年，哥伦布到达了今日美洲的巴哈马群岛，开启了世界历史十分重要的转折，也给美洲的人类族群带来深重的灾难

1493年，哥伦布回到西班牙，向国王与王后展示他在"新世界"掳获的印第安人和金银珠宝

## 第十七章 大洋航道开通后的世界

与宝石。哥伦布到达美洲,是误读地理,以为绕行地球也可到达中国与印度。这一结果为哥伦布所始料不及,却开启了世界历史十分重要的转折。

然而,新航路的开通,给非洲及美洲的人类族群带来了无穷的灾难。美洲原住居民,即被哥伦布称为印第安的人种,原来是从亚洲一波一波移民美洲的。在那广袤的大陆上,经过数万年的努力,已发展出自己独特的文化,组织出了大型的复杂社会。在欧洲人到达之时,美洲人的政权形态已有中美洲的玛雅与阿兹特克及南美的印加诸帝国,也有北美的易洛魁部族联盟,都具有自己的管理制度。

欧洲人到达美洲,带来了灾害。西班牙人到了美洲,垂涎当地丰富的金银资源,西班牙人科尔特斯于1519年进入今日墨西哥的阿兹特克。他在阿兹特克君主热诚欢迎他时将主人囚禁,杀害了当地的许多贵族,毁灭了这一国家的都城,奴役了当地的居民。

1532年西班牙人皮萨罗进入今日智利的印加帝国,也是在接受友好的欢迎后出其不意地囚禁印加的君主,勒索满屋的黄金与白银,却并不实践释放俘虏的诺言,杀害了印加君主与百官群臣,使印加沦为西班牙属地。欧洲人带来的疾病,例如天花与梅毒,是当地土著前所未有的。美洲原居民不具有免疫力,被感染之后,大批死亡,以致土著人口十不存一。

西班牙与葡萄牙的传教士,视原居民的信仰为异端,欲尽力毁之而后快。于是他们焚烧一切原居民以自己文字所作的记录。今日学者花了不少气力,才可以勉强解读一部分遗址刻石上的原居民文字。这样的罪行是人类历史上罕见的!

欧洲人绕航非洲海岸时,已开始把非洲人掳掠到欧洲,出卖为奴。欧洲人占领美洲后,既然原居民已孑遗不多,为了开拓所需的劳动力,葡萄牙人与欧洲犹太商人合作,有计划地俘获非洲西岸居民,将他们运往美洲,出卖为奴。在航程中,上了镣铐的黑人,因为拥挤与虐待,死者往往泰半。幸存者在美洲世代为人奴役,至今美洲的非洲后裔,虽然在法律上是自由人,终究还是弱势的族群。

欧洲船舰进入印度洋与太平洋时,航道所经的许多岛屿,例如今日印度尼西亚群岛、婆罗洲、菲律宾群岛等处,本来都有大大小小的政权独立自治。明代永乐年间(1403—1424),郑和率领舰队屡次下西洋,这些岛国都见记载。郑和的远航与各地建立了封贡关系,但是中国其实并不干预它们的内政,也未有官方支持的殖民活动发生。但在欧洲人到达后,这些岛屿一处一处沦为欧洲海上列强的殖民地,不仅成为他们航道上的中途休息站,更是掠夺当地资源的据点。在欧洲人未到东方之前,东方与西方间的航运,除了波斯、印度、阿拉伯的大型商船长程运送商品之外,航道上各站之间的短程递运是由当地小型船只运送,是以这些小国也分享了东方与西方之间长程贸易的利润。欧洲大型高桅船进入东方海域,长程贸易的利益被这些大型船队独占,当地人不再有余利可论。

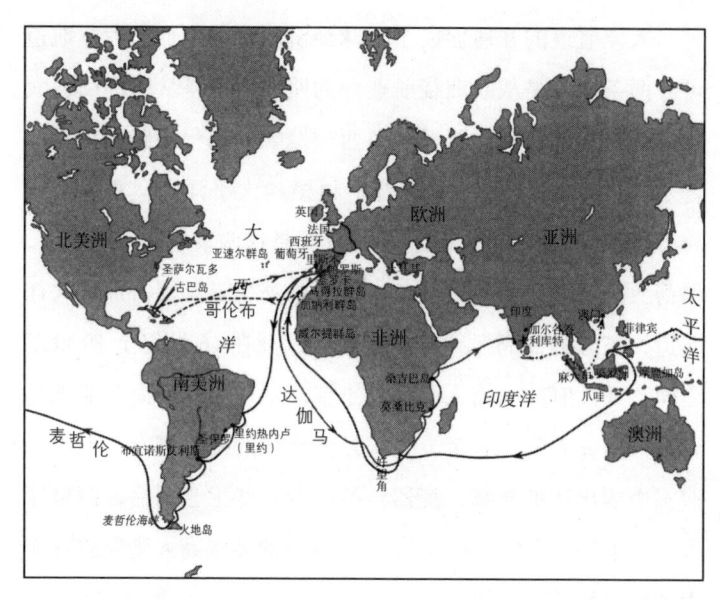

第十七章　大洋航道开通后的世界　　　　　　　　　　　　　　　111

大洋航道的开通

因此，大洋航线的开拓，使欧洲诸国先是葡萄牙、西班牙，后是荷兰、英国掠夺了大西洋、印度洋与太平洋上各地的资源，也据有了这些海洋族群的土地与人民。这一转变，遂使欧洲在以后的世界中取得主导的地位，独占世界鳌头。从此，欧洲殖民帝国掌握了亚洲、非洲这些族群的宗主权。要到20世纪的下半期，欧洲殖民帝国（尤其是最大、最主要的英国）方才解体。大洋航道开通以后，世界历史不能逆转地受其长期影响，甚至在殖民帝国瓦解后，西方的文化已完全覆盖了各地原有的土著文化！

大洋航道的开通促成了全球经济网络的成形。大洋航道可分两条：一是从欧洲绕航非洲的路线；一是从欧洲横渡大西洋，到达墨西哥，再经过墨西哥地峡的短程旱路，从阿卡普尔科（Acapulco）下太平洋，再横越太平洋到达东亚及其海外诸岛。葡萄牙与西班牙在16世纪是这两条航线上的主人，但荷兰与英国随即加入竞争，最后的霸主是英国。经过大洋航道，东方的商品运往欧洲，然而欧洲在16世纪至19世纪之间，并没有冲销输入商品的本钱。他们取得南海及非洲的资源，例如香料、珍宝，其实是赤裸裸的武力攫夺。但为了购买中国出产的丝绸、瓷器、茶叶及一些工艺制品，西班牙人以从美洲掠夺的白银支付。19世纪的英国商人则以鸦片作为平衡贸易逆差的货源。

在16世纪至17世纪间，美洲的黄金及一部分白银流入欧洲，支持了欧洲的经济与文化建设。白银又流入东方。大量贵金属流入西欧与东亚，一部分用于装饰品，大部分在各地流转，成为货币。由于货币供给量增加，导致通货膨胀，在欧洲与中国都有物价上涨的现象。西欧的历史上称这一现象为物价革命，在中国历史上则是明代万历至清代康熙、雍正年间，相当长期的经济持续增长。两个相似的现象，引发的后果却完全不同。

在欧洲，取得金银最多的西班牙，把金银只消费于建筑宫殿及支付贵族们的豪奢生活。那些商人、工匠集中的城市，从经济增长中获利甚丰，也创造了更进一步发展的条件，累

## 第十七章　大洋航道开通后的世界

积资金，不断提升工艺水平。城市中的知识分子也是经济增长的受益者，他们在日后将是推动近代学术的主力。相对而言，欧洲旧的地主贵族，则因为地租收入赶不上通货膨胀，渐渐丧失了经济优势。若以地区论，中欧地区城市受益不少，英国则后来居上，掌握了不少海外资源与贸易利润，也在经济上超越了西班牙，成为世界性经济网络的主要受益者。

在中国，由于丝绸、瓷器及茶叶都是长江以南的东南与华南地区的产品，甚至后来外销南洋及美洲的日用工艺品也是在南方生产（例如广东佛山生产的铁器、福建福州的漆器），于是中国东南与华南持续了将近三百年（16—19世纪）的经济繁荣。这些地区，尤其是长江三角洲与珠江三角洲，市镇十分密集。这些地区的粮食生产额，已不足以供应当地迅速增加的人口需求。于是长江流域的腹地，尤其是湖广、四川，由于供应沿海食粮，也带动了经济的繁荣。

相较于中国的南部，华北五省、旧日的中原、首善之区则并未得到大洋航道带来的经济利益。每次改朝换代带来的战争致使水利得不到维修而造成的旱涝天灾，首都（北京）大量人口的消耗，北方各地受明代封藩的剥削，北方三边的外患等，都使此地平民百姓的生活日益困穷。富裕的南方与贫困的北方，彼此之间，又因明代国家机器运作效率太差，并不能有挹注互补。中国实质上形成两个经济体：北方内陆的农林与沿江沿海的市镇。在明代末期，国家机器只能习惯性地收夺农村的资源，但其人力物力却不能从富裕的市镇汲取财富，以应付内乱（流寇）与外患（辽东与北边的防御）！

欧洲整体经济的扩张，必须有相当配合的条件，方足以持续其增长。14世纪欧洲大疫之后，人口大量减少，劳动力不足，促使欧洲走向使用机器的工业革命。中欧与西欧富裕后，地方掌握了巨大的资源，各地遂有反抗教廷及神圣罗马帝国的实力，终于走向宗教改革，建立了民族国家的列国体制。

中国却丧失了走向改弦更张的方向。明代晚期，民间向海外开拓的努力被政府视为非法的活动。东南知识分子反省文化传统，寻求思想新方向的运动，则因为清政权的压制，不能继长增高。南方繁荣的经济，仍借助广大人口所提供的充分劳动力，未转向借重机器的生产。中国始终是一个整体，不像欧洲分割为许多各不相涉的部分，是以中国也不能有局部独立发展的"隔舱"效应。明亡清兴及日后面对西方帝国主义的侵略，中国的一部分垮了，必然将全部一起拖垮。

第十八章

# 中国沿海的各国海商活动

　　凡提到明代的海上活动，大家必定会想到郑和下西洋一事。郑和此举，诚属中国历史上的盛事，但是从长程的历史观察，郑和出航与其当作明代在海外扩张的努力，毋宁解释为元代海运畅通后的最后一次大举。郑和船只体积与舰队规模均属空前，然而元代的中国与波斯湾之间，各国船只也颇有大船。郑和七次远航，其航线所及，都是元代各国商舶常到的地方。明初，蒙古留在中国的色目人为数不少，郑和即是移居云南的穆斯林家庭的后裔。他的舰队中，穆斯林背景者也大有其人。至于郑和下西洋的任务究竟为何，尚待研究。至少这一次海上大举空前盛大，但并非凿空的探险，因此在历史上并不具有哥伦布、麦哲伦、达·伽马等人开拓新航线的意义。

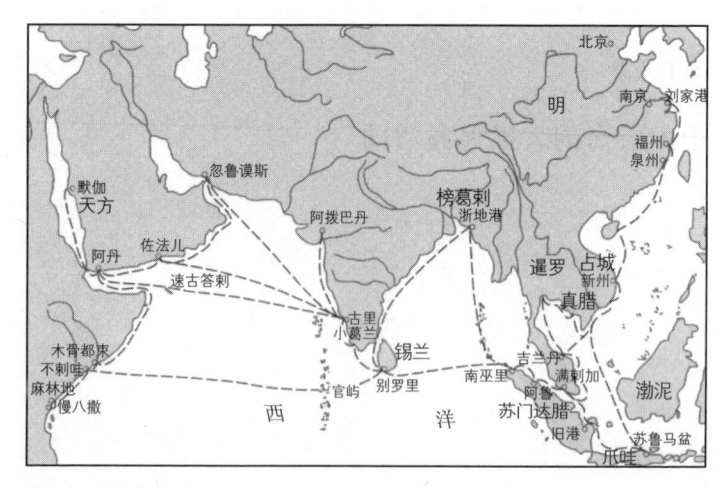

郑和下西洋路线图

大洋航道开通之后，中国近海风波骤起，多了不少中外海商的活动。而且这些活动正与西方海上列强以帝国之力投入的情形相反，都是中国政府禁止之下，民间力量干犯禁忌而自行投入的，以致在中国官方记载上落了寇盗的恶名！

历史往往是吊诡的。1488年迪亚士绕航好望角；1492年哥伦布到达美洲的巴哈马群岛；1493年教廷敕令，将世界一分为二，东边是葡萄牙的势力范围，西边是西班牙的势力范围。正在此时，1492年，明廷命令沿海人民不得与来华的番船交通；1493年，明廷敕谕今后百姓的商货下海，即以"私通外国"治罪！这是明廷一贯的海禁政策。由洪武以来，虽然也常有暹罗、占城、马六甲等处来华的贡船，但海禁政策即使时松

## 第十八章 中国沿海的各国海商活动

时紧，基本上也没有开放禁令。

西洋各国来到东方时，"诸番"常有船舶以朝贡为名，携带商货来华。中国官方以贡使相待、接纳、回赐，但并不鼓励民间与"贡船"有所交易。"诸番"大多来自南洋，以玉石、珍宝、香料换取中国的商品。日本则是特例。蒙古征日本，为飓风吹散。日本在丰臣秀吉当权时侵略朝鲜，中国派兵援朝，驱逐日本。中日之间关系并不友好。日本在此时执行锁国政策，只允许少数持有"勘合"（执照）的朱印船运载商货。中日物产大致相似，因此日本贸易的商货不在丝绸，而是中国的精致产品；又因为金银比价与银铜比价不同，中国输出日本的是黄金与铜币，输入的是铜斤。

无论如何，中国海外贸易颇有利润，官方禁海，百姓遂自求生计，私自接近外商，转贩商货。元朝海外交通开放，中国人外迁者大约已经为数不少，明初郑和下西洋，航线上诸国都有华人社群。旧港（今印度尼西亚北部）不仅有不少华人居住，而且有自治的头目，郑和抓了一个头目，任命了另一个头目。这些头目在朝贡明廷时，明廷给予的职衔相当于西南少数民族的土司土官。东南亚各国贡使常由当地富居的华人担任，在入华之余，他们往往请求返回故里祭祖。这些人的祖籍不仅有闽粤沿海，也有江西、浙江等处。可知华人外迁已是相当常见的现象。海外贸易被官方悬为厉禁，民间则借助于已在外地侨居的华人日渐发展。

西葡诸国海舶来到东方，各有其基地。葡萄牙人在印度的果阿，西班牙人在今日菲律宾的吕宋，荷兰人在今日印度尼西亚的巴达维亚及日本的长崎，都有他们的远洋船舶经常靠泊；中国商人则以近洋船舶转驳接运。厚利之下，必有勇夫，自然有人会投资海外贸易。而在中国沿海，也有转口商港出现，葡萄牙人由于天主教教廷将东方划归该国经营，尤其热衷于在中国海岸找到立足点。他们曾经在宁波附近的双屿设立基地，1548年，浙江巡抚朱纨发兵驱逐双屿葡萄牙人时，该地已有数千葡人居住，并有教堂、货仓、码头、街道，俨然有了相当规模。朱纨驱逐葡人，为人告发擅专诛戮；政府查讯，朱纨自杀，海禁遂得稍纾。此后海禁时紧时开，并无定规。1553年，葡人从广东地方官员手中取得在澳门居住的权利，自那时开始，澳门成为中外交通的据点达四百年之久！

中国人投资海外贸易者，并不仅限于沿海百姓。安徽商人许一、许二（许栋）等兄弟四人，即以徽商资金投资造船航海经商。许氏四人，即是双屿之役中先后为明廷治罪的商户。同时，汪直、徐海也都是徽商转入海外贸易的人物，倭寇之乱中，汪、徐都是著名的"奸人"。在日本锁国政策下，若干九州岛藩主的部下"浪人"在禁令下谋求国际贸易的厚利。"倭寇"到达中国口岸，有商机则交易，乘人不备则劫掠。胡宗宪、俞大猷、戚继光诸人努力清剿，方将浙闽沿海肃清。当事人很清楚，倭寇之中，"真倭"之外，也有华人及西洋人在内。这种海商或海盗，其成分的确是十分复杂的，而其亦商亦盗的特质，其实与西、葡、荷、英的海上势力也是相同的。

## 第十八章 中国沿海的各国海商活动

明代国际贸易大致情形是，西、葡、荷诸国的高桅大船以马六甲（葡）、吕宋（西）、巴达维亚（荷）为基地，东方海商则由中国近海转驳商货，再由印度洋转大西洋运往欧洲，或由今日墨西哥的阿卡普尔科转陆路跨越地峡，进墨西哥湾登船横渡大西洋运往欧洲。两条航道的沿路各处，例如东南亚、印度、非洲及美洲殖民地，也消纳一部分中国的商货。日本长崎及印度果阿都是中继站，也是市场口岸。

中国外销商品已如前述，主要为运销欧洲及中东的丝绸、瓷器，另有各种日用的工艺品则是东南亚及美洲市场的商货。中国收到的货款，已不仅是珍宝、香料，最大部分是墨西哥的白银。中国与日本之间，由于金属比价的差额，中国从日本输入铜斤，向日本输出黄金。西洋商舶在这三角贸易中也赚了不少。当时墨西哥白银遍天下，在欧洲引发了物价革命，在中国则因此创造了东南、华南长期的经济繁荣。银多铜少，出现白银为主币的现象，以致宋元以来已出现的纸币金融竟又回到银本位的通货。

这一时期，中国从美洲引进的农作物以番薯与玉米为最重要，有人甚至认为，中国在清初人口的剧增颇与这两种作物的大量种植有关。

中国沿海海商集团的活动历时两个世纪，其中人物，例如前述汪直、徐海，后来的李光忠、陈老、林道乾、林凤、袁进、李旦、颜思齐、郑芝龙、刘香等，无不狎弄浪涛，腾跃鲸波。以林凤为例，他曾企图袭击吕宋，但败于明廷水师与西班牙的夹击。又如李旦,在巴达维亚、吕宋与长崎都有寓所及事业,纵横于各处的海上。李旦的属下郑芝龙则成为明末海上势力中最强大的力量,其子郑成功后来收复台湾,建立了海上扶余。中国沿海的海上活动,或商或盗,终于在18世纪为清廷的水师所剿灭,最后一支势力是数入台湾与广东的蔡牵。几乎同一时期,新兴的美国,编练海军,肃清了加勒比海域的海上势力。

这一段海上活动的历史,除了贸易与劫掠外,也有更为久远的影响。中国华南居民自此不断移民南洋。以马六甲为例,该地华人社区至今已有数百年。我犹记忆那次往访,走在街道上,就如回到明代的广东。一般估计,明清两代移居南洋的华人,人口数以百万计!他们的后代仍以马六甲的娘惹为例,长忆中国祖源,自成族群。

回顾历史,16世纪是世界形势的转折点。西方势力向东方扩张,那时中国的实力还胜于西方,只可惜暮气已深,又昧于外面的情形,民间有企图开拓之心,官方则全无向外发展的意愿。时机一过,东方与西方的相对条件完全改观,要再过数百年,进入今日,东方才有重起的契机。

第十九章

# 大洋航道的开通对台湾的影响

　　大洋航道的开通,使台湾在中国的历史地位发生重大变化。

　　台湾,这一个东海上的大岛,是东亚大陆架的一部分。百万年来,欧亚大陆板块与太平洋菲律宾板块的移动,挤压推起了两大板块相接的部分,形成高耸的中央山脉。台湾东岸是一片峭壁,只有狭窄的谷地,西岸是大陆架的延伸,过了台湾海峡,即是福建沿海丘陵地。台湾海峡其实不深,海峡的宽度也不大,在上次冰河期的后期,海水退落,距今两万年时台湾还与大陆相连,是以大陆的古代动物颇多在台湾留下化石。

　　这样一个位置密切的海岛,在中国的史籍记载中,却只有三国与隋代两次留下接触的记录。揆其缘故,台湾孤悬海外,难与大陆交通,当与洋流的方向有关。太平洋西端的黑潮是由南向北的暖流，流过台湾东侧的海面，再往北经过琉球、日本，顺时针方向流往北太平洋。在东亚的岛屿链内侧，另有一条南向的洋流穿过台湾海峡，向南转向马来半岛，逐渐变弱而消失。这一条洋流，闽台人士称为黑水洋。由海峡北面宽阔海域流进海峡的狭窄水道，是以海峡内的水流十分湍急。在渡海工具还不良好时，人力操作的船只就会被急流冲走，穿峡而过，不能截流横渡。明清时代，闽南居民开始移民入台，于横渡黑水洋时常被冲向南方，称为"落漈"（闽南方言）。明清航海工具及技术已相当不错，入台还如此艰难，更何况早期的航海条件！

在大洋航道开通以前，中国的海外交通不外两个方向：北向日本、朝鲜，由浙江或山东北驶；南往东南亚，由福建或广东出海。正东方向并无航线，台湾一岛不在中国海外交通的路线上，而当地并无大型聚落可以为市场，又无适当产品可以采购谋利。大陆近海作业的渔船显然知道有此一岛，是以北边鸡笼山、南部大员等地名仍见于航海的记载，也常为通航琉球航线的地理指标，因此不能说中国人不知道有此海外一岛！

从考古资料言，长滨文化的旧石器，形制与大陆南方的旧石器属于同一类型，是以，六千年前,这些居民已来到台湾。台湾北部及东北部考古遗址颇多玉制品，其玉质及工艺均与浙江良渚文化的遗留相似。澎湖新石器文化的石料在广东及台湾都有同样的石器，高雄凤鼻头新石器文化的遗存也与福建的新石器文化遗存相类。是以，在新石器文化时期，当已有从中国东南及南方迁来的居民。

台湾的南端与菲律宾隔了一条狭窄的巴士海峡，西北来往并不困难，也应当有移徙的人口或由南方来，或往南方去。

台湾的考古资料还正在累积中，目前所见，已知的新石器文化类型尚不能归纳周密的谱系。目前所知，纵向在时间轴上，各处文化之间尚有不少空白；横向在空间轴上，也还未见笼罩全岛的类型。凡此现象，当然是由于材料不足，史阙有关。至少以目前所知情形，似乎这些古文化既是局部地区的，也未必是延续不断有一定的继承关系。我们以为，台湾目前的原居民族群未必都是此岛最早的居民。历史上在此生活的族群或由大陆来，或由南方来，居住在此，长养子孙，却始终不能凝聚为扩及全岛的大型文化共同体，以致分散为许多聚落与族群。今天，原居民的分类不下十个文化群体，在中国大陆居民大量移入前，本地族群与文化的分歧可能更为有过之。

大洋航道开通使海上形势丕变。中国海外有了西洋船只的帆影出没于海天之际。葡萄牙人与西班牙人先来，分别在澳门与吕宋岛建立据点，以经营东方。荷兰人接踵而至，在今日印度尼西亚的巴达维亚建立荷兰东印度公司的基地，也在日本长崎占了一个立足点。但是两地相距遥远，而且中国是当时东方贸易的主要对象，荷兰人必须在中国附近找到一个基地。他们先尝试占有澎湖，但中国舰队已在此驻守。澎

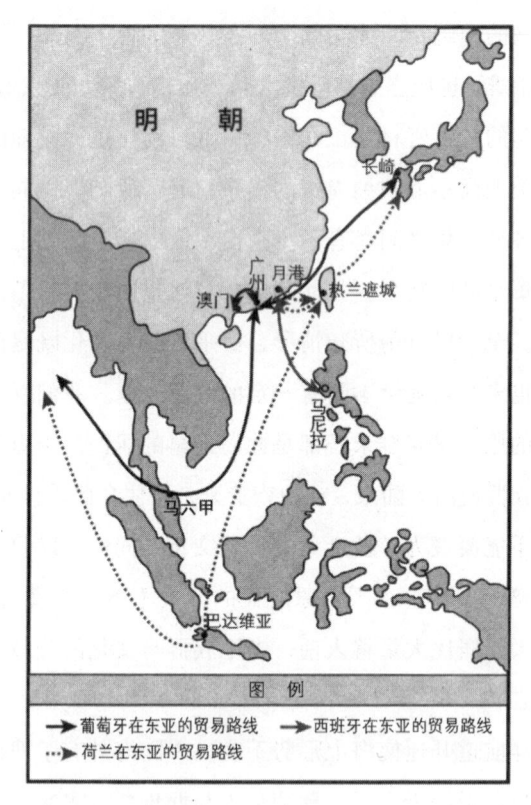

17世纪东亚贸易网络图

第十九章　大洋航道的开通对台湾的影响

湖驻军长官沈有容志不在战争，遣人告知荷兰舰队，不必打澎湖的主意，还不如尝试在别处发展。1624年，从事海上活动的华人指引荷兰人驶入大员（今台南安平）海域，登陆建立了基地。不久，荷人建筑堡垒据守，并扩展其势力于台南周边，远达南方的琅峤（屏东）。各地原居民的力量当然不能抵抗，荷人遂在南台湾各处的原居民聚落（所谓"番社"）收税传教，俨然收南台为殖民地。从此到1661年，郑成功入台，次年驱逐荷人，荷人据有南台湾达三十余年之久（同时，西班牙人也曾尝试在北台湾建立基地，却未能成功）。荷兰人以台湾为转驳站，将商货由此运往巴达维亚，再由高桅船运到欧洲。当时荷人的东方发展获利甚丰，堪与西、葡鼎足而立，均是大洋航道的霸主。

其实，中国南部的汉人在荷兰占据南台湾以前早已在台湾立足。最初，那些在海峡捕鱼的渔船往往会在台湾停靠，补充淡水与给养。当海上集团（海寇与海商）活跃时，更是可能以台湾为活动基地。荷兰人侵入澎湖时，不仅明廷驻军知道大员的情形，引领荷人入台湾的也是熟悉海上形势及航道的汉人，据传说此人是后来纵横海上的李旦。李旦的继承者郑芝龙曾在今日嘉义附近占有土地，招徕闽人来台垦拓，由郑家给予耕牛及田亩，收获粮食即作为郑家海上船舰的补给。据说，在郑芝龙以前，另一海上集团巨擘颜思齐及其伙伴也曾招收人民开垦。林道乾是另一批海上集团的领袖，势力不小，似乎以今日的高雄为活动基地，至今高雄还有林道乾之妹携带黄金的传说。而荷兰人在台发展的情形，据荷人记载，城堡之外，汉人聚落已成市集村落，而且有自己的领袖。后来郑成功大举来台，建议郑氏入台者即是号为通译的汉人何斌，也是此人引导郑氏舰队由鹿耳门驰入大员。当时在大员的汉人为数不少，有了他们的内应，荷人遂不能抵抗郑氏，终于投降，下滨离去。

李旦、郑芝龙等人的海上集团，亦商亦盗。其实，他们的目的不在掳掠平民百姓，而在收集大陆的丝绸、瓷器、工艺品运交外商，又以外商运来的香药及台湾出产的樟脑、硫黄、鹿皮、药物贩运于中国大陆市场。明末的中国政府，海禁启闭不定，法令无常，地方官吏及管理外贸事务的宦官擅作威福，谋求私利。这些海上集团既不能合法经营外贸，遂成为非法的走私集团。在补给接不上或是被官家缉拿时，他们铤而走险，劫掠杀戮，遂成为海盗。荷、西、葡舰队也是如此，常有突袭中国沿海市镇村落、掠夺牛只粮食的事。

海上集团不止一家，他们争夺利权，常有战争。刘香等人原与郑家同侪，或聚或散，亦敌亦友。最后，郑芝龙兼并各家海上集团，俨然海上霸主。他的力量强大，商船挂上郑家旗号，即可太平无事。明廷无可奈何，只有招抚郑芝龙，收编他为福建地区的水师。但是，政府并不能约束郑氏，唯有听任郑氏坐大，以闽南为基地，称雄海上。

清人入关，北方沦亡，建号南京的福王政权也崩溃。福建的唐王倚郑芝龙为后援，即位称帝，唐王政权不能持久，郑芝龙降清。他的儿子郑成功，以唐王敕封的延平王赐国姓，据金门、厦门抵抗清廷。1659年，郑成功入长江，进攻南京，败绩返闽。1661年，郑成功以强势舰队驶入大员（安平），荷兰人不能抵抗。1662年，荷兰人投降，退出台湾，郑成功收复台湾。从此到1683年清师攻取台湾，郑氏三世治理台湾，延明朝正朔于海外。郑成功进入鹿耳门，以明朝延平王名义，在台设官府，开田亩。

郑氏入台，携来军民人口，又不下数万。这些人口集中在台湾南部，其总体力量不是原居民可以抗衡的，而且大陆居民文化水平高于台湾原居民，后者遂逐渐被同化。

明代晚期，西方海上力量及由此引发的中国海上活动集团在大洋航道开通的巨变中，乘潮而起，掀起了惊涛骇浪。台湾在这一特殊形势下，由海隅孤岛转变成为中国的海疆门户。

第二十章

# 16—18世纪近代西方国家的兴起

我们曾在前面提过欧洲封建秩序下的国家,其性质与现代国家的定义并不相同。中古时代的欧洲国家常因君主的继承与婚姻,国家时分时合,彼此从属关系也往往变动。例如西班牙与葡萄牙,可以因为继承关系合为一国;英国国王可能以安茹伯爵的身份,既是法国国王的属下,又可能是法国王位的继承者。国家的边界并不十分固定,治理国家的"政府"也多是一群贵族,国事与家事往往难以区分。

16世纪以后,欧洲经历了许多变化。文艺复兴、宗教改革及大洋航道开通后的经济形态,都改变了欧洲历史发展的方向。在这一章,我们先讨论新起的经济形态引发的国家性质改变。欧洲的一些强国,一个接一个跃登舞台,左右了当时的世局,也留下深远的影响。

## 第二十章　16—18世纪近代西方国家的兴起

第一批崛起的国家是葡萄牙与西班牙。这两个国家地处地中海西端的伊比利亚半岛，既扼地中海的西方出口，又据大西洋上由北海到非洲海岸的中间站。当伊斯兰势力阻隔东方贸易商道之后，西、葡两国的地理位置更形重要，因此它们启动了寻找新航道的前导。大洋航路开通了，美洲大陆进入了旧大陆的人类历史，西、葡两国获利甚丰，一跃而为世界性的大国，纵横七海四洋，达百年之久。他们长期独占了美洲白银这一丰厚资源，天主教教宗甚至将世界一分为二，由西、葡两国各占一半！两国的贸易站及殖民地分布各处，其影响所及，直到今天，美洲还有不少国家使用西班牙语或葡萄牙语。

不过，西、葡两国的内部结构并没有经历巨大的改变。两国曾因王室婚姻合而为一，又分而为二。寻找新航路的冒险事业并不由国库支持，而是出于国王或王后斥资支持。那些注入两国的大量财富大半用于王室与贵族的挥霍，一般国民并没有分润的机会。西、葡国际活动并没有因此而调动全国资源。西班牙庞大的无敌舰队属于王室，他们的军队也以雇佣兵为主，并未征发国民参加军队。因此，西、葡两国虽然显赫一时，却不能持久不衰。

第二波跃登舞台的国家是荷兰与英国。这两个国家都地居海滨，其经济好坏颇与贸易有关。

先说荷兰。这一低地国家原是哈布斯堡神圣罗马帝国所属的七个省份之一，地处四条河流的入海口，由北海可以通往波罗的海与大西洋，有了港口、河流加上运河网，这个地区成为欧洲水运的枢纽，荷兰的经济因此脱不开运输与商业。当地农地不足，资源短缺，人们在辛苦中求生存，必须过节俭与勤劳的生活。

17世纪时，荷兰已是新教（尤其是加尔文教派）的地盘，当时信仰新教的族群与信仰天主教的哈布斯堡王室之间有过长期的战争，史称"三十年战争"。1648年，战争结束，参战双方签订了《威斯特伐利亚条约》，新教族群得以成立国家，荷兰也是其中之一。至于荷兰与比利时分开，则是后来的事。

荷兰在斗争之时，已经趁大洋航道开通的机运，发展了海外贸易，甚至开拓了海外疆土。这一蕞尔小国的海上活动是由平民百姓发动的。商人们集资合股组织了海外贸易公司。英国早已在1600年成立了皇家特许的东印度公司，荷兰的商家遂于1602年合组荷兰东印度公司，迅速开展海外活动。这一公司曾拥有当时全世界最大的舰队，并有数以万计的雇佣兵，在海上护航，也在海外占地，建立据点。荷兰人在南非占了好望角，从葡萄牙人手中夺到了马六甲，在爪哇建立了巴达维亚，在日本取得长崎的出岛，在台湾也取得了大员（安平）的基地。这些港口组成荷兰印度洋与太平洋的海运网，在国际竞争中，凌驾于早着先机的西班牙与葡萄牙，俨然一时海上霸主。

荷兰每年的贸易利润十分庞大，不少国民为此投身海外活动。这一国家虽然有奥伦治公爵为其国主，实质上是平民

第二十章 16—18世纪近代西方国家的兴起

1626年,荷兰人从印第安人手中买下曼哈顿岛,取名为新阿姆斯特丹。1664年则被英国人占领,取名纽约。图为荷兰士兵退出纽约城的情景

百姓组织的共和国。他们几乎全数参与国家的发展,其动员力量十分可观,不是西、葡那种古老的贵族国可以比拟。可是,荷兰本国的共和政体,并不延伸于海外。他们海外基地的本国人,可以组织议会,但是当地土著居民并没有公民的身份。是以,在大员热兰遮城外的汉人与本地原居民只是殖民当局驱使的劳工及收税的对象而已。

在荷兰不可一世的同时,英国也已崛起。英伦三岛是欧洲属最西边的土地,其居民包括一波接一波由欧陆进入的族群。这一岛群在16世纪以前早已是大西洋海上活动的枢纽之一。西、葡两国海外开拓的丰硕成果使得英国也投身海外的发展。英国已有一批有经验的商人与城市居民,在伊丽莎

17世纪，英国爆发以市民力量为基础的革命，由克伦威尔领导的议会处死英王查理一世

白一世女王当政时，当时的海上活动，例如德雷克的舰队经常在海上拦截西班牙的商船，洗劫西、葡占有的港口。伊丽莎白女王是亨利八世的女儿，她继承了父亲反对天主教的立场，自此以后对于打击西班牙、葡萄牙的海上集团不遗余力地支持，十分鼓励英国人在美洲建立殖民地。从1607年建立了今日美国弗吉尼亚州的詹姆斯镇，1620年建立今日马萨诸塞州的普利茅斯，一批又一批的英国殖民者在新大陆的东岸建立了日后所谓十三州的大小城镇。伊丽莎白女王曾敕封那位海盗王德雷克为爵士，她的宠臣拉莱在美洲建立的殖民地，就以弗吉尼亚（处女之地）为名，以纪念这位从未结婚的女王。

英国的土地、人口诸种资源，远比荷兰丰厚，而且英国

# 第二十章 16—18世纪近代西方国家的兴起

凡尔赛宫鸟瞰图

没有参加1618—1648年的那场劳民伤财的三十年战争，积累了力量。因此，在国际竞争中，英国不仅击败了西、葡，也迅速超过了荷兰。英国在美洲夺得了原属荷兰的良港纽约；在东方，英国建立了新加坡，扼印度洋进入太平洋的咽喉。英国商人联合成立的东印度公司获得伊丽莎白女王赐予的贸易特权，俨然是英国海外开拓事业的专设机构。这一公司的海外工作者克来武等人巧取豪夺，搞垮庞大的莫卧儿帝国，将印度收为英国的殖民地。

在17世纪，英国曾发生了以市民力量为基础的革命，由克伦威尔领导的议会处死了国王查理一世。虽然后来英国王室复辟，英国终究发展为君主立宪制的政体。英国的民主政治使其全国国民都参与国家事务，其动员国家资源的能力堪为现代国家体制楷模。

随荷、英之后进入现代国家之列的是法国与德国，它们于开拓海外上难以与英国竞争，但是在欧洲事务及国际事务方面也是举足轻重的大国。法国自诩为当年查理曼帝国的后人，一向不甘落人之后，为了遏制神圣罗马帝国及教廷的霸权，法国曾悍然参加新教的一方，对抗天主教的联合力量。在不断的国际斗争中，法国有时与英国作战，有时与奥国、西班牙作战，成为一个有强大中央王权的集权国家。在太阳王路易十四（1643—1715年在位）长期的统治期间，法国是欧洲最重要的国家之一，其国力之强大，文化之灿烂，使法国成为当时世界的首善之国。

德国是后起之秀。居住在中欧的日耳曼族群不甘心于神圣罗马帝国的体制，日耳曼的历史也使他们不能接受教廷的思想约束——马丁·路德的宗教革命将在另一章讨论。在政治方面，日耳曼族群中的缙绅是拥有土地的武士之后，他们不是贵族，却有自己的社会地位。中欧的城市地处交通要道，都有一定的经济自主性。这些条件合在一起，日耳曼族群遂在勃兰登堡选侯领导下，建立了普鲁士王国（1701），腓特烈一世与其子威廉，父子两代将普鲁士建设为有强大军力的集权王政。

在荷、英、法、德之外，神圣罗马帝国系统的奥国、西班牙毋宁是落日余晖。俄国则在彼得大帝领导下逐渐发展为东欧巨强，其专制独裁的程度与欧洲各国相比无出其右，在

## 第二十章　16—18世纪近代西方国家的兴起

以后的世界，俄国成为一个要角。

综合言之，这些欧洲国家的兴起，几乎都有一个相同之处：或则由下而上经过民权的参与，或则由上而下经过中央集权的体制改革，他们都将旧的封建体制政体改组为能够有效动员资源的国家机器。在此后数百年间，这几个大国使欧洲主宰了全球的命运。

第二十一章

# 明清时期的国家形态与亚洲周边

16世纪至18世纪中叶，两百多年的中国，若从中国朝代转移的历史看，不过是明、清两个朝代的兴亡。当然，一般历史会提到清代政权是满族入主中原，乃是一个征服王朝。我们还需进一步考察这两百年来的变化，不仅要考察内在的变化，还需注意中国对于外部环境变化的理解与反应。

历史上王朝的转换，往往会出现一段比较安定的时代。明代末期，政治不良，外患内乱，征战不断，百姓愁苦，尤其中原及淮河地区，流寇往来如风，民生最为凋零。满族乘流寇之乱，入关取代明室。照理推论，国家一时不易恢复元气，然而经过一代休养生息，康熙时中国强盛胜于明代，百姓生活不恶，而且人口急遽上升，已达一亿左右，增加不啻倍数。康雍乾三代，中国号为盛世。

## 第二十一章 明清时期的国家形态与亚洲周边

这一快速兴盛的原因，固然与康雍乾三代君主的才华能力有关。然而，当时人心思明，汉族未必那么甘心接受异族统治，国家久久不能安定，加上对外扩张，劳师动众，所费不赀，各种变换此起彼伏。单单这些内外战争的开销，新朝如何应付？人力如何支持？凡此均不能仅以治理的能力作为答案。

我们以为，自从16世纪以来，中国依靠大量外销贸易换来财富。由于明代赋税主要为田亩，政府从来没有从国际贸易累积的资源中获得更多税收，巨量的资源其实留在了东南与华南的民间，俟清代治安秩序恢复了，这一大笔财富即足够撑起一个相当规模的消费经济。同时，自从大洋航道开通，美洲作物玉米与番薯引进中国，这两种新作物可以在山地及沙壤种植，于是过去不能用作农田的土地，例如华中及西南的山地以及华北、西北的黄土高原都可种植。农田面积扩大了，足以支持更多的人口。人口与经济资源配合，国内秩序安定，不少本来无法维生的人口可以迁移到本来不能种植的地区，人口由负担转化为生产力。于是中国的经济体不仅迅速增长，而且因为消费增加，更有了资金循环的余地。清代前半段不仅有休养生息的历史惯例，而且有继长增高的历史条件。

然而，清代的繁荣景象却正出现于世界面临空前巨变的时候，中国内部经历的盛世，竟不能将中国推入全球巨大变化之中而与时俱进。

清·王翚《康熙南巡图》(局部)。图中的无锡县屋舍俨然,市廛繁华,一派盛世景象

## 第二十一章　明清时期的国家形态与亚洲周边

明清两代的权力结构，均呈现专制皇权高涨的现象。明洪武、永乐两代都是雄才之主，自从明太祖废除宰相，明代始终是皇帝独揽大权。在皇帝无能时，则由权臣与宦官挟帝王威势，行使皇权。中国自古以来发展的文官系统，在明代始终不能制衡皇权。清代是征服王朝，挟武力统治，中国的文官当然也不具有抗争的力量。汉唐时期朝廷上的文官集议，在明清两代基本上已不再有同样的功能。辅政的高级文官不过是皇帝的秘书而已。这是明清两代政权的延续性特征。

两个朝代的差异，则在于清代皇权的本质，并不仅是汉人的皇帝，同时是满—蒙—藏三个族群的共主，这是一个两合的结构！清人初起时，第一步统一东北的满族诸部，继而收蒙古族群为盟友，通过结婚联姻，视同自己人。清廷在平喀尔喀蒙古时，是与东部蒙族联合，打击西部蒙古；平准噶尔部，招抚西藏，乃是以中国内地汉人的财富与资源，建立起清朝在北亚的霸主地位。相较于明代在北边的守势，清代收北方为自己的腹地。这一形势约略与唐的"天可汗"两元帝国相似，却更为彻底，也更为持久。

自汉唐以来，中国皇帝每以天下共主的"天子"自居，中国是一个没有边界的中心，由核心辐射其威权于四方。为此，明初永乐时代，郑和舰队下西洋，除了防范帖木儿东征外，也志在招徕海外远人，确立"天子"的权威。在表面上，亚洲东部及东南部各国不断朝贡，中国俨然又是"中央之国"；

拨其实情，外国来贡其实是另一形态的国际贸易。明廷对于四邻影响，只有一次援救朝鲜抵抗日本的侵略，可说是伸张"天子"声威。除此之外，明廷并不具备唐代的强大影响力。

清代接替明代，太和殿广场上不再有万国衣冠朝参的盛况，满族与蒙藏之间，盟友亲戚的关系多于"天朝"的君臣关系。

更为大众忽略者，明朝最亲近的友邦朝鲜，在满族入主中原后，始终认为清廷是不合法地强夺中原。虽然朝鲜循例向清廷朝贡，但他们来华使节撰写的"燕行"记录，无时不忘地谈到清廷的野蛮。为此，朝鲜学者经常以"小中华"自许，认为中国文化的继承者不再是为"虏"窃据的清朝，而已移到礼仪之邦的朝鲜。

日本对中国的态度也有了明显的改变。唐宋时代，日本确实视中国为文明之所在，日本的儒家学者与佛教高僧时时不忘中华文化。蒙古横扫亚洲，独独在征伐日本之役中全军覆没，从此日本人对自己的期许提高了不少。明初中日关系大致以朝贡贸易为主，甚至日本长期以明代铜币为流通货币。但在丰臣秀吉崛起时，兴师侵略朝鲜，明廷竭力援助，救朝鲜于危亡。丰臣秀吉含恨而终，从此，中日关系未再友好。明代中期以后，大洋航道开通，在中日两国都采取封闭锁国的政策时，有些日本"大名"（藩主）为了牟取利润，勾结中国海上集团，贩运商货，也不时掳掠沿海居民聚落，史称"倭寇"。中国花了不少气力对付国际海上集团。但是，就中

> **小中华思想**
>
> 清朝取代明朝，成为中国的新主人，而东亚文化圈中的成员，诸如李氏朝鲜、阮朝越南、日本，认为满人以"蛮族"姿态入主中国，引发其以"中华文明继承者"自诩思想的出现。以朝鲜为例，他们维持明代衣冠、正朔、礼仪，以"中华"自居，甚至有"大抵元氏虽入帝中国，天下犹未剃发，今则四海之内，皆是胡服，百年陆沉，中华文物荡然无余，先王法服，今尽为戏子军玩笑之具，随意改易，皇明古制日远而日亡，将不得复见"之言。越南也曾自称"中国""夏"，日本则有"华夷变态"之说，中国反成了"蛮夷"了。

国典籍所载而言，似乎始终没有真切了解当时的真相。

满人入主中原，使日本对中国更为鄙夷，日本学者常谓"中华"已变于夷狄。他们自以为从此以后，中华文化的正宗必须由日本担负。这一新观点始终存在于日本为领导的所谓"东亚意识"中，发展之极，则是日本自以为是东亚的主人，有领导"东亚"与西方抗争的使命。

中国当康雍乾三世曾强盛一时，以致清廷及许多知识分子在自满之余一步一步走向心理上的自闭。康熙虽然通过耶稣会士了解了一些当时的西方及四邻情势，但在天主教廷坚持礼仪与教义时引发了康熙晚年禁止西人传教的举动。乾隆时著名的英国马戛尔尼使团来华事件，显见当时朝中君臣于中国以外的情形已完全蒙昧不知究竟了。

不但清朝君臣不知西方在进行的变化，对于中国的边邻，他们也不知道缅甸与暹罗王国在争夺南方霸权，不知道暹罗竟已率先向西方学习。他们似乎从来没有注意，亚洲腹地与印度次大陆上，帖木儿的子孙建立了强大的莫卧儿帝国，又于1740年瓦解，为波斯纳迪尔王取代。当然他们也未注意，1757年，英国东印度公司的克来武已占据了孟加拉国，最后英国占有了整个印度。

中国朝野也完全不知道，日本德川幕府的第八代将军吉宗（1684—1751）于1716年接任日本实质的统治者位置后，放弃了闭关政策，开始引进西方的知识，编练日本新军。而且，长崎的出岛已成为日本学习西方的窗户。当时中国澳门其实也可发挥同样的作用，却直到19世纪才将澳门再度看作汲取西方知识的门户。

综合言之，明代是中国"天下国家"模式的一段尾声，清代建立的两合帝国是内卷型的两元体制，以汉地资源维持北族威力，以北族威力控制汉地人民。康雍乾三代的繁荣更使掌握权力的满朝君臣恬然自满，根本不注意周边环境的变化，更不论欧洲已在脱胎换骨。兔子与乌龟赛跑，兔子不但中途停下休息，而且根本不知道有此正在进行中的赛跑！

第二十二章

# 台湾的开拓

郑成功入台,驱逐荷兰人,带去了统治的机制,台湾成为大陆人大量移民的地方。1662—1683年,郑氏三世均以明封延平王的名义统治台湾,因此台湾的主权从法统上是属于中国明廷的。1683年,清军攻袭台湾,郑氏投降,台湾主权遂转移于已建立全国性政权的清廷。甲午之役,清朝败于日本,日本在《马关条约》中迫使清朝割让台湾。从郑氏入台至《马关条约》割台,台湾居民绝大部分是经过两百余年的移民来台的中国闽粤地区汉人,原居民也有泰半接受了汉人文化,经过通婚及同化,其生活起居、语言文字也与移来的汉人难有区别,只有在山地还有原居民的部落保持其原有文化。

这一为时数百年的开拓,前半段移民人数不多,自1740

年乾隆一度开放移民，来台人数急剧增加。郑氏入台，带来官员、军队及他们的家属，人数十余万，再加上原来已在台居住的汉人及一百五十余"平埔番社"的原居民，总数也当十余万，全数不过二十余万至三十万之间。嘉庆十六年（1811），全台人口调查，计有二十四万余户，近二百万口，总人口增加幅度极大。这一剧增并非自然增殖，而是大量人口的移入所致。清廷取得台湾后，海禁甚严，乾隆四十九年（1784）才开放移民，大量移徙当在乾嘉之间的一个世纪。

华南人口移居台湾，也可说是当时中国各处移民现象的一部分。其时，清廷已完全有效地建立了政权。经过大乱，康熙朝休养生息，康熙朝进行税制改革，"盛世人丁，永不加赋"，当然使原本隐藏的人口纳入户籍。然而，中国在大洋航道开通之后，引进不少粮食新种（例如玉米、番薯）可以在山坡、沙地等处种植，使耕地面积及粮食供应均有大量增加。于是不仅人口会随之增长，还引发人口移向原来耕地不足的地区，不断开辟田亩，扩大了耕地面积。这一人口从狭乡流向宽乡的趋势，符合流体从高密度流向低密度的自然现象。于是在17世纪至18世纪，中国人口曾有多次大批移动，例如从湖北移向汉水上游及四川盆地边缘的山地，即所谓"湖广填四川"。又如，河北人口移往陕北黄土高原，山西与河南人口移往"坝上"及蒙古地区。山东人口大量偷渡到东北满人原有的土地上，以及淮河流域人口移往江西南部的山地。更为显著的现象，则是大量人口移民西南地区，以致汉人人

第二十二章　台湾的开拓

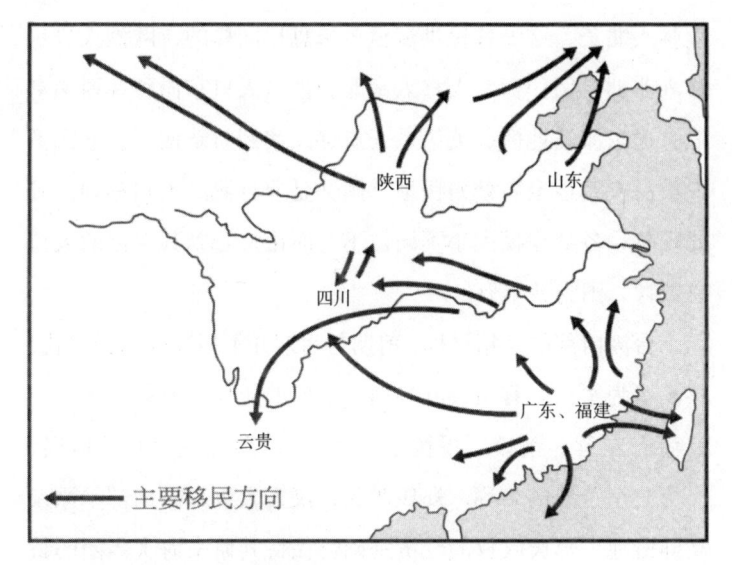

17—18世纪中国人口迁徙示意图

数剧增，土著迅速被同化，政府遂有"改土归流"之举，将原本有些自治权的土著地区改制为一般的地方治理的州县制。上述这些移民潮牵涉的人口，数字不易稽核，估计当以千万计算。台湾移民当有百万计数，也是当时移民现象中颇堪注意的一例了。

若从更为宏观的角度看17世纪至18世纪，全球也频见移民潮。历史上最为重要事件者，当然是欧洲人口移往美洲，南美以西南欧的西语、葡语人口为主，北美则由英语、法语系人口开其端，接着欧洲各种语系的人口以及亚洲人口又陆续移入北美。这一移民洪流至今未息！同样的，欧洲人口也移入非洲，例如荷兰人移入南非。俄国人口东向移往西伯利亚、远东海滨地区。英语系人口移入澳洲与新西兰。非洲黑人被白人载运至各处殖民地，则又是非自愿的人口移动。凡此现象，各处规模大小不同，不一而论。若以其牵涉的人口总数计，则为数千万。

台湾内部的开拓过程，前期与后期并不相同。郑氏时代，移民多为军队、官员及其眷属，他们的居住点有如屯田，今日尚有左营、前镇、援剿（燕巢）、后劲（后金）等地名，保留驻军营地的名称。郑氏时代，汉人大致都在南部平原及高屏诸地。郑氏政权的经济基础仍保持其原来海上集团的特色，以海外贸易为主要财源。"国姓爷"的旗号纵横东南亚海洋，从转运商品中获得厚利。相对而言，农耕不是其主要的经济基础，大率以能够做到粮食自给即已满意。当时有一府二县的行政规划，城居人口不会很多。军队在营地附近耕种田亩，形成南部的"集村"聚落传统。至今嘉南平原上仍有集村，星罗棋布，处处可见。

郑氏时代，平埔原居民仍有百余社。他们耕种技术不及汉人，仍经常游耕抛荒，对土地所有权的观念相当模糊。有些汉人即以借地、佃种的方式，取得土地的耕种权，于是，久假不归，反客为主。还有人入赘为平埔女婿，因而取得土地。番汉发生产权纠纷，告官投诉，则原居民不谙法律，往往败诉，凡此巧取豪夺，不一而足。台湾中南部乡间，常有清代

# 第二十二章 台湾的开拓

官府处分汉番纠纷的碑碣，告示双方定案之后，不得再有纷争。个中实情，可能即是移民挟官府势力，夺取原居民产业。有些原居民也可能依照法律，招徕佃户垦丁，自己俨然是地主，号为"番头家"，然而究属少数。

移民开禁以后，大批闽粤移民纷纷来台，有不少投入两岸贸易，由台湾输出米、糖、硫黄、藤条等，由大陆输入日用百货。郑氏大洋贸易的转运经济遂转变为两岸贸易。台湾的商品以农产品为主，因此扩大种植面积即是增加商品数量的最佳途径。为此，在嘉庆时代，大规模的开拓代替了过去个别移民从平埔番取得土地经营权的方式。一些有余资的人物，大致是两岸贸易致富的商人，其中颇多闽南港口人，他们集合资金，向官方申请垦照，以此特权募集福建漳、泉二地的壮丁来台开垦。这种有垦照的开拓，人多势众，财力雄厚，又有官府奥援，是以通常超越许可的范围，越过土牛红线的番界。番社在此情势下一批一批消失。这种大规模的开拓，在台湾实行土地分配，留下了大租户、小租户、佃农等三级地权的制度。大的垦户土地成千上万甲，人丁成千累百，俨然地方封君！台湾著名的大家族，如板桥林家、雾峰林家，都是声势显赫，富甲一方，手下垦丁转化为租户及佃人，也都拥有土地经营权。板桥林家以巨资捐官，雾峰林家以组织"台勇"参加湘军，博取功名，都成为台湾的地方领袖。到19世纪，吴沙招漳州垦丁开发兰阳平原，当是最后一次大规模开拓的垦户。

闽南漳、泉二府移民随郑氏来台，以此渊源，后来入台人口也以闽南人为主体。闽粤的客家族群，原来即有集体移徙的传统，遂也陆续移入台湾。客家来台晚，平原及山脚下的土地已为闽南人占领。于是客家的开拓都在山坡台地，今天屏东、苗栗、新竹、桃园等地势较高的地区，连绵不绝，大致都是"客庄"。客家人存在于闽南村庄与原居民"番社"之间，两面受敌，唯有团结，互相支持，否则难以立足。当日所谓"六堆"，即是客家村庄的武装联盟，以此组织一条南北联结的"长蛇阵"。闽客二群，常因争地争水而起大规模械斗，最严重的冲突是17世纪末延长到18世纪初在今日新竹地区的械斗，参加的人丁成千累万，死伤遍野；数年以后，闽客地方人士出面议和，终于议以"金广福"的组织，由闽广双方合作开拓内山。

经过汉人由个别农户发展到大规模组织的开拓，到了18世纪，台湾原居民有的同化融入汉人人口，有的迁入内山，在崎岖山地中延长族群的存在。在吴沙开拓兰阳平原后，东北角最后一片平地也为汉人占领，当地原居民撤退内山，或者移徙"后山"——东部的花莲、台东山谷及山地。全台原居民人数减少，又分属不同的语系与文化群，汉人移民已成台湾的主要人口。

汉人开拓台湾，对于原居民的冲击，以致主客易位，已如前述。汉人之间为了争夺土地及资源，也冲突不断。清领早期，朱一贵、林爽文几次大型起事，还为了抗清复明的意

# 第二十二章 台湾的开拓

识形态。后来族群之间的械斗几乎全为利益冲突，不仅闽客之间有械斗，漳泉之间、顶下郊之间都有械斗。清领两百余年，乾嘉以后，大小械斗每隔三五年不断发生，为此牺牲的丁壮为数众多，甚至掠其妇女，戮其婴儿，惨不忍言。清廷官府远在福建，鞭长莫及。中国儒道佛三家的教化在这一边陲影响有限，大陆的缙绅力量在台湾也没有成形，是以清领两百余年，台湾社会唯力量足恃，礼法教化的功能相当微弱。

在汉人入台前，原居民的粟作农业生产力不高，原居民也没有能力改变原始生态。在郁永河等人的记载中，汉人来台之初，台湾还是榛莽遍地，处处沼泽湖泊，西岸沙洲变化不定，河流短促，不能形成内港。单以台北盆地言之，郁永河所见还是一个大湖。汉人开拓，西岸从南到北均是田畴，沟渠池塘，人烟数百里不绝。但是，这一巨大成就的另一面，则是自然生态不断因人为而改变。举例言之，台北盆地的大湖已只剩了内湖区的一两个水塘。生态的变化，直到目前还在继续进行之中。

综合言之，自从郑氏入台，台湾遂成为华南人口的移徙之地。郑氏海外抚余，原以外向参与大洋贸易为经济基础。清代取得台湾，此地遂成为闽粤的延伸。汉人开拓台湾，维持了数百万人的生计，其代价则是排挤了原居民人口的自主性，也完全改变了当地的生态。此中成败得失，难以评断。一般台湾史往往正面叙述，却不注意其负面的情况。本章陈述汉人移民挤压原居民的情形，既为原居民讨一个公道，也从大移民潮现象来说明台湾的历史是中国史与世界史的一部分。若仅从台湾历史的格局叙述，将不易理解其具体的意义。

第二十三章

# 明清民间武力起事活动

明代的开国，是在遍地都是反蒙古统治活动中群雄逐鹿而得到天下的。明代覆亡，虽是亡于满族，却也是由于在李自成进入北京时，崇祯皇帝自缢于煤山。满族入关是乘起义军亡明的机会，清朝覆亡则是在太平天国、义和团等内乱之后，革命活动此起彼落，辛亥革命遂绝清祀。是以本章从1600—1840年间大规模民间起事，一观近代前期中国民间社会与国家统治机构对抗的形态。同时期的欧洲也正是宗教改革与民间革命二次扬起，彻底地改变了欧洲的社会与国家。

明太祖崛起于白莲教／明教大规模起事，但在自己羽毛已丰时，即摆脱了秘密教派及农民起事的色彩，转变为传统内战的群雄。到他取得天下后，又回到历代帝王与士大夫共治的形态。明代前半期，一般言之，并没有大规模的民间武力起事。但在15世纪至16世纪，地方性的变乱出现于河南、陕西、河北的穷困地区，以及荆襄、淮西，甚至南方的福建、广东与江西也有乱事。17世纪，山东、河北的白莲教起事，经过半年始得平定。

明末17世纪，陕西农民大起义越变越烈，终于扩大为大规模的"流寇"，由高迎祥、李自成、张献忠等人领导，参加的民众数以百万计，由天启到崇祯，历时十七年（1627—1644），蔓延整个华北地区，终于攻入北京，明代遂亡！在中国历史上，如此大规模的民间起事，也只有亡秦的内战、两汉之间的赤眉与铜马之内乱，以及东汉末年的黄巾之乱数次而已。

过去论述明末起义，或认为官贪吏污、赋役太重、民不聊生，以致激成大乱，或则以社会阶级斗争的理论，当作有意识的社会革命。诚然，明代晚期内政不修，人民困穷，崇祯朝赋役繁重，又加上政府为了辽东战事及练兵，逐次征收"三饷"（辽饷、剿饷、练饷）的苛捐重税，百姓负担的确太重。政府为了节省开支，裁撤驿卒，以致激变。凡此均是酿成大乱的缘由！不过，我们还须再重视，这些因素之外，还有哪些特定的时空条件，以致明末流寇发生于此时、此地？

明代晚期，大洋航运开通，中国从国际贸易获得大量白银维持了长期贸易顺差，江南华南地区十分殷富，政府为何还如此穷乏？我以为，第一，南方殷富，北方却未能分润，因为南方手工艺商品的原料，例如绵帛、陶土、铁材、茶叶，

## 第二十三章 明清民间武力起事活动

都由南方供应，南方因为工商业发达，多需粮食，也由长江及珠江流域生产；北方没有因为南方经济发展而沾到好处。第二，明代赋税的税基是农业，而且以田赋为主，为了征税方便，又常常摊丁入亩。王公勋贵及缙绅均有免税的特权，于是田赋及加征的税捐均由自耕农负担。商业税以"钞税"为主，是由交通要道的钞关征收。明代前半期，商税所入不过正课的百分之二三，明代晚期，商税也不过正课的十分之一。明代南方民间本来可以负担国用的相当部分，却因税制完全从农业收入着眼，遂致税负贫富不均、南北不均。

另一个常为人所忽略的因素，则是明末气候寒冷干旱。当时欧洲正有"小冰期"，导致农业减产，欧洲列国（尤其是英、荷两国）有不少人由于生计穷迫，遂投入对外开拓事业。"小冰期"是北半球都有的现象。中国历史中，明代是比较寒冷的时期，明末至清初尤其酷寒干旱。崇祯时旱灾连年，各地报灾有连续七八年者，中国北部当然更为困苦。大洋航道开拓，新引进的玉米与番薯，都可在南方山地种植。番薯是由菲律宾引入福建，号为救灾粮，北方一时还未能受惠。是以，崇祯时北方诸省人口因为饥饿，群起响应"流寇"，动辄万计，也是可以理解的。汉光武帝以大锅煮饭，只喊了一句"过来取食"即招降了赤眉的大众,可见当人饥饿到了极点,可以反,也可以降！

起义活动都在华北及淮汉川楚地区，却不在南方，当与此一"小冰期"现象有关。清代早期，小冰期尚未结束，北方战乱致使人口锐减。李自成、张献忠余部转入西南活动（如夔东十三家，又如孙可望、李定国诸部），毋宁是另一方式的移民。清初"湖广填四川""淮西入江西"也都是人口重新调整。饥民已移入别处，清初北方因此较为平静。

清代的民间武装起事大多是秘密宗教与帮会。川楚白莲教起事是清代早期的大事，除了一般启示性信仰的宗旨之外，还常以"反清复明"为口号（也有时是兴汉灭满），"朱三太子"也多次被人用为号召。另一方面，秘密会社（例如"天地会"）又常有启示性信仰的"二宗""三际"（二宗为光明和黑暗，即善和恶；三际为初际、中际和后际，即过去、现在和未来）、"真空家乡，无生老母"（均为白莲教等教派常用的名词，可参考第十四章）等教义成为天命所寄及天地劫难的预示。是以，这两种原本并不相同的社会底层与边缘的组织，事实上由于思想意识的资源有限，不免彼此借用，以致浑然一体了。

在欧洲未尝没有类似的现象，俄国农民起事，常宣扬救世主来临与盼望好沙皇（例如1773年普加乔夫自称彼得三世，奉耶稣神谕起兵）。甚至有些新教反抗运动在号召农民时，神学教义的辩论不能为众人理解，也将救世主再临作为口号。

在上述背景下，清代运河漕运的船工水手组织了安清漕帮，本是这些劳苦工人的共济合作组织。在其初创时，以秘密宗教的罗祖信仰建立寺庵，赡养老年水手，后来则又与反清复明的洪门先是互制，后来是兼容，终于合作，成为社会底层与边缘的秘密组织，以对抗国家与社会的上层。是以，"红花（洪门）、绿叶（青帮）、白莲藕（白莲教）"，三处都是同一家！这些组织即使不是为了一时的饥饿贫困，也已将其政治目的及宗教信仰放在一边，它们的存在说明了近代复杂社会多元化、贫富悬殊、城乡分歧及专制皇权与主流正统思想的结合，穷而无告者遂针对上述诸项现实，自己组织了另一个看不见的社会。

第二十四章

# 明末清初的思想界

宋代儒家经过北宋诸学派的辩论,界定了一系列的课题,探讨宇宙论、知识论、伦理学及人生价值系统。这些课题都在阐述"圣学"的框架下,是整理中国思想体系的主要论述。南宋朱熹特将宋道学诸派整合为一个庞大、繁杂而又精密的理学系统,是先秦儒家与道家的一次重组,其在中国思想史上的地位堪称开创了中世晚期以后千年的中心思想,也规划了国家权威、社会结构、行为规范等体系。

朱熹在世之时,这一体系还未成为"系统",但自南宋后半期开始,这一思想正统已通过科举与皇权、父权、夫权结合,确立了其支配个人思想与行为的权威。即使在元代,科举的作用远不如前面的宋代及紧接的明代,也还是有一批重要的学者努力将理学与中国的华夏文化之间画上等号。明

## 第二十四章 明末清初的思想界

代重建汉人的政权,明太祖朱元璋是雄杰之主,他取理学的三纲五常为维护君权的理论基础,甚至指斥孟子的民权主张。明代科举建立了以朱子注疏为解释儒家经典的权威,从此以后,朱子理念系统确立了不可撼动的正统地位。

无论钳制多严紧,总有人不甘束缚。元代有九儒十丐之说,有些读书人不愿受辱,转入词曲创作,另辟天地。明代仕宦阶层既受权臣宦寺欺凌,甚至还有廷杖之辱,大多数人便在专制极权的淫威之下俯首帖耳,甘于闱墨之中干求禄位,对于学术思想竟不予过问了,正统思想的权威于是少有人挑战。然而,天下之大,正统不可能长久不受质疑。终于,有了王阳明的心学系统挑战朱子的理学。在朱子之时,陆象山已有不同的意见,所谓朱陆异同,则为宋代思想史上的一大公案。阳明之学上接孟子,强调了个人思想,由此建立了万物俱并于我的唯心理论,致良知、良能更为个人的主体自主设定了不同于世俗外在规范的自由空间。王学发扬了陆象山的思想系统,其在砥砺个人志节,不是遵循"礼教"约束可以同日而语。

阳明之学在中国儒家系统之中融入佛家的唯心论,实可谓朱子之学后,虽然以孟子为祖源,其实也是儒家思想的另一次扩展!阳明之学中,因为已有禅味,终于有了更近于释氏的宗派。王学中的泰州学派亦狂亦狷,不再是儒家所能羁络。创始人王艮出身盐场的匠户之家,本来就与一般儒生不同,是以他的见解超越书本学问之外,以为修身即是修道,以"心"为主体，融合天人，达到怡然自得的境界。这一境界实与从日常生活中求得悟解的禅宗十分相似。耿定向更借用《心经》的"照见五蕴皆空"，阐释儒家"喜怒哀乐之未发谓之中"，指向自由的"心"为"仁"，经此认识，人性的仁始得流行不息。

李贽是明代思想家的奇人，他本出生于伊斯兰教家庭，治学之道融合儒道佛三家，主张以绝假存真的"童心"回到不受污染的"本真"，可以说是一种浪漫主义的诉求。不仅李贽如此，罗汝芳等人又何尝不是出入佛道，并非全以儒家为正宗。明代末季的方以智会通三教，学问不仅在儒家经典，而更在《易》、《庄子》、华严、天台诸学。他与西洋传教士颇多接触，虽然对于天主教的宗教哲学并不佩服，却相当重视西方科学研究的实证方法，颇趋于理性主义的立场。这些人代表明代知识人在朱学正统之外，正不断地扩大思想境界，融合了儒家以外的别家思想，诚可谓自由探索的努力了。

另一个值得注意的方向，则是学者中有人期望在思想之外走向实践。阳明之学的知与行之间本有良知、良能的相对性，王艮即以此出发，曾经规划在海埔新生的无主之地建设一个理想社区。何心隐也有社会运动的理想，设计了"聚合堂"的组织，捐出家产，诚为一个共同体。他希望接纳一切士农工商人士，不限身家，捐产入会，设立制度，轮流主持会务，会首是"师"，也是"君"，君臣平等，相师相友，以臻于"天下归仁"的境界。何心隐的主张，从明代皇权的角度看，当

## 第二十四章 明末清初的思想界

> **何心隐的"理想国"**
>
> 何心隐,原名梁汝元,江西永丰人,是泰州学派的代表人物之一,主张实事实学,反对空谈性命。何心隐曾在家乡创办"聚众堂"(即《明儒学案》中的"萃和堂"),组织宗族共同体,试图建立一个理想世界。在聚众堂中,冠婚、丧祭、赋役等事务合族共理,财产互通有无,救济鳏寡孤独,试图缩小贫富差距。他也开办学校,不分本姓外姓、长幼远近,都可以入学。这样的组织,打破传统以君臣为首的五伦关系,表现出何心隐对于社会平等的主张。

然是惊世骇俗,甚至大逆不道。他终于下狱,竟以身殉。

黄宗羲在明亡之际,不能不思考亡国亡天下的道理。他在《明夷待访录》中,提出了相当接近民主制度的设计,以为君民之间,不是主从尊卑,政府是为民而设。地方发展,犹如诸侯,有相当的自主权。学校是议政的场合,其所议定,由地方长吏付之实行。这一构想,俨然是代议制,而且是地方自治的民主政治!

在文学与艺术方面,反传统、反权威的风气在明代晚期也颇为可观。《水浒传》与《西游记》都是从反权威的角度敷陈故事。昆曲大师汤显祖的作品"临川四梦"(《紫钗记》《牡丹亭》《南柯记》《邯郸记》），或提出佛道的无常与淡泊，或挑战儒家礼教的规范。在散文方面，袁氏三兄弟（宗道、宏道、中道）与归有光等人下笔直写平常事务，直指性灵，不再受"文以载道"的约束，采拟俗语俚言，十分活泼。绘画方面，唐寅、沈周等人作风自由，不受传统约束，陈洪绶更是意在笔外，犹如道家的得意忘形了。

自由风气之外，则是理性的学风。王栋与刘宗周都严格自律，而且立下自己省察的规范。在科学方面，李时珍的本草之学谨严踏实，近于现代实证的方法。徐霞客的地理之学全由亲身旅行各处，乃实际观察之后的记录。耶稣会士来华，带来了西方科学知识，中国的天文历法受其影响，颇有所采纳。徐光启等人介绍西方水利，用水力器械及设施，编译《泰西水法》，又如宋应星的《天工开物》、茅元仪的《武备志》、徐光启的《农政全书》，都有工艺器械的制作过程，并有实绘的图样。凡此均是从理性发为科技的作品。

上述哲学、文学、艺术、科技，甚至理想社会的规划，都突破了宋代以来只有道德伦理与政事为学问的藩围。而且，明代学术界扩大了思想体系，包容释道；更可观者，明代文化发展的各个领域，自由与理性的诉求均已显露可见。

若以明代晚期这一发展方向与欧洲近代启蒙运动相比，二者都有相似的轨迹。然则何以欧洲启蒙运动终于开启了现代的西方文化？举凡科学、政制、经济，各个范畴的欧洲现代特色都可追溯到启蒙运动，而明代的大变化却似夭折，并

# 第二十四章 明末清初的思想界

未继长增高?

这一命题，实与李约瑟讨论中国科技文明未能进一步发展及韦伯讨论西方资本主义出现历程这两大命题，都有息息相关之处。关于韦伯命题可在讨论启蒙运动的一章再予申论，本章此处讨论明代思想界转变不能彻底一事。

史学界的一般意见，最常见者主张清征服皇朝的专制擅权，抑制自由思想，以致万马俱喑。我以为清朝专制虽是不可忽略的负面因素，但还需注意明代风气本身的特性。明代学风越到后期越见空疏，尤其狂禅末流，已是放诞无所拘束。

在中国历史上，东汉之初，对于西汉经学的流于虚妄（例如谶纬之学），大起反弹，学风遂趋于以考证训诂，代替义理与术数。这一学术发展的"钟摆"现象，也可能在清代出现。于是清代政权的鼓励与学术界自觉的反弹，都使学术课题（亦即库恩 [Thomas Kuhn] 的 paradigm）发生大转变，遂有清初大套的丛书与"类书"（例如《四库全书》《古今图书集成》）的编纂及稍后乾嘉考证之学的兴起。

除此之外，科举制强调三纲五常的伦理及尊崇朱子学正统之间，仍有密切关联。举国读书人，十之八九志在利禄，只在闱墨中打转，甚至将经传正典也放在一边，全心全力模拟制艺范文，则明代那样的学风怎能有延续的机会？

明清两代的读书人大多只知读书，不亲世事庶务，更与工农商贾接触不多，于是，书本上所记的学问（例如《泰西水法》）始终只是学问中的课题，却不能在实践之中得到印证，当然更不会继长增高,日新又新了。

　　以上诸种现象,彼此之间互相影响,也加强其综合的效应。是以,明代的文化发展虽有一时的蓬勃气象,竟不能持续,以致在清代反复,"正统"与"权威"相结合,扼杀了中国历史上可能出现的一次"启蒙"。

第二十五章

# 欧洲的宗教改革与启蒙运动

欧洲进入近代史的标志,一是国族主体国家的出现,一是教会力量的衰退,一是启蒙思想引导了文化发展的方向。后面这两项更是彼此相关,本章的讨论也将这两个现象合并为一个课题。

自从西罗马覆亡,天主教会维系了欧洲地区的秩序,而且在其教化之下,一批批进入欧洲的所谓"蛮族"都逐渐在新家安居乐业。这些族群散居各处,在相当长的时间内未能组织成有效合理的管理群体事务的国家。法兰克王国的查理曼统一了欧洲的主要部分,天主教会即送给他"罗马人的皇帝"(Emperor of the Romans)尊号,日后又将这一尊号代表的权力称为"神圣罗马帝国"(始于962年奥托一世受教宗加冕)。其实际情况则是教会抬举武力强大的诸侯,以这一尊号行使霸主的权力,结合教权与政权互相利用,以维持手上的利益,因此这一称号为人讥笑:既不"神圣",也非"罗马",更谈不上"帝国"! 16世纪以来,列侯选举皇帝已成虚文,中欧哈布斯堡家族长期拥有帝号,对于欧洲其他地区并无约束节制的威信。

教会本身,上层的主教们长期富贵尊荣,已为权力所腐蚀,也忘记了基督教教义所设定的精神与职责。

在15世纪以后,出现许多新生的情况,欧洲必须改变。宗教改革一触即发。在自然生态方面,欧洲正在一个寒冷干旱的小冰期,农业生产大受影响,加上又发生了黑死病的大疫,丧失了不少人口。这两项灾难,农村与农民承受了严重的冲击,依靠农庄收入为主要经济基础的封君领主也都大受影响。相对的,开通大洋航道之后,欧洲从海外掠取巨大财富,白银黄金大量流入欧洲,造成物价革命。从海外活动获利的贵族与商贾有了更多的生活需求,刺激了手工业及商业的发展。凡此,城市是主要受益者,欧洲的发展动力遂由农村转入城市。

文艺复兴后,欧洲找回了古典时代的知识,以致教会不能再独占心智资源。马可·波罗及对地中海东岸国家的战争接触了东方消息,更与海外活动带回来的世界知识彼此印证,打破了欧洲长期封闭的孤陋寡闻。城市中开设了许多大学,一群新的知识分子,不受教会约束,可以寻索新的思想课题。宗教改革的几个重要人物,英国的威克里夫(John Wycliffe)、

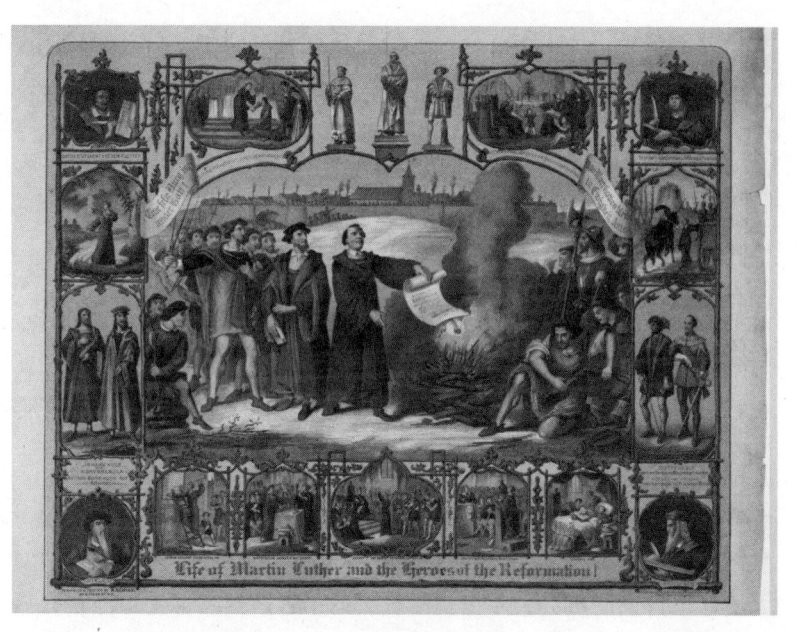

此图展示了马丁·路德的一生以及宗教改革的其他英雄，如胡斯、威克里夫、兹文利等

捷克的胡斯（John Huss）、瑞士的兹文利（Ulrich Zwingli）、德国的马丁·路德等都是在大学执教的学者。

正是这些思想家，质疑教宗代表教众，也质疑教会本身是否应有独占解释教义的权力。他们回到原来的教旨，主张无论人类或个别的个人，都是蒙受神恩，直接由上帝决定其命运的。这一解释一方面否定了天主教会权力的合法性，以致各种新教抗议天主教会窃取了教义未曾赋予的特权，再进一步，启蒙运动者更提出了自然律，以此代替神谕的权力，竟开启了近代科学探讨自然现象的理性诉求。

各处地方势力早就不甘承受神圣罗马帝国的霸权。政教权力彼此利用，使地方势力难以挑战。宗教改革正是地方诸侯寻求自主的机会。不少挑战教会的学者，其实常受当地官方的庇护，例如马丁·路德即有撒克逊选侯的保护与支持。荷兰诸省的独立运动，是奥伦治公爵与新教教派的合作。英国脱离天主教会，更是英王亨利八世直接主导的国事。在欧洲"三十年战争"中，新教诸侯与神圣罗马帝国抗争，不仅英国帮助新教诸国，甚至信奉天主教的法国也援助新教诸国。《威斯特伐利亚条约》是欧洲历史的里程碑，从此以后，拥有主权的国族国家各自独立自主，打破了"普世秩序"的帝国／教会霸权。"国家"成为群体凝聚资源的载体，也是在"国家"之下，国民以"小我"难以抵抗"大我"的压力。

由此出发，启蒙运动中又出现了另一课题："个人"与"国家"之间，彼此如何定位？坚持君权神授的君主（例如

## 第二十五章 欧洲的宗教改革与启蒙运动

法国的路易十四），自认朕即国家，近代史上许多"开明专制"的国君（例如普鲁士的腓特烈大帝）也为此不懈怠地操劳国事。在"国家"代表全体国民的口号下，荷兰以蕞尔小国，竟能全民参与，共同缔造了海外殖民帝国。

在启蒙运动中，对于国家性质的提问引发了自由与人权的观念。这两个观念其实与希腊古典思想关系不大，却毋宁是由宗教改革后重新界定神恩引申而来。人类与个人都蒙受神恩，神创造了人，而且神爱世人，因此人权是神圣的，人的自由不应由别人剥夺。于是，国家是由个别国民合订的契约所创设，以服务国民。这一转折，遂在"国家"的定义中注入个别国民的权利，为民主政体确立了天赋人权为其基本要件。

"理性"是启蒙运动发展的重要观念之一，的确与希腊古典文明有关。苏格拉底至亚里士多德，无不强调理性的思辨，逻辑推论即理性思辨的过程。毕达哥拉斯的数学虽有术数的神秘主义色彩，终究还是从理性的思维出发操作数学。但是，"理性"也有基督教神学的来源。神是全知全能的，因此其所规划的宇宙也当是合理有序的。这是从上帝的神圣出发，转化为合理的自然律。正因自然律是合理的，人方可以合理的思维，探索自然律规范的宇宙奥秘，于是，自然科学亦即数理科学！这样一个命题，无疑是入室操戈，逼得神学进退两难。宗教改革的新教人士终究必须为基督教拿回自己的立场，他们的解释：神是全能的，任何凡世思考不能测知神意，否则人可与神对弈了。神意不测，神的威权方不至于受人探寻，甚至行善求神施恩，也是另一方式的对弈；唯有完全的顺服，如《圣经·约伯记》所叙述，神的全能始得完整。加尔文派与路德派，无不如此主张。关于理性的辩论，至今仍是基督教神学理论体系中一个难以自圆其说的难题。

将本章所讨论的两件欧洲大事放在中国的角度看，有两点值得注意：欧洲人经过马可·波罗以至明代西洋传教士的报道，知道东方有一个庞大的国家与复杂的文明。由于这些报道都是选取中华文明足以称道之处，因此欧洲的学者尤其是启蒙运动的学者，借异域的镜鉴，以中国作为"他者"，彰显自己必须反省的缺失。18世纪以前，欧洲对东方的中国常多溢美之词，其实大多是借题发挥，找一个美好的中国来抒发自己的理想。这一阶段过去了，欧洲对东方的知识也比较清楚了，他们对中国文明的评价遂转了一个大弯，由称颂变为轻视。

另一个问题，明代晚期思想界的大变化，已在上章论述，恰在西方传教士利玛窦等人来华之时。为何中国的知识界没有感受到欧洲正在进行的深刻论战？我以为，这些耶稣会士虽然自己是天主教内的改革者，但依旧是天主教思想体系的守护人。利玛窦本人糅合了中国思想与基督教教义，向中国人传布基督教，还遭本教人士的驳斥，他们哪能将宗教改革的种种正反辩驳传达于中国的知识界？至于耶稣会士介绍的

### 启蒙哲士看中国

18世纪,欧洲掀起一阵"中国风"。从17世纪开始,中国的儒家经典如《论语》《大学》等,经由来华的传教士翻译,传入欧洲。在皇家贵族争相搜集中国工艺品、举办中国式的宴会、兴建中国式园林建筑时,18世纪的启蒙哲士也极度推崇中国文化。中国传统强调理性、不重神学思辨的思想体系,成为启蒙哲士羡慕的对象,对于中国的政体机制(如官僚体系、科举制度)、道德意识(如孝道)和哲学思想,都加以美化。一时之间,孔子成为他们钦慕的先贤,不少学者投入中国哲学的研究,如德国哲学家莱布尼茨就曾出版《中国近事》(1697)一书,认为中国有令人赞叹的道德,还有自然神论的哲学学说。这些启蒙哲士通过间接理解的中国文化,撷取其需要的部分(如理性),其理解虽不见得全盘透彻,甚至有误解之处,但在当时的大环境下,仍具有其重要的意义。

欧洲科学知识,也是由于他们自己的立场,不能不有所选择。以天文学为例,他们没有介绍哥白尼与伽利略,却介绍了第谷,迁就旧的理论系统(日月绕地,五星绕日)。在中国知识界,"天理"是一套合理的秩序,原本就不必顾忌神意不可测也不应测。可能正因为中国人的思维方式中不必顾忌这一点,中国人在(天启的)顿悟与国学的渐悟之间从来没有深刻注意,以致中国人忽略了科学方法学的思辨。

总之,15世纪到18世纪,经过宗教改革与启蒙运动,欧洲确实迈入一个全新的方向,并且在后来的两个世纪内将全世界推入新境界。

第二十六章

# 近代科学的兴起

16世纪,哥白尼提出了太阳中心论,挑战"地球是宇宙中心"的传统观念,伽利略又进一步建立了严密的理论,解说天体系统中太阳是被许多行星围绕的中心。过去基督教神学的宇宙观念为之丕变。同时维萨留斯(Andreas Vasalius)对于人体结构的讨论及哈维的血液运行与心脏张缩的理论,触及人体与生命的奥秘。对于宇宙及生命,人类从此跳出宗教信仰的教条,有了全新的认识。

从这一关键性的时刻起,近代科学迅速开展,到了18世纪牛顿建立了引力理论,达尔文建立了生物进化理论,近代科学取代了过去形而上学与神学的框架,一步一步继长增高,成为人类探索知识的主要领域。这一新境界的肇始,英国历史学家巴特菲尔德认为,其重要性几乎可以与宇宙的进

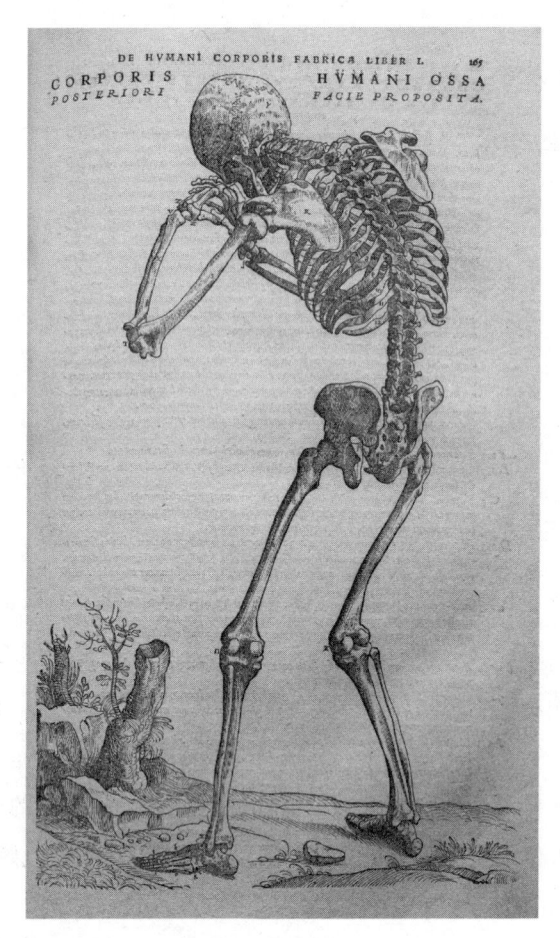

维萨留斯《人体的构造》中的插图

## 第二十六章 近代科学的兴起

发（Big Bang）与文明的开始相提并论。

我以为，近代科学的出现的确是人类文明史上一个重要的里程。在新石器时代，人类发展了农业（包括畜养驯化动物），有了可靠的维生资源，也可以在同一地点生聚教养。这都是人类历史上的一大关键，与人类直立步行那一重要发展相比，近代科学发展应是人类历史的第三个关键性的发展了。

在许多古老的文明系统内（例如中国与印度的文明），都有人不断努力探寻宇宙与生命的奥秘，也都有了可感佩的成绩。但是近代科学的兴起毋宁是划时代的大事，其意义超过古代文明中许多个别的发现，因为这一次科学革命彻底改变了人类文明中的宇宙论、知识论等，人类从此展开了全新的思维方式。

新的思维方式的出现也有其特殊的时空要件。当时的宗教改革，不仅是新教取代了天主教的半壁江山，更意味着宗教信仰独占人类心智的局面出现了缺口。有些欧洲的知识分子从此获得了心智活动的自由空间。此时，经过对地中海东岸国家的战争，接触到伊斯兰教，也开启了新的视野；经过文艺复兴，学者又有古代的经典著作可读了；经过大洋航道的开拓，东方古老文明引起了学者的审视，成为欧洲文明对照的"他者"。这些条件凑在一起，欧洲尤其英、法两国的知识阶层，甚至更广泛的社会中产阶层，拥有许多刺激他们反省的资料。

在这一时段，欧洲的城市经济直接间接地因为海外资源而富裕起来，许多城市一个接一个出现了大学。在这些学术基地里，学者们能组成社群，彼此交换意见。回顾宗教改革的时期，那些重要的改革者如威克里夫、胡斯、马丁·路德等，都在大学里执教。学者之间没有国界的阻隔。举例言之，捷克查尔斯大学的胡斯即十分熟悉英国剑桥大学威克里夫的著作，在近代科学勃起的时代，许多有重要影响的学者，全是在大学里任教的研究人员。

除了大学可以提供学者们所需要的支持外，学者们还组织了大大小小的学会、学社，作为切磋的论坛。17世纪中叶，英国的皇家学会、法国的科学院，以及德国、荷兰、俄国等处的类似团体陆续出现，有些团体至今还存在。四百年来，学社与学会的集会使各科学者有具体的社群，他们经常分工合作，形成课题，经过辩驳、修正、扩大，不断地融入知识的未知领域，不断地将已知的点与线连接为已知的面。这种制度化与组织化的学术合作，是人类历史上第一次有如此跨国界、跨学科的规模。

近代科学的成绩已斐然可观。经过两三百年的努力，学者们的思维方式有很大改观。过去的教科书，常以培根的归纳法与笛卡儿的演绎法当作两种不同的思考过程。其实，两者之间毕竟是互补的，而且都与独断式的教条信仰不同。近代科学的特点在于复核逻辑的思维。复核的形式，可以是实验，以重演其推理，也可以经过数学的计算，核对其一致性。从一类课题（paradigm）可形成理论，即由特殊推往共同性。

亚里士多德、托勒密和哥白尼聚首讨论天体系统，三人勾勒出了人类对宇宙认识的轨迹

从一类课题转变与扩大,则推向更广泛的共相。科学史的专家往往将波普尔的理论扩张与库恩的课题转移视为两种不同的解释,以阐明学术研究范畴的改变。其实两者也是互补的观念,课题的转移本身即是理论的扩大;整体言之,即是一片一片知识领域在转移之中联系为更大的领域。

这是发生于欧洲的情况,由18世纪至今,可说学术界已经确立规范,甚至是一种学术社群的"小文化"。回顾中国明清时代的学术发展,中国有类似大学的书院与讲学制度,学者之间也有交流与讨论;但是,前者并没有获得国家与社会足够的支持,后者也没有欧洲学术团体那样的制度化,是以中国学者的学术课题没有延续,也为此没有累积、转移与扩大。欧洲的宗教改革推翻了教会的独占与权威。明代晚期的学者与文化人努力突破传统的樊囿,但较之欧洲,儒家保有正统的权威性;至于清代的编纂工作与考证功夫,更是以扶翼圣学为宗旨,没有突破权威的空间了。本章曾提到欧洲学者可有许多"他者"为对照,而中国独善于东方,对于西方所知不多,甚至耶稣会士带来的信息也不能普遍成为学术界共有的知识资源。中国学者缺少了可以作为镜鉴的"他者",也就缺乏了刺激及随之而来的反省。也许这一区别,可以帮助我们了解中国与欧洲在近代发展的不同轨迹。

李约瑟曾经问道:何以中国在16世纪以前科技成就为举世之冠,但在16世纪之后,欧洲学术发展突飞猛进,远远超过了中国?我想,本章上述讨论,或可部分解答李约瑟的大问题。除此之外，李约瑟的大作书名译为《中国的文明与技术》(*Science and Civilization in China*)，即说明中国的学术成就除了正统经典的阐释，实以"技术"为最有价值。欧洲的理论性研究，都不是中国文明中最耀眼的部分。举例言之，中国数学，几何、级数、代数等最大成分是由天文观测、年历计算、面积与体积的量度、造桥筑堤等实际需要而有可观的发展。李约瑟本人选定的书名，已点出中西发展差异的关键。

近代科学今日往往分为两个阶段：18世纪到20世纪是牛顿的科学，现代的阶段则是爱因斯坦的科学。学术课题的发展，与理论构建的知识体系已有巨大的差别。本章所叙述，毋宁是牛顿的科学，其物理学是结构性的与机械性的，可用"时钟"为譬喻：宇宙是一个奇妙的大机器，经由可以测知的零件按照一定的规律运行。与此相当的，则是生物学的达尔文演化论，生物由简单发展为复杂，在演化过程中产生不断的分歧，而分歧的现象遵循了淘汰与选择，发展为"进步"的轨迹。科学的可以推测规律性，转移到一般人的世界观上，遂是乐观、积极，并相信一切都趋向进步。一般人对于"科学"的认识，也发展为所谓"科学主义"，几乎像是代替了宗教的另一种"信仰"。从19世纪接触近代科学起，"科学主义"弥漫于中国。长久如此，于今尤甚！大众对于现代新科学的信任几乎变为信仰，以致不能真切地了解其不同的预设条件及思维方式。

16世纪至18世纪之间，近代科学逐渐成形，人类文明

> **李约瑟难题**
>
> 李约瑟在20世纪30年代曾提出一个问题:"尽管中国古代对人类科技发展做出了很多重要贡献,但为什么科学和工业革命没有在近代的中国发生?"引发许多学者对此一问题的争论。这一个难题还有另一个表述方式:"为什么公元前2世纪至16世纪之间,在将人类的自然知识应用于实用目的的方面,中国较之西方更为有效?或者,为什么近代科学,关于自然界假说的数学及其相关的先进技术,只是辉煌而短暂地兴起于伽利略时代的欧洲?"

历史上揭开了新的一页。下一步,我们将在20世纪的发展中,目击那一个机械结构的牛顿宇宙观被另一形态的宇宙观取代。爱因斯坦的宇宙观是由宇宙原点出发,一次大爆炸,宇宙开始向外方飞奔似的扩大。物质不再是静止的结构,而是质与能的互相转换。生命科学关怀的课题,也不局限于物种的演化,生物学家正在从基因中寻找生命信息的传递。众生与万事万物,将在不同的课题下,为新的学科呈现前所未知的特性与共相。"变化"将是大家最关心的现象。这些问题,我将在当代文明等章中再予申论。

第二十七章

# 大革命的时代

17、18世纪,欧洲经历了英国与法国的大革命,美洲也出现了一个全新的联邦政府。革命的浪潮波涛汹涌,英国、法国都有国王被送上断头台,借用法国革命的名词,古老的政权(regime anciene)覆亡,代之而起的是秉持自由、平等与博爱的新秩序!革命并不仅在这些国家发生,法国拿破仑的大军挥师东进,一路上又鼓舞推动更多的革命发生。在19世纪中,史家常以1848年为历史的纪程指标,欧洲出现了许多新兴的国族国家。同时,不仅美国的革命斩断了殖民地与母国之间的脐带,西班牙与葡萄牙在南美洲的殖民地也经过革命,纷纷成立了新的国家。

的确,18世纪后半叶到19世纪中叶,西方世界的旧日秩序完全为民主政体的国家取而代之。这一巨大变化,其历史意义不下于两千年前几个主要文明系统的出现。更可注意者，与这一革命浪潮几乎同步进行的巨大变化，乃是近代科学与近代工业生产的开展。西方发生的这些大事，又将伴随资本主义与帝国主义的侵入亚洲与非洲，引发了西方列强对于东方古老秩序的冲击。后者彻底的质变，也将在19世纪至20世纪进行。

英国与法国的革命其实并不相同。英国的政体转变可以说是历时数百年的渐变。一般的教科书常以13世纪英王约翰签署《大宪章》(Magna Carta) 作为英国民权革命的源头，可是，那次英国贵族逼迫约翰签署承诺之处并不是人民的权利，而是贵族们要求专制王权的自我节制。《大宪章》六十三条，几乎没有触及民权。后来历代英国王室也经常修改其内容，遑论依约自我约束了！然而，我们必须注意：一个"传统"之形成，后人的阐释竟可能发挥出原来历史事件本身未有的意义。在《大宪章》这一传统上，英国人宣称，君主不能任意夺取臣民的财产，也不能未经法律侵害臣民的人身权利。

正是这样一个简单的诉求，遂能成为英国议会宣判英王查理一世死刑的依据。那些革命人士已不是过去的贵族，而是新出现的地主与市民。他们坚持议会代表纳税人的权利与权力，这次革命成为英国民权运动长流不息的源泉，后来北美十三州的独立革命，其口号依旧是："没有代议，不纳税！"

英国的民权革命长期以来从未终止。当然，英国王室常

# 第二十七章 大革命的时代

由外面的皇亲入主大统，皇家缺乏发挥皇权的资源，遂使议会有机会不断巩固其权力基础。另一方面，洛克主张皇权与行政权互相制衡的理论，毋宁为英国这样渐进式地伸张民权奠定了理论基础。美国是在这一模式下，再增加了宪法所列的三权（行政、立法、司法）制衡的政府结构及宪法序列的人民权利与权力。

英国的渐进式民权常常不见浪漫动听的口号，看上去平淡无奇，却是稳扎稳打，至今历时数百年。这一以民权为依据的政体，还是历久如新。相对而言，法国的大革命则轰轰烈烈，以象征自由、平等、博爱三色旗与雄壮的《马赛曲》著称，在1789年群众冲破巴士底监狱以后，法国杀了一个国王，后来至少又有两个皇帝起来了，又下去了；有过五次共和。许多"革命之子"从革命取得权力，又为"革命"所吞噬！

法国经历这样的历史，从制度方面论，当初法国王室的权力极为集中。整个法国只有巴黎为唯一的中心，王室则是唯一的权力中心。路易十四"朕即国家"的名言已足以说明，在中央集权之外，法国别无可以在平时制衡中央的力量。于是，谁掌握了权力宝剑，谁就有主宰一切的机会。于是，大革命中，巴黎公社的革命者，一波又一波地送旧日的同志上断头台，又在下一波将自己送上断头台。法国的英雄拿破仑这一位历史上罕见的人物，挟革命的理想横扫欧洲，却也加冕自己为皇帝，封亲戚功臣为王为侯。第二次世界大战后，复国的英雄戴高乐在取回权力之后，威势俨然是皇帝。至今，

法国的英雄拿破仑,挟革命威势横扫欧洲,却加冕自己为皇帝,封亲戚功臣为王侯

## 第二十七章 大革命的时代

法国第五共和的总统仍拥有大权,而国会难以约束。法国大小政党林立,不结盟即不易在选战中得胜,于是政潮时起,政策也难以贯彻。凡此,都是由于权力中心可拥有极大权力,平时无制衡的机制,一旦权力用过了头,即是天翻地覆的剧变。

美国的革命已如前述,承袭了英国纳税义务与参政代议权利之间的对等关系,是以,其革命的精神是维护公民的财产权与人身权。尤其人身权的部分,不仅开宗明义见于宪法序文,见于宪法条款,还在附加条款中再三叮咛。另一方面,美国革命虽早于法国革命,法国革命所秉持的理念,例如自由、民主、国家是公民订立的契约等,均在启蒙时代即已普遍流传,而终于在美国独立革命中彰显为这一新生共和国的立国精神,并且见于宪法明文。美国总统代表国家,颇类似皇帝权力的大权。这些特色,又显示美制与法制之间有类似之处。美国制度介于英法之间,难说是兼具两者的优点,还是兼具两者的弊病。

这三个国家的民权,都曾经有过不断普及的过程,今天,几乎所有公民,无论男女,或早来后到,所有成年人都有投票权与受法律保护的权利。这一民权普及的过程,却也在弱势者不断争取后才有今日的状况。有形的民权普及已经在形式上做到了;但是弱势者(例如女性、少数民族)还是在无形中受到优势者的排挤。

民主政治的最大隐忧还不在如何让人人有参政的权利,而在于如何保持选票的质量。诚如美国立国之初一位法国学者托克维尔（Tocqueville）的观察：这一新生的共和国，终将有政治庸俗化之虞。政治庸俗化时，哗众取宠的政客将会夺得权力，并以小恩小惠及动听的词句维持选民的支持，却使真正有远见的人士没有机会为国家寻求福祉，避免灾难。不幸！我们在今天的世界各处，都看到了托克维尔预言的灾难！

现代国家掌握了巨大资源，已不是个别的国民所能够抵抗，如有野心家借正常民主程序取得主政的权力，即可为所欲为。希特勒得到政权，步步遵循合法程序，利用当时国民情绪，遂翻飞不复能制，终于为德国、为人类闯下大祸！

丘吉尔曾说过，民主政治效率最差，却也最少闯祸机会。此言甚是，但是必须假定，民主政治必须不为一个掌握绝对权力的人所用。英国王室无权，首相随时可因议会倒阁而下台，为此丘氏会信任英制民主。法国与美国的总统由民选产生，权力无人能加约束，总统又有一定任期，难以中途拉他下马。三十余年前，美国尼克松案，没有项目立法以前，一时竟无法可以罢免他！为此，民主体制不能有一个掌握绝对权力而又有任期保障的元首。元首当也如虚君，只在鼎立三权之间有了冲突，才由元首协调，掌实际行政权力的阁揆，则可以由议会以"不信任"为由拉其下马。这样的政治制度，当可不致使原为人民公仆的国家政府，竟变成人民的主人。

大革命的时代距今已经很久，当时的设计也该有所修改，庶几不生偏差失误。

第二十八章

# 工业革命与资本主义经济

　　今天说到资本主义,人们大致都把它当作一种自由运作的市场经济,并且是社会主义计划经济的对立面。这一定义其实是在20世纪方才界定的。资本主义在其早期形成的阶段,应是与工业革命的生产方式不可分割,即掌握了资金,采集原料,大规模生产,直接运销于广大的市场。这一种经济与作坊工业不同,也不像因批发而云集的行商坐贾(传统的商业)。工业生产提供了庞大的产量,而巨额资金的投入,则在生产的上游掌握着原料,在生产的下游占有市场。这种经济形态萌芽于16、17世纪,而在18世纪中叶成熟。

　　今天的资本主义经济,在基本性质上仍旧未脱离此处所说的情形,但是,其资金的筹集与调动较之早期的方式更为复杂,也更有社会的监督与制衡。

什么是这种新经济形态出现的条件？我们应从不同的方面考虑。大家耳熟能详的理论，当然首推社会学家韦伯的理论。他认为，基督教新教中的加尔文派虔信上帝的恩宠，但神恩早已由神决定，人不能影响神意，人只有尽其所能，尽力而为，以其成就彰显神恩。是以，荷兰、英国等处的商人以努力经营作为显示神恩的使命。韦伯用基督教新教的教义解释资本主义在西欧企业界发展最为成功的原因，他的理论是从工作的积极性说明资本主义为何出现于西欧。

单从企业积极工作的动机来解释资本主义的萌生，其实只是说明了一项必需的条件，还有其他的条件有待探讨。经济史学家（如内夫 [John Neff]）则从资源的方便（例如煤与铁）、港口、水运与道路交通网，今天所谓"配套措施"（infrastructure）诸项来解释西欧能首先发展资本主义的背景。当然，经济史的研究，不能不将这些条件综合为工业革命的出现及其在西欧的快速发展。这样的论述，具体言之，毋宁说明了资本主义的茁长，实与工业革命的进行之间不能分割。这两项现象的孪生关系，当是资本主义出现的另一必要条件。

工业革命本身，大家都知道导源于瓦特改良了蒸汽机，从此生产不是仅以人力与兽力为能源。其实，在蒸汽机出现以前，水力推动的梳毛机早已在18世纪60年代由英国人哈格利夫斯发明，后来又由阿克莱特改进为水力纺纱机，能够快速地纺织成千条纱。大量采煤，从矿坑运出，早期是用人

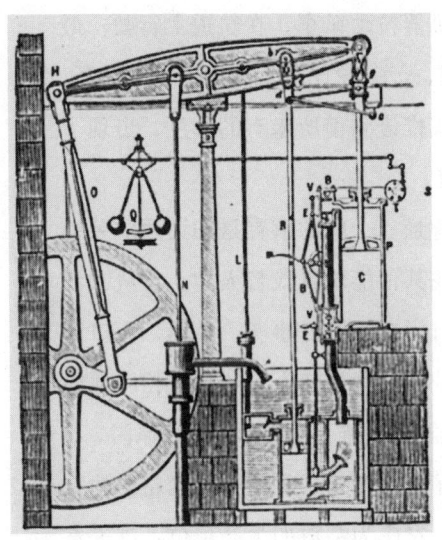

瓦特蒸汽机设计草图

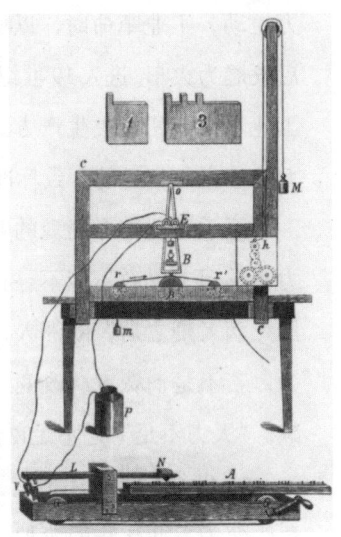

摩尔斯设计的电报机

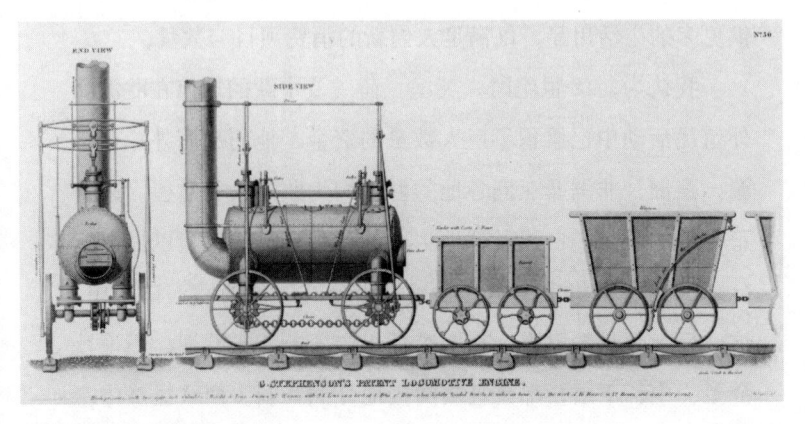

斯蒂芬森设计的蒸汽机火车头

力拉动，工业革命时，以机器拉动矿车，在轨道上行驶，最后发展为火车。进入19世纪，火车、轮船加上炼钢能力的提高，工业革命遂将人类生产方式推进到前所未有的高度，出现了大量生产与产品的一致标准。

至于工业革命出现的背景，一般的解释是归诸西欧劳动力不够用，以致不能不寻找其他能源以代替人力。自从欧洲黑死病大疫之后，欧洲人口锐减，确是事实。然而，人口渐少，若不是消费方式改变，则消费量随人口减少也相应地缩减。"人力不足"还不足以全面解释工业革命的出现原因。

18世纪，英国还出现了农业革命，把过去三圃轮耕的农业改变为不同作物的轮种。农庄为精耕的生产单位。过去农村共有的林地与牧地被改变为圈地畜羊，以增加羊毛产量。凡此转变，均说明农业不仅是为了生产食物，也已扩大为生产经济作物。这一变化指明市场已与以前不同：市场必须提供更多的生活用品，以满足人们新的消费项目与数量。

我认为，18世纪时，英国、荷兰及中欧的城市在欧洲海外殖民活动中已累积了巨大数量的资金，他们从海外掠夺资源，美洲、非洲及亚洲各地的财富均为欧洲人所掌握。来自殖民地的黄金、白银及就地生产的各种产品，不啻以世界三分之二的财富集中于不到世界二十分之一的西欧人口手中。这一巨大数量的财富，在两个世纪中不断输入欧洲，不论社会上、中、下层，都会直接间接地分润其利。西欧经济体富有了，人民的生活水平提高了，于是消费的需求也增加。有

## 第二十八章 工业革命与资本主义经济

了市场的需求,又蓄积了巨大数量的资金有待消化。上游有本钱,下游有市场,遂必须有相应的生产能力。这一推力,即推动了工业革命!

相应于工业革命,则是新的资金筹集与利润分摊的机制出现。银行存储与投资、合资股份公司与证券市场(股市)、大宗运输与仓储、分摊风险的保险制度等,凡此均是资本主义经济的运作方式。中世纪的欧洲城市与明清时代中国一样,也有巨商大贾,也有货币汇兑与储存借贷,也有大宗货运,但都没有现代资本主义的金融调度与市场机制以吸收民众的储蓄余财。是以,现代资本主义的运作机制,经过市场,社会大众都可能直接或间接参加,不像传统的方式只是财东私人的致富之道。

资本主义与工业生产相当于一体的两面。这一全新的现代经济形态由西欧推广,经过两个世纪,今日已席卷全世界,无人能由其中脱身。这一经济形态冲击到每一个人的生活,人们已不能离开"市场",不仅生活资源来自市场,流向市场,每一个人的劳动力与聪明才智也都体现在市场上。"市场化"成为人类生活的全面。工业革命不仅推动了机器生产,也将每一个人都推入巨大的生产系统中。人们不是在操作机器,而是在操作过程中与机器融合,成为机器的一部分。举例言之,几千年来,人们第一次必须随时钟的时间来安排自己的生活。牛顿曾将宇宙比喻为巨大的时钟结构,其规律是由上帝决定的。在资本主义经济内,人类已被收纳于巨大的机器中，其规律则是由亚当·斯密所说的"看不见的手"来掌握。

在18世纪茁壮起来的这一现代经济形态，确是现代人类必须面临的重大课题。本章开端所说的社会主义与资本主义的对比，将在另一章讨论。

第二十九章

# 近代帝国主义国家的扩张

帝国主义的扩张,应当理解为近代西方诸国(加上日本)在亚洲、非洲、美洲各地及大洋洲许多岛屿的侵略与经营。从大洋航道开拓以来,经过四个世纪,到19世纪末,大约占人类总人口十分之一的欧洲人,已凌驾于其余十分之九的人类之上,占有其土地,奴役其人民,掠夺资源。欧洲文化因此成为人类文化的主流。

欧洲人在不到四百年间,扩张如此迅速,兵锋所至,所向不能抗拒,在世界史上开启了一个新时代。这些征服世界的欧洲国家,包括葡萄牙、西班牙、荷兰、英国、法国、俄国、德国、奥匈帝国、比利时、意大利,及在欧洲之外异军突起的美国与日本,其中势力扩张最大的国家是英、法、美、俄四国。

欧洲国家能有如此强大的力量，因素颇多，也极复杂。如果将各国发展过程减去若干个别的情形，我们或可归纳为如下几种情况，使它们拥有竞争的优势。最为重要之处，在欧洲大陆逐渐出现一个一个国族共同体，乃是数百年族群搏斗中不断出现内部族群的融合与凝聚，由此不断充实了组织与制度，遂于战斗中形成了若干国族国家。这些国家以其国族的认同使国家机器能够高效率地启动并运用于全国资源，以求在无情的国际斗争中不仅生存，而且壮大。这一过程早在所谓"蛮族"入侵时代就发生了，许多进入欧洲的新部族，通过在战斗中求得生存。中古以来，罗马帝国的秩序解体后，由于天主教会的秩序实力有限，一部欧洲的近古历史其实等于数百年的互相砍杀争斗史，大小战争几乎无一宁岁。

连年战争促使欧洲人不断在战斗中学习，发展了效率甚高的军队组织与军事装备，欧洲的海陆军作战能力均比东方古老帝国的军队强大。中国人发明了火药，蒙古西征时又将火药的知识带到欧洲，欧洲人青出于蓝，发明了火枪与大炮，并且不断改良，以致在近代战场上热武器完全取代了刀剑与弓箭等冷兵器。工业革命早期最精密的科技活动是制造武器，最精密的应用数理是弹道学。

在经济制度方面，资本主义与工业革命的大量生产与市场控制，相对于东方古老帝国的农业与作坊工业，其优势也显而易见。秉持国家、武力与经济三项优势，欧洲人的扩张能量，不是东方古老国家可以抗拒的，更遑论非洲、美洲与

## 第二十九章　近代帝国主义国家的扩张

亚洲其他地区的弱小族群了。

欧洲人开疆辟土，还自以为是背负了开化其他族群的责任。基督教的独一尊神观念使他们自诩为上帝的选民，有权利也有义务摧毁异教信仰，以拯救异教徒的灵魂。正是由于这一观念，他们在扩张中无情地摧毁当地文物。例如西班牙人在征服玛雅与印加帝国时，焚烧销毁了当地典籍，以致人们至今还不能完整地复原这些美洲文明的文字记录。

欧洲人扩张的主要动机当然是为了夺取资源，包括对土地、劳力、天然物产与地理要冲之处的控制。欧洲列国必须不断地攫取更多的资源，防备在激烈的竞争中实力不如对手。三百多年的你争我夺，欧洲人实质上已瓜分了整个世界。两次世界大战，其实都是他们在竞争白热化时一次又一次的摊牌！

在世界各地区中，数非洲受到的冲击最为惨烈。这一大陆腹地的居民，自古以来，除了埃及再没有发展出大型的国家，也没有发展出自己的文字。非洲北部即地中海的南岸，曾经是地中海世界的一部分：古代的埃及是世界古老文明之一；迦太基亦曾是繁荣富足的国家，竟被罗马无情地摧毁！伊斯兰势力扩张时，曾席卷北非诸地，伊斯兰教信仰遂传布于非洲腹地。但是，大部分非洲居民均聚合为部落，政治上不相隶属，文化上各地也保有其特色。非洲的族群散漫而不能整合，自古以来即受白人欺凌：北非的盐、铁等常为欧洲人所掠夺；黑人被掠为奴，史不绝世，不仅是在大洋通道开拓后被白人掠卖于新大陆。欧洲人开拓时,非洲是最邻近的牺牲者。从16世纪到19世纪,整个非洲被欧洲列国分割为许多殖民地。一个国家的属地与另一个国家的属地比邻,他们常将原来同族的人群硬性分割隶属于两国,同一块殖民地又常管辖不同族群。凡此情形,为今日非洲各地独立成国时酿制了不少麻烦。另一种形态,则是欧洲移民迁居非洲。荷兰新教徒大批移居南非,建立了自己的国家,却又为英国所强夺,咸为英属地。这些白人彼此之间斗争抢夺,但压制剥削土人则是态度一致,是以南非的种族隔离长期成为这一共和国的严重问题。

在这四百年内,非洲出现过相当规模的起义,起而反抗白人的侵略,例如尼日尔河流域的廷巴克图、非洲腹地地区的曼德及阿散蒂人与祖鲁人的大规模起义,都是19世纪中期的大事。但是,非洲人在组织与武器各方面都不是欧洲的对手,反抗无一成功。1884年,欧洲列国在柏林集会,瓜分了非洲大陆,于是整个非洲只有埃塞俄比亚与利比里亚两个国家号为独立而已!欧洲的"探险家"与传教士深入了非洲腹地,欧洲的殖民统治机构接踵而至,非洲的黄金、钻石、矿产、木材等都为欧洲人运走。非洲原居民长居穷国,不能翻身。更有大批黑人被掠卖他处为奴。不少人死于旅途,幸存者永远流落他乡,为人驱役。美国的黑人都是当年黑奴的后人,至今仍是美国的弱势族群。

在大洋航道开通后,大西洋、印度洋、太平洋各处航线所经之处,白人纷纷占有形胜之地并建立基地。甚至在航线

## 第二十九章　近代帝国主义国家的扩张

所不必经过的地方，例如澳洲与新西兰，也为白人所占领成殖民地。四百年来，世界各地的海岛一处一处地沦为白人属地，不再有独立自主的岛屿！这些海岛的资源，例如香料、木材、食糖、石油、橡皮，都为殖民者取去，当地居民并没有获得商利。

美洲的情形又与非洲不同。这一大陆成为白人移居的新天地：英国、法国在北美殖民，西班牙与葡萄牙在中美及南美殖民。新到的白人，不论是政府迁来，还是移民自愿迁来，鸠占鹊巢，从海岸的殖民地一步一步扩张，挤压原来的居民，强迫他们迁移到偏僻荒凉的"保留地"。英国移民在北美的十三处殖民地，脱离英国而独立为美国，南美的白人子孙也纷纷从西、葡独立，建立了秘鲁、巴西、巴拿马等国。但是美洲原居民并没有独立自主的机会。美洲苏族原居民的武装反抗，终在白人优势武力下饮恨失败，空留其领袖"疯马"的英名在印第安人记忆之中。今天的印第安人（其名称也是白人的误称）不过数十万子民，已完全同化于白人文化了。

在16世纪时，西亚与中亚伊斯兰信仰的地方有奥斯曼帝国，南亚有莫卧儿帝国，东亚有中国、日本、朝鲜、越南、泰国等，都是古老文明的后人。这些国家都有一定的国家组织及文明程度，不能与非洲、美洲的土著族群相提并论。但白人以其优势武力，巧取豪夺，瓦解了奥斯曼帝国，其旧日领土被分割为许多小国，受白人操纵，只有土耳其保持独立。莫卧儿帝国为英国所分解蚕食，广土众民的印度次大陆沦为

> ### 印第安战士的最后一搏
>
> 印第安苏族向来以骁勇善战闻名。19世纪中叶,随着白人在北美的开拓,双方开始发生冲突。虽然他们迁徙到指定的居留地,但19世纪70年代中期在其居留地发现黄金后,吸引许多白人淘金客,激起双方敌对。苏族酋长疯马带领手下在黄石河河谷不时攻击在附近屯垦或开矿的人。1876年6月苏族与美国正规军的骑兵队爆发小巨角河(Little Big Horn River)战役,苏族和夏安族歼灭美军。虽然一度赢得胜利,但是最后大部分的苏族和夏安族还是向政府投降,回到居留地。而疯马酋长最后遭族人出卖而投降,于1877年卒于狱中。1890年12月,美军大量残杀苏族,结束了苏族对白人统治的抵抗。

大英帝国的属地。印度各处土王的后人还是安富尊荣,百姓则因阶级及宗教信仰而分崩离析,形成许多社区与社群。在16世纪至19世纪,中国闭关不通外务,于1840年的鸦片战争中为英国所击败。从此,英、法、德、俄及日本纷纷割裂中国土地,夺取特权。中国没有步非洲后尘为各国所瓜分,只能说是幸运。19世纪时,中国以外,日本变法维新,脱亚入欧,参加帝国主义之列,反噬亚洲邻邦,从中国夺取台湾,灭了朝鲜与琉球。亚洲国家大多为列强所强占,缅甸、马来诸邦属于英国，安南及中南半岛诸小国为法国占去，中国北方的西伯利亚为俄人取得，太平洋中的菲律宾为美国占领。只有泰国（暹罗）幸存为独立国，却也长期由英国的顾问干涉其内政。

总之，到 19 世纪终，四百年内，白人势力嚣张，其他地区的人类社会鲜有幸存者。在几千年的人类历史中，这是一个全新的局面，却也因为白人文化的笼罩弥漫，后来逐渐出现全球化的趋向。

第三十章

# 衰竭前夕的中国经济

　　中国是一个庞大的经济共同体。由战国秦汉以来，中国经济体是"以农为本"。中国逐渐发展出的精耕细作农业，结合农作、农舍手工业，与市场交换为一体。从战国到汉初，中国曾有过发达的城市经济，作坊手工业与民间贸易都在城市中进行。汉武帝时，强大的政府为了当时巨大财政需求，也为了不容许有挑战君权的经济力量存在，以重征财产税及奖励告发摧毁了以城市为基础的工商业。中国的手工艺产业从此转入农村。当时已在发展的精耕细作，农业生产的忙季需要大量劳力投入，但农闲的季节，多余的农业劳动力即转移于农舍手工业。

　　这一农作与手工业相配的形态，再加上多种作物轮种、套种等措施不使田地闲置，也因此农作之中多了不少可以加

## 第三十章 衰竭前夕的中国经济

工的经济作物。中国国土辽阔，资源与环境条件的分布，各地之间差异不少，于是地区与地区之间各有特产，互补有无，创造了民间交换的条件。因此，中国土地上逐渐形成一个多层次的经济网络。在农村生产的地方性产品，为商贾收集，运入市镇，集中于大小都市，再分散运销于其他地方。各地的特产，包括农舍手工业的日用品，也经过同样的网络，分销到农户。商品集散的经济网络，经由转集大路、小路与乡间小径，遂编织为覆盖全国的交通网。

这一巨大的网络是多功能的，政令经这一网络由中央下达，文化的信息也由此周转，当然，经济的区域互依互赖，既促成分工的效应，也保证整合的必要。中国历史上，分分合合，但是政治上的分裂不能长期阻止经济上的整合。毋宁说由于有这样一个网络长期维系方言风俗歧异的各区为一体，中国历史上才有"分久必合"的现象。

在社区的层次，这一多功能的网络底层，往往有一个中心，或是以信仰为号召的寺庙（如关帝庙、观音庙、妈祖庙），或是以共同福祉为号召的团体（如水利组合、团练），组织社区活动，培养乡里意识的桑梓感情。这种社区网络，给居民以认同感，也以此为基础，发挥一些社会福利的功能。中国台湾的地方祭祀圈（如妈祖绕境、王爷祭典）、水利渠道（圳）的组合（如八堡圳、七星圳）、民间武装联盟（如六堆）等，都是大家熟悉的例证。

这样一个经济网络，有自我调节的弹性。当国家分裂时，全国的大网可能分散为若干大区域的网络，在网络内部，重组其互相依恃的区域整体性。但是，这样一个网络就整体而言，终究是封闭的，它依赖内部货源的流转与互换，一旦封闭的大网有了外来的影响，则网络结构即需重组。若只有资源的流入，影响可能是区间平衡改变，以及吸收新加入的资源。历史上，中国不断吸纳各处边陲的资源，一步一步将边陲融入本部。新引进的资源，如近世引进了玉米和番薯，则导致了人口移入山地与干旱地。至于三百年来大量白银进入中国，则使生产丝、茶、瓷器的东南与华南发展为全国财富之薮。

但是，资源内流而又别无自己的资源外流以求取平衡，则只有以资金抵偿，导致贸易逆差以致财富流失的失血现象。更为严重的，则是流入的资源排挤了本地的资源，以致局部地最后是全面地削弱了本地的生产能力，终于致使本地经济由衰弱而枯竭。

在清代嘉庆以后，中国即面临这一困境达一百年之久。中国曾享有三百年的外贸顺差，产品外销，赚回大量白银，已如前述。东方货物外销的对象是欧洲各国，在16世纪到18世纪，西方积累了掠夺各处殖民地的财富，足以偿付东方的贸易逆差。时间久了，西方总是寻觅经由更全面的贸易来冲销逆差。英国在17世纪时已是西方列强的霸主，有强烈的意愿要打开中国的门户，乾隆时马戛尔尼使团来华，其使命即是建立互贸关系。后来英国于嘉庆、道光年间，不断以种种方式，寻求中国解除海禁，也是为了同一目的。

同时，英国逐步瓦解了莫卧儿帝国，据有印度。他们发现了印度生产的鸦片是中国医药中的麻醉剂及安宁剂，于是鸦片销华可以冲销一部分贸易逆差。鸦片引人上瘾，这一贸易项目遂由药品转变为毒品，英国的商机迅速增长。中国则在外贸中不再赚回白银，而是流失资金。关于鸦片战争的讨论，将有另章，此处不赘。

更为根本性的改变乃是西方经过工业革命，机器生产的产品产量大，成本低，运销中国后，有排挤中国农舍手工业的优势。以棉布为例，中国农舍工业男耕女织，丝绸布匹都是农户的主要产品，也是农户收入的重要部分。中国外销丝绸与棉布赚回了不少财富，农户受益匪浅。英国机织布匹运来中国，以其价廉物美夺取了中国市场。于是中国的纺织品外销，一变为支付输入纺织品的逆差。全国南北农村，都因此蒙受巨大损失。费孝通的《乡土中国》一书所描述的农村凋敝，并不仅是20世纪的现象；事实上，鸦片战争以后，中国门户大敞，外洋商品流入中国的数量迅速增长，是以在19世纪的下半期，中国农村经济的衰败已成致命之伤！

农村衰敝，外货倾销，中国传统的经济网络破裂，各地的多层集散市场被通商口岸取代。沿海通商口岸，陆续由水陆运货路线转输外国商品，吸取内陆财富。中国遂有沿海城市与内陆农村的分化，前者拥有人才、资源与财富，而后者则贫弱不堪，本地人才也逐步外移，不再回到农村的家乡。

同样的现象，也出现于西方列强的殖民地（如印度、非洲各地）。中国虽未亡国，却也因为城乡异化，被撕裂在两个隔离的世界！

中国在16世纪以来累积了不少白银，何以中国没有本土发展的资本主义与工业革命？这是韦伯讨论资本主义出现的命题。我以为，明清时期中国都是统一的国家，全国的丰余物资经由经济网络有其分担不足的功能，财富因此不能像西欧英、法诸国那样集中于有限地区。中国人数千年来以农为本，富有的人家即使是晋帮、徽帮的巨商大贾，积累了资金也不投资制造业，而是置田买宅，都以土地为最主要的资产，所谓取之以末，守之以本。江南的纺织业、四川的盐业、佛山的冶铁业，都有不少富户，但积累的资金至多将已有事业扩大到一定程度，大部分还是购田置宅，以守产为要。

中国民间没有长子继承制，男性子嗣都有分家继承的权利。经过两代的转移，若以一家三个男孩为准，原有的财产已分割为九份，三代之后即是二十七份，积累的土地已成为许多小块。于是"富不过三代"，原来置产之家一变为出卖土地的破落户。财产不断在贫富的循环中流转，却不能积累。同时，由于农舍工业为生产主力军，中国没有劳力不足的问题，工业革命的诱因也就不存在了。

总之，中国传统的经济形态稳定有余，但不能抵抗经济开放的冲击。18世纪到19世纪，西方经济的侵入打碎了中国内建的经济网络，中国遂一败涂地。

第三十一章

# 明夷之际的中国文化

清代是中国文化传统的黄昏,在清代的晚期,却也可能是中国文化进入另一阶段的拂晓。这两个时辰明暗交接,可称为明夷之际。

明代晚期的反省之后,中国文化没有继续发展,出现全盘转变。中国没有出现欧洲的启蒙运动。中国文化的改弦更张,还需在20世纪才有沛然不可遏止的动能。

17世纪到19世纪,中国文化的正统部分正处于僵固的状态。儒家学问中,朱子理学的正统解释得到政府支持,成为科举考试的标准答案。三百年来,读书人从小到老想在科举一途求取功名,唯有接受官方钦定的儒家思想,是以,熟读闱墨,能写四平八稳的制艺,即比穷研经义更易见功。吴敬梓的《儒林外史》假托明代为背景,其实描述的正是清代读书人！一个国家的读书人，十之八九陷入科举网罗，那一文化正统也就难有更新的可能了。

在科举之外，当然还有一些学者志在学问。清代儒学中，考据之学的成就远远超越辞章与义理。所谓"汉学"，相对于"宋学"，是学者重建原典的学问。清代考证之学的学者成就非凡，他们确实清理了许多经学传承过程中出现的误解与缺失。声韵、文字、版本诸项学问，其成果不限于梳理经典，竟可谓开创了独立的学问。在地理、史学方面，也以踏实的研究累积了令人钦佩的成绩。凡此努力，都为20世纪现代大学学术研究专业奠定了厚实的基础。

在文学方面，广义的辞章之学中，清人诗词相较于唐宋与明代相当逊色，小说则大有可观：《红楼梦》《儒林外史》等都是了不起的作品，短篇作品如《聊斋志异》也是一代奇文。如以这几部书为例，其作者都有一腔郁闷，遂假托故事，以批判正统学问与社会上层的文化。

民间作者创作的章回小说，是由说书的话本开始，将一些说唱艺术的原始材料改写为小说。早在明代，即已有此传统。在清代，这一文学的作品数量大，质量亦不俗，尤以"演义小说"为著，颇多今日还为人喜爱的名著，例如《七侠五义》《施公案》《再生缘》等。后来文人学士也模仿这种文类，创作了不在书场歌榭流传的章回体小说，例如《儿女英雄传》《老残游记》等。

清代民间文化的活力，也可从地方戏剧的发展观见。最

清·徐扬《姑苏繁华图卷》(局部)

为庆贺康熙六十大寿,京城举行戏剧表演,观者如堵

足注意者，徽班进京，以一个地方的剧种吸纳别处剧种的长处，逐渐形成后世的京剧。京剧不如明代盛行的昆曲典雅细致，昆曲的音乐、文辞、身段、歌唱、表情均极讲究，许多读书人（如汤显祖、孔尚任、洪昇）投入心力，精益求精。京剧吸纳了安徽、湖北、四川、陕西、江苏各处剧种的元素，其初无非民间娱乐，甚至只是"野台"表演，编剧、制曲、演唱都是民间艺人的集体之作，很少文人学士参加（到了清末民初，才有文人投入，帮助京剧发展）。民间文学与表演艺术的互相扶持，在清代发挥的动能是文化史上难得的现象。

在艺术方面，"四王"（王时敏、王鉴、王翚、王原祁）的山水精密细致，功力可观，却只在宋明绘画的基础上原地踏步，未见开创。倒是"四僧"（朱耷、石涛、髡残、弘仁）以亡国孑余，借笔墨写胸臆，有其感人之处。郑燮（板桥）、金农（冬心）等人号为"扬州八怪"，都创立了自由的画风，大受民间喜爱，可谓别出机杼，开拓新境界。民间则发展了版画（如杨柳青、桃花坞的出品），也颇为可观。

清代社会上层阶级使用的家具，精镂细刻，却流于烦琐，不如明式家具的线条单纯流畅。清代官窑烧制的瓷器，例如斗彩，色泽鲜丽，却不免俗艳，与宋代汝钧的雅致或明代青花的清爽不能同日而语。

清代正式场合的绣件，繁复华丽，入目有过分喧哗的感觉。反之，民间的绣件，不论苏绣、杭绣，常有可喜的小品。后来沈寿的仿真绣、杨守玉的乱针绣，均是艺术家创造的手法。同样地，不论南北，民间妇女都会剪花，母女之间传承的这一套艺术既可用于门窗装饰，也是衣服鞋帽装饰的底本。这一套艺术源远流长，各地既有共同之处，也有各自的特色。

综观清代文化的演变，上层的文化已走入垂老的阶段，墨守传统，不再有开拓的活力，所能做到的不过踵事增华，修饰细节，遂致烦琐。这一现象，一则是由于上层阶级自囿于一套凝固僵化的价值，再则也与满族本身缺少深厚的文化基础有关。于是，上层越能稳固地掌握优势，文化的创造力就越小。清代民间文化的活力，在乾嘉之后渐渐突显，此时清朝统治阶层不复有过去康雍之世的气势。

道光咸丰以后，清廷统治能力左支右绌，败象已显然可见。其时内乱外患纷至沓来，有志之士眼看圣经贤传已不能解决问题，经世之学遂应时而兴。《皇朝经世文编》即编辑了这一项目的许多文章，这是科举所不触及的园地。板荡之际，不能不更做深入思考。清末维新与守旧、中学与西学，种种辩论掀动波涛，不是清代盛时人士可以想象。今文学派志在改革，其思想的资源取自中国本土的经学传统，而借题发挥，实则已是郢书燕说。对于西学的讨论，则更是有志于全盘更新，不再拘泥于中国文化的修改。最激烈者，当然是革命之论，以一举推翻帝制为改造中国的第一步。至于后来新文化运动以西化为手段，则是20世纪的事，不在这一时期之内。

民间文化的动力其实始终存在，并不因上层社会的保守与否而存废。不过，当社会秩序开始变动，社会开始多元化，例如新兴城市中的市民人口增多，民间的动能遂有发挥的机会。

　　清代近三百年，旧传统走入黄昏已是不能挽回之势，新文化是否真的已现微曦？当时还难以断言。

第三十二章

# 清朝的兴衰

满洲本是东北边陲一个小部落,明代的建州卫。努尔哈赤的父亲与祖父死于非命,他身为遗孤,家业已败坏殆尽,居然以少数部众重整家业,征服了满洲诸部。经过他与皇太极父子两代的经营,已是辽东强大的地方势力,屡次击败明廷的讨伐,又强力压迫朝鲜降伏。李自成入北京,崇祯自缢于煤山,吴三桂借兵满洲,击败李自成,满族遂入主中原。这一串历史,均为众所周知,无须赘述。

清朝涨起,三代的经营即取得中国!论其迅速,明代衰败不堪一击当是主要原因,但是满人能以少胜众,以小取大,也必有其非常之处。清朝早期出征的将帅,大多是皇亲贵族子弟,年岁不大,而表现都颇可观。满族入关,辅政者大多是亲王,也颇多有才干。大约满人是新兴部族,领导阶层人数不多，即使少年，也必须早早参与兵事及管理，遂多历练的机会。部族新星锐气正盛，人多习苦，不会懒惰。满人以八旗部勒战士，旗主即是将帅，兵将相习，休戚相关，作战时上下呼应，不待号令法律，自然奋勇。是以清朝开国时，八旗人数不多，却勇猛非常。

满族入关势如破竹，得力于降清的毛文龙旧部。这一支盘踞皮岛（东江，朝鲜称为椵岛）的明军，其实原是海上武装集团，后接受政府收编，据地自雄。中国的海上集团，无论南北，与葡萄牙及日本海上集团都有接触，其船械精良，胜于官军。袁崇焕因为毛部尾大不掉，诛杀毛文龙，毛部遂降清。清人将这一支军队编为独立作战的汉军，号为乌金超哈，亦即"重兵器部队"，常是亡明诸役的锐锋。明代边防军中，袁崇焕特别善用火器，辽东前线装设大炮，其他明廷军队却罕有火器装备。于是孔（有德）、尚（可喜）、耿（仲明）三支皮岛降军，以其火力强大，为清军立了大功。

满族以部族人众，取得中国政权。满人在关外作战，视降伏掳来的汉人为奴隶，入关以后，也视中国人口为其奴隶。根据满人的部族制度，旗主视旗下人众为奴，为八旗所领导或为厮养，或为子弟，服从于君主的绝对权力。是以清朝一代，君臣之间迥异于中国传统皇朝的君臣关系。孟子所说，君臣之间的关系是相对的，若君视臣如草芥，则臣视君如寇仇。这种想法，在部族制度中是绝对不许可的。

清兵入关，肆其兵威，嘉定三屠，扬州十日，凡是抵抗者，均遭杀戮，降服者沦为奴隶，以武力慑服汉人。后来采取怀柔政策，招抚汉人，即使出仕为官，也是服从；一旦受罚，诛杀之外，家属发配为奴隶。淫威累积之下，中国人习于俯首帖耳。是以，有清二百余年，朝中多是唯唯诺诺，苟安于荣华富贵之徒，至于以节操自励之士，比之其他朝代，竟如凤毛麟角！

中国的文官制度，自秦汉以来即已成形，而且与察举、科举都是配套制度。士大夫都有一定的自尊心。明代专制皇权，君威特盛，自从明太祖废了宰相，朝臣与皇帝的距离如有霄壤之别。明代的廷杖，岂止草菅人命，更是侮辱人格。清廷汉人文官也由科举出身，但另有满族官员，则是主子厮养，不由科举之途，有了这些人渗入文官系统，士大夫的尊严遂荡然无存。清代早期由亲贵与大臣议政，"大学士"等于是一个集体辅政的集团。雍正设军机处，掌握机密的军机大臣也是集体辅政，没有具体的"相权"，只是皇帝的内廷秘书。再则，文官奖黜，应有制度，清代权在君主，恩威出自君心喜恶，参核磨勘形同虚设。文官无制度，当然也就不会有气节。如果皇帝肯做事，如康熙、雍正，政府会有效率，若是主上无能，则行政的效率也就不彰。

自秦汉以来，宫内与外廷，各有内库与国库，两者通常有相当清楚的分隔。清朝则户部掌国用，内务府掌皇室的用度。然而皇家私用，如营建宫室、陵墓与大婚庆寿，常常调动国帑。一个国家的收支应有预算与每年的核算，清代也有年度报销，但是政府并没有良好的预算制度。康熙下诏，盛

乾隆两次平定准噶尔部叛乱，为纪念胜利，乾隆命宫廷画家郎世宁等创作《平定西域战图》册，并送往欧洲制成铜版画，此为其中两幅

## 第三十二章 清朝的兴衰

世人丁不再加科,都并入地租,于是地方政府的地租,往往陈陈相因,年年如此,地方官员只要收到这一数字,即可交差。地方税收,形同包税制,这一制度不啻启发贪渎的动机。政府开销则因大征伐、大工事或天然灾害,必有不支。清代以臣民捐纳为临时收入,以应付特别开支。政府对于捐纳,又以官位为报酬,早期奖励只是赐予虚衔,嘉庆、道光以后捐官可有"候补"官员的身份。咸丰、同治以后,国用不支,捐官还可补实缺。文官制度遂在正常晋用渠道之外,加了这一旁门别径;官员质量不齐,又有捞回本钱的想法,吏治当然不良了。

康、雍、乾三世致力于开疆辟土,蒙古、回疆及西藏,均经过征伐,重新纳入帝国版图。西南也在改土归流之后,大量土地、人民纳入建制。康熙灭了明郑氏集团,乾隆平定林爽文起事,台湾内属设治。这些战争为中国确定版图,尤其是蒙藏与回部(亦即今日的新疆)归属中国,解除了中国几千年来的北方边患。可是,不仅战争本身劳民伤财,而且在中国普世国家(天朝)体制下,中国并未从这些新添的疆土与人口中获得资源,不像英国曾从印度与非洲获利无数。反之,清廷还须不断赏赐蒙藏和众活佛,所费不赀。甚至台湾土地肥沃,大量移民移入,而台湾的税收仅足支付当地费用,于国家财政并无裨益。凡此种种征伐,耗尽了康雍乾全盛的国力,以致嘉、道以后中国长期财政拮据,不能支应突发事件。

乾隆青年与老年时期的画像

　　清政府及士大夫，对外面事务均甚隔膜。康熙对于西学颇有兴趣，但也只限于一己的知识好奇，并未反映于国家政策中。他处理中国与教廷的礼仪之争，双方都坚持自己的立场，终于决裂，以致天主教教士不得再在宫廷及钦天监之外露脸。利玛窦以来，稍见开通的中西文化交流渠道从此断裂。清廷派图理琛偕同天主教教士张诚（Jean François Gerbillon）出使俄国，图理琛曾将其沿途见闻记录成书。清代早期主动了解国外事务，图氏此行为仅见之举。前此，哥萨克东向发展，蒙古北方部落均已知道。然而，中俄尼布楚订约，清廷似乎并未了解俄方孤军远道深入的弱点，结果等于承认了俄国在西伯利亚及滨海地区的扩张。

## 第三十二章 清朝的兴衰

> **图理琛与《异域录》**
>
> 图理琛因通晓蒙语,于康熙五十一年(1712)奉命出使俄国,康熙五十三年到达目的地,并在次年返回北京。图理琛途经蒙古高原、西伯利亚、乌拉尔山等地,将沿途所见山川形势、动植物分布、河流水文、风土民情等记录下来,于雍正元年(1723)刊行,名为《异域录》,是中国较早介绍俄国地理情况的著作,乾隆时将此书收入《四库全书》。

乾隆一代,对外事务之隔膜更为严重。马戛尔尼使团来华,清廷并未了解英国已是西方强国,徒然大摆"天朝"架子,未与英国磋商。傅恒以亲贵重臣率精兵良将征伐缅甸,却因不明地理与气候,无功而返。其实当时暹罗(今泰国)为了缅甸侵占的领土,正与缅甸有战争。若傅恒能有足够信息,征缅之役与暹罗可以互相呼应,其结果必然不同。朝鲜、安南(今越南)与中山(今琉球)都是中国最亲密的邻邦,琉球年年来贡,中国也常有钦使往访,然而,琉球受日本威胁,也向日本朝贡;日本知道琉球"两属"的实况,中国却始终不知这一情形。

由于中国自大,对于西方情势全无所知。少数士大夫知道天主教教士介绍的西学(例如天文数学家阮元、王锡阐、梅文鼎),但于西方学术的态度,则认为"中国古已有之,

（上图）清朝使臣册封琉球国（局部）
（下图）日本巧取琉球岛

西人窃其绪余耳",十足地自闭。鸦片战争以后,中国已经不支。有人主张学习西方,而倭仁之辈还是以为孔孟之学足以治平,不必学习别人。这种心理上的"闭关"与"锁国",其实在清代全盛时已见端倪,不是衰世才出现的征候。其时,澳门由葡萄牙辟为基地,为时已久,当地外人不少,中国若有人注意收集西方现况的信息,澳门的功能当不下于日本兰学基地长崎的出岛。而且华人经营外贸,颇有人在,这些人士均可提供信息。是以,中国不明外务,是不知,也不为,并不是缺少渠道。

清朝是中国最后一个皇朝,辛亥革命终结了数千年的帝制。清代近三百年,实际上在其全盛之时,清朝已是中国文化的黄昏,道光之后则是一抹余晖,隐入苍茫暮色。中国文化的衰象,在于明末的反省未能成功;清人奴役汉人,斫伤了中国文化的精神,于是文化徒存躯壳,僵化待毙,失去了活力。生机断绝,根腐枝残,花果飘零,无可奈何。中国文化不待五四,已经倾圮。将来能否贞下起元,老树再萌生命,也只看我们这一二代的心愿与努力了。

# 第三篇 近代世界与中国（1840—1950）

第三十三章

# 鸦片战争的背景

鸦片战争是中国与西方的第一次对决。中国失败，被人当头一棒，从此在对外关系上不知所措，一个多世纪以来，中国才逐渐知道怎样与列国相处。鸦片战争带来的冲击是全面的，中国不但在军事与外交上长期无能，而且对于自己的文化及西方文化的相应之道也长期在迷茫中摸索。

本章不拟赘述鸦片战争及其后续发生的史事，却拟叙述一些课本上未必提到的背景。

鸦片一名，源于希腊字根 opium（罂粟花液），据说希腊古代神话中"食莲之人，失智迷茫"的"莲花"，可能是罂粟花的误译。阿拉伯人称罂粟花为阿芙蓉（afyun），是中东医药传统中的宁神剂。唐代药典中已有此物，也是作为宁神剂，当系由当时的中亚引入中国。明代药典本草中，鸦片已是药物。当时东南亚（西洋）诸国入贡，颇有以鸦片为贡品（商品），数量不大，也罕见。中医用鸦片入药，是配合其他药物煎汤服用。自明至清，广州税关的入口税，鸦片都是进口货物，数量不大，税率也不过百分之二三；由此可知，鸦片只是普通药用商品。

大洋航道开通，荷兰人一度占领台湾南部为基地。荷兰人主要的东方贸易基地是巴达维亚。当时爪哇等地的人，用烟管吸烟的服用鸦片方法，首先传入台湾，然后又从台湾传入闽粤各地。这一吸鸦片的方法已不再是将鸦片当作药物，而是寻求麻醉的癖好。从中东到南亚，焚烧麻醉品引人入醉的传统早已有之，中国却从未有过此道。中医的麻醉剂，是以大麻煎煮，用于外科手术。平时日常所用，只有饮酒沉醉，以求忘忧。吸食鸦片烟，也能忘忧，却必然上瘾，其成瘾的强烈程度不是饮酒可以比拟。因此，烟民人数迅速增加，鸦片进口也由药品一变而为有厚利可图的商品。数量由雍正年间一年输入一百余箱，增长到乾隆中期的一千余箱，三四十年间，进口数量增长了十倍。

这些鸦片，大多由英国的属地孟加拉邦出产，英国遂视鸦片贸易为利薮。为此东印度公司据鸦片贸易为垄断的事业，即使转包私人营业，仍以拍卖许可证的方式控制利权，不使外流。19世纪初（1800）清廷已明令进口船只不许夹带鸦片，英商则运用中国小船走私。私商进口的鸦片数量每年迅速增加：1811—1821年每年平均4500箱，1821—1825年每年平均

东印度公司的鸦片工厂

9800箱，1828—1835年每年平均1.8万箱，1838年则为2.8万箱，涨幅大约每七年增加一倍！

18世纪至19世纪，由西方商人运入中国的商品，大多为棉花、棉布、毛织品、金属制品及南洋出产的香料。中国出口商品主要为生丝、丝织品、中药材（大黄等）、瓷器等项。中国进出口的总价值大约为每年两千万元，三分之二为中国出口，三分之一为进口，中国有三分之一的顺差。西方商人以英商为主，以白银偿付贸易差额。19世纪中，英国推广鸦片后，上述差额翻转，英国享有三分之一以上的顺差，其中单鸦片一项的价值即超过了中国出口货值。中国反而以白银偿付进口的逆差。在19世纪30年代，中国每年流失的白银超过一千万两。清廷屡次明令禁止走私鸦片进口及走私白银出口。但是虽有禁令，走私依然猖獗：一则烟民人数日增，二则英商利诱中国私商承运承销。这是鸦片战争前夕鸦片贸易的情形。

此时中国朝野上下也已知道鸦片之害，不仅是经济的一大漏卮，也是国民健康的一大危害。清廷已认识鸦片贸易问题的严重性，并有放任与严禁两种立场：一派从经济利害的观点，主张鸦片贸易化私为公，课以重税，并以中国自种罂粟抵制外来的鸦片。这一派以满洲大臣为主，包括军机大臣穆彰阿、两江总督伊里布及直隶总督琦善。当然，他们也有广州十三行洋商及粤海关监文祥的支持。反对开放鸦片贸易的一派，则以汉臣为主，包括屡次上疏禁烟的鸿胪寺卿黄爵

## 第三十三章 鸦片战争的背景

滋、湖广总督林则徐、两广总督邓廷桢等人。他们是从国民健康及国家长期利益着眼，林则徐奏折中"数十年后，中国几无可以御敌之兵，且无可以充饷之银"的名句，最足以代表他们的观点。1839年，道光任命林则徐为查禁鸦片的钦差大臣，驶赴广州；1840年，邓廷桢改任闽浙总督。鸦片战争起，广东海面有林则徐部署的虎门炮台，防守严密。英船北驶，浙江也因邓廷桢的抵抗，英军不得入。而在北上大沽时，直隶总督琦善不予抵抗，仅以牛酒犒赏英船，求和谈判也是琦善主持。这两个不同立场的大臣，在和战之际的作为也是如此不同！

英国对于中国贸易早已十分注意，希望能够打开这一东方大国的市场。1792年，英国派遣马戛尔尼使团访问中国。1793年，英国使团驶抵大沽。当时权相和珅为了讨好乾隆，认定英国使节是来华朝贡，并为乾隆祝寿。为了谒见身在热河行宫的寿星乾隆，礼仪之争耗时两个月。朝见之后，英方提出通商的要求。清廷的答复是：天朝物产丰盈，无所不有，原不借外夷货物以通有无！马戛尔尼的任务失败。马戛尔尼使团本来配属了海陆军官及测量绘图人员，在离华前花了三个多月，取陆路由北京南下，一部分人在宁波出海，一部分人在广州出海，沿途观察测绘中国内地形势及各地军事设施、水陆交通。回英之后，马氏使团已掌握相当资料，即将中国情况报告英国政府，认为中国徒有大国的声势，实则国防废弛，武备陈旧，军队训练还是弓马技击，只可为仪仗，不堪作战。

> **"阿美士德"号调查报告**
>
> 1832年2月,英国东印度公司派遣阿美士德号,自澳门出发,沿中国沿海北上,6月抵达上海。英方曾与上海官方接触,要求贸易遭拒,双方对于礼节的争论也僵持不下,上海官府遂要求其回到广州。而在双方僵持不下之际,"阿美士德"号乘机对黄浦江水道和吴淞炮台等处进行观察和测绘,也积极观察百姓生活,记录民情与交易行情。离开上海之后,一行人继续执行北上的侦察任务,包括沿海海湾地势与河道深浅,皆绘制成地图。此第一手调查报告,成为日后英国侵略中国的重要参考资料。

1832年,英国已了解中国的闭关政策,实由于中国的"天朝"心态不易改变。因此,英国为了打开中国门户,势必一战。为此东印度公司派遣"阿美士德"号由澳门起航,经过厦门、福州、宁波、定海、上海、威海卫,在渤海口折航朝鲜、琉球,返澳门,历时八个月,沿途测量中国海道、港口,侦察海防设施及各地物产与商情。1838年,英国广州商馆向英国外相巴麦尊(Palmerston)报告此行的资料,建议必须用武力,方能迫使中国开放贸易,并为英国取得利权。这一建议书还开列了作战计划,以12艘战舰及2900名军人,即可封锁广州、厦门、上海、天津四个港口,由此完全控制中国的沿海地区。

## 第三十三章 鸦片战争的背景

从马戛尔尼使团与"阿美士德"号的两次观察报告来看，英国已经有了武力攻击中国的计划，林则徐禁烟也罢，不禁烟也罢，英国采取武装行动已势所必至。鸦片战争及嗣后1842年的英军行动，都已在"阿美士德"号的调查报告中定下了军事行动的战略与战术。中国没有蹈印度覆辙，沦为英国属地，这是因为中国的国家组织即使松散无能，还是比莫卧儿帝国稍为坚密一些。各地督抚虽然各行其是，也比印度各地土王稍为像样。英国东印度公司不能瓦解清朝治下的中国，而中国经历了一次又一次的外国侵略，在最后一个阶段即日本的全面侵华，一百多年的惊涛骇浪后，终于举国奋起抵抗，才改变了中国的命运。

第三十四章

# 第一波西潮的冲击

鸦片战争之后,中国割让香港,五口通商,准许西人在华传教与经商。中国门户洞开,西方势力长驱直入,西方文化亦如潮涌来。

相对于明代下半期大洋航道开通以后的情形,这一次中国承受的西潮远为强烈而普遍。明代贸易顺差,中国受益,但并未从根本上改变中国的社会经济状况。耶稣会士带来的西方文化,项目限于神学思想及一些科技知识,他们接触的中国人也只是宫廷人物与知识分子中的少数。鸦片战争之后,商人们在通商口岸居住营业,于是香港、上海、天津等港口城市忽然崛起,迅速发展为近代都市。这一部分的讨论将留在另一专章,此处不赘。

这次带来西潮的西方人士,主要以基督新教的传教士最堪注意。19世纪时,由于西方列强已掌握了东南亚的许多地区,这些地方经济的发展吸引了华南的劳力外移。例如,1819年开始由英人开发为商港的新加坡,其建设的劳力就以华人为主,据说每年由英船运去的华工即有七八千人之多。许多华人继续过去"下西洋"的传统,已在东南亚新兴商埠活动。这些华人是西方传教士最初接触的对象。

英国传教士马礼逊(Robert Morrison,1782—1834)前来东方传教的第一站,即是新加坡。马礼逊在1813年即译成基督教《圣经》的《新约》部分,并于广州刻印两千部,流传于中国教众。1819年,他与同事米怜(William Milne)又译毕《圣经旧约》,即于马六甲印刷流传,是为中文《圣经》之始。马氏还编了第一部华英字典(出版于1823年,成为英、汉双语之间对译津梁的第一本著作),并按月出版《察世俗每月统记传》(1815年创刊),该刊是中文月刊,主要介绍西方事物及报道西人在东方的活动。后来他迁居澳门,开了中文的印刷出版单位,即后来香港的英华书院。凡此编撰及出版的书刊,均以中文读者为对象。当时中国官方还在查禁洋人刻书传教活动(例如1805年,清廷还因天主教教士及其华人信徒在北京私刻传教书籍,放逐了这些人),又严令各地查禁这类活动。是以马礼逊印行的书刊当是在东南亚与澳门出版,并由华人带回中国,流传于民间。

在这些书刊作者中,有一位信教的中国人,也是第一个华人牧师梁发,曾撰写了传教文件《劝世良言》,即是根据

> **《察世俗每月统记传》**
>
> 马礼逊与米怜于1815年8月在马六甲创办月刊《察世俗每月统记传》,由米怜担任主编。内容以介绍基督教教义为主,兼及伦理道德、科学新知、各国风土人情、时事等。这是第一本中文近代期刊,发行范围遍及东南亚各华侨聚居地。《察世俗每月统记传》的编排方式以及标点符号的使用,也为后来传教士创办的中文期刊沿用,影响甚大。但是后来由于米怜病重,该刊遂于1821年停刊。

马礼逊的书籍撰写。《劝世良言》当类似今日教会传教的"单张"与小册子,内容简单,无甚高论,却触发了太平天国历史。当时的洪秀全是一个落第的秀才,又值大病初愈,读了《劝世良言》后大为感动,与友人冯云山在广西传播这一新信仰,不久遂在广西起事。太平天国(1851—1864)是中国历史上武装宗教活动之中规模数一数二者,历时十余年,占了南京,建都开国。在大乱中,中国死亡的人数高达数千万人,"东南处处有啼痕"所反映的是实况,绝不是文学词句。

洪秀全不满于现实的儒家与皇权,当他读到梁发的文件,就有了这样一位无大不大的"上帝"足以成为他反叛皇权与传统思想的依据,再加上中国民间长久存在的素朴平均主义,遂触发洪秀全组织人间天国的狂热。洪秀全本人其实并不懂

## 第三十四章 第一波西潮的冲击

基督教教义，是以他拒绝由牧师施洗皈依，而自己以"天父之子""耶稣之弟"的身份领导革命。这一次西潮触发了太平天国革命，实在是历史的吊诡，因为除了"天父之子"的口号外，太平天国革命的内涵与中国历史上明教等启示性教派的革命并没有很大的差别，"平均主义"的部分也只见于文字号召，并未付诸实施。太平天国初起，西方教会人士一度大为兴奋，但很快就知道这一运动其实与基督教无关。

但是太平天国革命却在清朝统治者阶层间引发了所谓"师夷长技以制夷"的洋务运动，而且其后续的影响极为巨大深远。林则徐当是提出这一口号的第一人。他在处理禁烟事务时，已经了解西人船坚炮利非中国能及。因此，他在澳门购置火炮，架设于虎门炮台等要塞处，同时收购了数艘西方船只，加设武装，编入水师，巡弋粤海。这些措置在抵御英舰方面还是发挥了一定的功效，是以英人在粤海不能得逞，不得不转帆北上，侵犯江苏。

林则徐还委托魏源等人，收集澳门等地可以找到的书刊，从中整理有关西方世界的信息。这一努力，归结为魏源的《海国图志》，乃是中文有系统地介绍西方地理与政情的第一本著作。魏源此书是中国近代史了解西方的开山之作，日本在明治维新前也从《海国图志》中汲取有关西方知识。魏源以后，冯桂芬、郑观应等人都在帮助中国理解西方，也有重要的贡献！

更为具体的西方经验则是曾左胡李（曾国藩、左宗棠、胡林翼、李鸿章）这些中兴名臣，在与太平天国作战中逐渐采用西式枪械船只，更有戈登等人所谓的"常胜军"（雇佣的洋兵）完全用洋枪、洋炮、洋式练兵法，使湘淮军的领导者充分体会到西方军备的优越性。于是曾左等人设立了江南制造局、马尾船厂等单位，附带还翻译了大量科技书籍。凡此都是由"师夷长技以制夷"的观念落实为洋务政策。

进一步的洋务运动，则是李鸿章、张之洞等人在军事设施外还致力于配套设施建设，例如电报、铁路、商船以及开矿炼钢等事。这些事业的鼓吹与参与筹划之士，有洋人为顾问，更多的是吸收西方知识的中国知识分子。至于中国人吸收新知的源泉，则是李提摩太（Timothy Richard, 1845—1919）、林乐知（Young John Allen, 1836—1907）这些西方传教士。他们在香港与上海编译出版了种种书刊，推动了中国这一波西潮的洪峰巨流。在这些书刊读物中，更堪注意者是他们致力于介绍西方政制、法律、历史与文化。由于他们与华人合作者的宏观视角，使中国有志于改革的人士方能从船坚炮利的实用境界提升到研究文化与制度方面，了解到中国与西方有巨大而深刻的差别。

这一波西潮，不仅在沿海通商口岸发生，随着传教活动深入内地，教会在许多内陆地区开设了学校与医院，戴德生（James Hudson Taylor, 1832—1905）等人推动的"中华内地会"（China Inland Mission）运动，响应者有十余个西方国家的"中华内地会"。他们的内地传教活动将西潮推到山东、山西、

## 第三十四章　第一波西潮的冲击

美国"中华内地会"成员合影

湖南、湖北、四川、陕西、云南等各处，其学校与医院的设立和运行对于中国内地感受西方影响不浅。

因此，19世纪中国门户开放这一波西方影响，对改变中国人的观念与由此而兴起的前景发挥了巨大的作用。

第三十五章

# 日本明治维新与中日甲午战争

日本的明治维新是成功的改革，也可说是一次革命。日本在野的社会精英夺得了政权，然后从上而下主导了政治、文化、社会、经济各方面的重组。这一剧烈的改革，却是牺牲不大。一般百姓是被动地进入新的状况，而改革的对象德川政权则已衰败，无法抵抗新兴势力夺取政权。然而，如此大事，参与者必须有强烈的志愿，方可冒险犯难，投身其中。

明治天皇即位时，日本已长期由幕府执政，天皇全无权力，徒拥虚衔而已。反幕的主要人士大多是西南诸藩的中下级武士，也没有掌握现成的资源。明治维新能够成功，当是许多因素凑合而发挥了巨大的潜力，完成了人类历史上罕见的全面改革。

## 第三十五章　日本明治维新与中日甲午战争

鸦片战争使偌大的大清帝国手足无措，竟为几艘英国炮舰逼得割地开埠。这一事件震惊了东亚各国。美国海军统领佩里（Matthew C. Perry）又于1853年率领舰队驶来江户（今东京）叩关，要求日本开放门户，接着是英国与俄国也要求援美国之例通商贸易。当时日本由德川幕府执政，长期闭关锁国，面对西方列强的压力，正如清政权一样，除了接受列强要求外，同样束手无策。

在日本的封建制度下，各地诸侯并不完全听命于挟天子施号令的幕府，九州岛地区的西南诸藩一向与关东的幕府政权并不十分融洽。这些"大名"（封君领主）在大洋航道开通以后，由于地处日本南端，也卷入西、葡、荷、英诸国的海上活动。中国东南的"倭寇"之患即是九州岛诸藩人参加。为此，长崎港内的出岛早就开放给外商居住，成为荷兰东印度公司的据点之一。日本锁国数百年，只与中国、朝鲜有合法的贸易。但是，长崎一港正如中国的澳门，是特殊的口岸，也发展为日本与西方接触的唯一商口。在长崎，有人教授荷文及西方学问，经此引入日本各地，号为"兰学"。因此九州岛西南诸藩的青年藩士对西方情形并不陌生（相对而言，中国广东的外贸商贾固然经由澳门，也了解西方情形，一般儒生却未必因为近水楼台去主动了解西方事务）。

西方强力进入日本，九州岛的青年藩士在忧患意识之外，还颇有心顺势迎接西潮。吉田松阴（1830—1859）就教育了不少明治志士。他自己在俄国船来日本时，即曾计划登船，请求随舟赴欧。他到达港口，船已离去，未能成行。在佩里的美国"黑船"靠泊江户时，吉田于夜间登船，亦求随舟赴美，甚至甘心执役如奴仆也在所不辞。因为这一行动，吉田被判入狱，其后又因为尊王攘夷的安政大狱被判了死刑。另一个例子为福泽谕吉（1835—1901），他年轻时即入兰学的学塾学习西方知识，后来随日本第一次外访的考察团访问欧洲，对于西方文化完全折服而遂有"脱亚论"，主张摆脱东方的文明，投入西方，学习列强的制度。这两位日本学者是明治维新的理论大师，他们的观念主导了日本的思想，至今未衰。

日本自己没有原创的文化，借用雅斯贝尔斯（Karl Jaspers）的说法，日本没有经历过枢轴时代（Axial Age，指公元前800—前200年，西方、中国与印度等古文明曾发生思想及文化上的突破）的突破而发展为文明。日本从中国输入文字、儒家与华化的佛教，也学习了中国的律令制度。虽然日本是学习的好学生，但对于学来的文明并没有血肉相连的归属感。过去学唐风，今天学西方文明，反正都是外来事物，犹如脱换衣服，没有剔骨换心的痛苦。正因为如此，明治维新的措施及后续的发展，日本都可以选择输入：先学德国，再学英国，战后又学美国，随脱随换，并无困难。关键之处在于他们必须找到自己在转换之际如何自我定位，有了一定的定位，即有了全力以赴的方向。明治维新正是重要的转变关口，在此际及此后的日本,这一关口意义在日本历史上具有无可比拟的重要性。

19世纪中期日本的倒幕之举,是以"尊王攘夷"为口号,内含十足的中国文化价值。从日本立场而言,自满人入主中原,日本认为中国已沦于夷狄之手,日本则保存华夏文化命脉,中华的命脉已在日本。日本一直自居为华夏中心,自认为已不是中国的边缘,而是东洋的主人,相对而言,西方是新的蛮夷。幕府是不足以担任"王者"委托的"伯",是以必须"奉还大政",让天皇自己主持"攘夷"的大业。

在进一步了解西方文化后,日本又将西方认作"文明"的境界,斥中国、朝鲜为不足为伍的劣者。这时候,日本自认为的使命是居于"文明开化"的强国之列,然后带领东洋抗衡"他者"的西洋。为了领有东洋,日本遂自以为有权利也有理由制服中国,奄有东方海洋,以完成天皇"万世一系、八纮一宇"的王者大业。这一套逻辑,使日本不断改变立场,但是大和民族优越论的观点是日本自以为是、前后一贯的目标。明治维新之士大多是浪漫主义的"狂者",他们为此有全心全意投入的愿望,进而发展为惊人的动能。为了进入"文明开化"及担负领导东亚的责任,他们又附会达尔文生物演化论的弱肉强食、适者生存理论,认为侵略掠夺行为是天理!这一层观念不仅推动了明治维新,而且促使他们后来发动了太平洋战争,以求组织"大东亚共荣圈"。第二次世界大战结束,日本始终不肯承认其侵略与杀戮的罪责,是因为他们

通俗版画中的万国人物

人力车、马车与蒸汽车

坚信日本奋斗是为了"东洋",目的不错,达到目的的手段都是合理的。

当然,历史发展除了愿望带来的精神力量,还必须有若干配套的机缘。明治维新不能单凭几十个藩士的主意,还要仰仗西南雄藩的实力,尤其长州的陆军、萨摩的海军都不是德川幕府的军力足以抗拒的。外贸有关的商贾也投入人力与财力,例如"海援队"的组织提供金钱,支持倒幕的军事行动。正因为有了维新的新政府,日本固有的工商界遂因为财权与政权的结合,迅速顺利地转型为现代资本主义的企业。日本著名的财阀,例如三井、三菱等都在明治维新的过程中支持了维新,也获得了金权政权密切的结合。

明治维新一举成功,日本由此确立了民族主义的强烈归属感,建立了全新的国家机器,将政府与民族在天皇的神性中结合为一。万众一心,举国以赴,是以二十年内即发动侵朝犯华的甲午战争。那一役,日本竭尽全力,一战击败中国。胜利之后,日本索取中国的巨额赔款,投入军事的经费,又以朝鲜与中国台湾的资源与人力支持日本的经济建设。举例言之,台湾出产的糖、米为日本解决了食粮需求,又赚取不少外汇,释放日本的农业劳动力,使他们转投于工业生产。是以台湾的农业化促成了日本迅速的工业化。日本有了甲午之战的战果,其军力及工业生产力突飞猛进,遂得以在随之而来的三十年中崛起为新兴的工业国家,并以此实力于20

世纪三四十年代悍然发动侵华战争及太平洋战争。

  日本明治维新的成功的确是历史上罕见的巨大转变,促成了一个现代国家,也将这一个国家带入狂热的侵略行为中,最终为日本民族带来核爆炸的巨大灾难。

第三十六章

# 日本殖民统治下的台湾

甲午战争中国战败，日本向中国勒索巨额赔款，更要求中国割让台湾。马关议和，李鸿章请求以更多的赔款代替割台，但是日本志在以台湾为南进东南亚的基地，坚决不肯，并以再开战争为要挟。当时中国的北洋海军已全军覆没，哪有能力再战？于是台湾沦为日本殖民地。日本占领台湾，五十年来对台湾的发展留下深刻的历史刻痕，于台湾本身、中日关系及东亚整个情势都有重大影响。

日本以重兵登陆，接收台湾的人民、土地。台湾官民不愿沦为日本殖民地，成立"台湾民主国"，向清廷宣告独立，不侵不叛，长为中国东藩。然而在日本重兵攻击之下，"台湾民主国"只是昙花一现。日本侵略者死伤不下三万人，其中死于疾病者不少。台湾损失更大，官方报告中国军队死亡

第三十六章　日本殖民统治下的台湾

甲午战争后，占领澎湖的日军与当地民众

一万余人，实际伤亡远大于这一数字。单以嘉义以南，日军攻击扫荡村庄，不加选择，台湾百姓死者不计其数。有的村庄，尤其客家聚落，往往不分老幼，全数被害！有人"走反"逃入内山，死于饥寒疾病者，更不胜计。最不忍言者：台湾长久存在族群之间的争斗，在日军镇压之时，竟有人乘势侵夺他族聚落的土地田园，也杀戮妇幼，不留活口！

日本以优势兵力，确定了在台湾的统治权。台湾人民的反抗并未停息，延续逾年。在日本已经完全掌握台湾之后，仍有反抗的行动此起彼伏，例如西来庵事件便是规模较大之事件。到了 20 世纪初，台湾人民虽不再有武装行动，但希望能以议会选举取得参政的权利。林献堂等人的台湾文化协会、蒋渭水等人的台湾民众党，都是领导争取民权运动的；然而，不论是温和地向日本当局请愿，或是积极地组织民众，都未有效果。

自从 16 世纪起，台湾已是华南闽粤移民的开拓之地，当地原来居住的族群经过数百年涵化，已经融入人数较多的汉人族群。台湾民风方言，宛如闽南与客家的原乡。然而，这一移民社会带去的大陆文化，民俗成分深厚丰富，而社会结构则有开拓社会朴质粗犷的特色，大陆文化的上层部分还未在台扎根。

日本殖民台湾，曾经允许台胞离台迁回大陆。当时离去的都是地方缙绅，可谓社会的领导阶层。再加上日本改变台湾的土地制度，许多垦户失去了土地，原有的土地使用者（其实也是出租土地由佃户耕种的二级地权所有者，小租户）一变而为社会的上层，他们及其子孙接受了日本教育，多数是医生或律师，成为新的社会精英，台湾的社会结构及文化趋向遂为之丕变。

日本殖民台湾，遵照后藤新平的主张，采取逐步同化政策，一步一步地改造台湾。他计划之中，台湾人接受日本教育，但教育素质不能与日本人的教育相同，例如虽然重视台湾的中学设施，但在 1945 年日本退出台湾时，日本子弟专用的中学师资与设施都远远优于台湾百姓受教的中学。1922 年曾实施日台共学，但徒具形式而已。五十年来，台湾百姓不能选举自己的议会，更遑论选出帝国政府的议会代议士了。

按照后藤新平设计的日程，完全同化台湾人当在八十年之后。为此，日本有奖励台湾人的"皇民化"政策：全家讲日语的"国语"家庭，而又愿意供奉日本神社的"麻"者，则"晋升"为"皇民"，地位超过一般台湾人。然而，到1942年太平洋战争时，厕身"皇民"的台湾人不过百分之四。太平洋战争中，台湾人参军，也有人因此"晋升"为"皇民"，至战争结束"皇民"比率已到百分之七。按照这一进展速度，大约需要八十年，方可将台湾人完全同化。"皇民"可以担任公职，但是职级不高。日本殖民据台五十年，台湾人至多担任街庄级的职务，在警察系统也不过是"佐""补"类辅助之职；台湾人能在州郡级任正职者，五十年内，数人而已。甚至在工商业界，除了所谓"四大家族"（辜、林、陈、颜）拥有巨产，经营多方之外，大型企业（例如几家制糖株式会社）均由日本人经营。台湾人的事业不外地方性的运输、制造与服务行业。于是，已如前述，台湾的精英层是各地的医生、律师与中学教员，他们均以知识专业为生，接受了日本教育，喜爱日本转输的西方音乐与艺术。这批新兴的精英，即使有人是过去地方缙绅的后代，其文化内涵与生活价值均与其父祖等不同。凡此社会的改变，对于台湾的发展都有深远的影响。

> **后藤新平的"同化政策"**
>
> 后藤新平担任台湾民政长官期间,曾提出"生物学原则",认为治理台湾应该先了解台湾人,据此方能定出一套有效的管理办法。因此后藤新平积极推行各项土地、人口、习惯等调查。后藤新平避免极端的"同化主义",而是采取渐进的方式,在特殊统治主义和内地延长主义的争议之中,找到一个平衡点。他曾对一群医校台湾学生表示:"你们如果要求与已经三千年来对皇国尽其忠义的日本人同等待遇,则今后以八十年为期,努力同化于日本人。"

日本统治台湾,是在帝国扩张战略中作为南进的基地,也以其农业生产力支持日本本土("内地")的工业化。为此,日本治台政策是建立秩序,安抚人心,俾能有一个稳定的台湾,支持其"大东亚共荣圈"的扩张。从20世纪初,日本逐步推行建设计划,其中最有成效者,则为卫生、治安、农业生产几个方面。

台湾地处亚热带,气候湿热,常有传染病发生。日本殖民当局用不可抗拒的公权力,设置卫生警察,督责百姓注意公共卫生。于是为时不过十年,台湾已能排除霍乱、疟疾等大众传染病,也在相当程度上控制了麻风病与肺结核。

治安方面,殖民当局也以警察制度严密控制社区。警察

日本殖民台湾初期，"总督"后藤新平带领殖民地官员巡视山区

抗日义士被日本殖民者杀害

权力源于严刑峻法，不容挑战。日本法官来自日本本土，与台湾人并无个人关系的瓜葛，是以公正无私。法律严峻而能无私，不是清朝统治可以同日而语。

为了发挥农业生产的潜力，日本殖民当局致力于改良农作物品种，推广施肥、防虫，也有系统地建设水利设施。更在台湾设立大规模制糖工业及水果加工业，使农业与工业经过一贯作业，获得最高利润。凡此政策，不啻进行了全方位的农业革命。台湾竟可说是亚洲第一个进行"绿色革命"的地区。

日本殖民当局也在台湾推行普遍的国民教育，一般儿童都须接受六年义务教育。这一普及教育，全面提升了台湾百姓的知识水平。当然，前面叙述的几项设施，也必须有受过基本教育的人口，方能真正生效。

日本的殖民政策经过上述几项设施，使台湾百姓的生活水平及社会秩序，都有所提高。清末期虽有刘铭传着手进行若干建设，但台湾还是在开拓社会的阶段，公权力不能有效地保护人民。日治时代，台湾于十余年内经历了巨大变化。虽然台湾人至多只是日本的二等国民，一般百姓也已安于新生活，至于"晋升"为"皇民"的少数人，则完全认同日本，感激殖民者"赐予"的"现代化"。这一历史现实，大陆的中国人并不知悉，在1945年台湾回归中国，以及1949年国民党迁台时，大多数来自大陆的人也无法理解不少台湾人甘于被日本统治的心态，以致两个族群间长期的误解至今不能融合无间。

第三十七章

# 对于第二波西潮的反应

甲午战争之后,中国败于日本。对于中国,这次战败的刺激十分强烈!同样是东方国家,日本学了西方,居然一战击败中国!中国不能没有深刻的反省。另一方面,自从西人排闼进入中国,无论在经济方面,还是在文化方面,中国承受的外来影响,四十年来已由沿海深入内陆各地。西潮的冲击,连内地的乡村也感受到了刺激。在19、20世纪交替之际,中国爆发了戊戌政变及义和团事件,这两桩大事分别代表民众两种完全不同的心态。

甲午战败,光绪与维新诸臣都痛感不能仅以洋务为自强之道,中国必须全面改革政治制度。康有为、梁启超等人被光绪引为股肱,希望以维新迅速振兴中国。他们的理想遂从康有为多年鼓吹的政制一变而以日本明治维新为其模仿的对象。戊戌政变不过百日，即已失败。清廷反对维新的人士，又引义和团为助，冀望以本土民间力量驱除外敌，遂惹起八国联军侵华，北京失守，帝后出奔，中国离亡国不过一步。中国的戊戌维新不能如日本的明治维新成功，反罹大祸，的确令人扼腕，也不能不探寻失败的原因。

比较中日两国的成败，我以为牵涉许多因素。

第一，中国国土辽阔，人口众多，其中可称为社会领导的精英，千百年来均是志在科名的儒生缙绅。这一批人分散于全国各处，如以总人口百分之二计算，当时也已将近一千万人。他们思想保守，不愿因为改革而伤及自己的功名与前程。当时有志维新的人士，以全国各种学会的人数合计，也不过数千人，直接、间接投入维新运动的人数更少。而日本的藩士人口在总人口中占不了百分之二；当时幕府势力已衰，反幕的大名们属下藩士总人数虽至多千余，已足以引领风骚。两国情形相比，中国维新志士的人数实在不足以撼动大局。

第二，当时清廷文官系统陈陈相因，已是一个庞大的利益集团；维新诸臣由中级官员忽然提升，入参大政，哪能拉动这一巨大的官僚机器？况且，清廷官僚常有派阀门户之争，清末的南北官僚思想行为大相径庭。赞成维新的大臣以翁同龢为首，是南方人士，北派则有满洲亲贵及籍贯北五省的大臣（例如李鸿藻、袁世凯）。维新诸臣为年轻新进，而又以南方人为多数（六君子之中，只有杨深秀是山西人，其余均

## 第三十七章 对于第二波西潮的反应

为南方人）。南北对抗已久，维新派不能掌握官僚机器的运作。

第三，日本明治维新有西南强藩的武装力量为后盾，在与幕府对阵时，萨摩藩和长州藩两藩的武力乃是决定胜负的因素。中国自太平天国之后，湘淮将领占了地方督抚位置，但是当时直隶兵权在荣禄手中，袁世凯的新建军人数不足以抗衡荣禄。南方的督抚并不响应维新，甚至在帝后出奔时，南方督抚忸于君臣伦理，也只图自保，无人敢勤王劫夺光绪。维新之举遂成没有实力基础的空谈。

第四，慈禧在同治死后，挑选光绪继统；光绪自幼即由慈禧抚育。中国的母子伦常使光绪帝不敢逾越，更何况多年受慈禧控制，积威之下，光绪帝没有反抗的能力，也没有反抗的勇气。

由以上四个方面，造成戊戌维新运动的条件完全不能与明治维新相比。可是中国志在维新的人士对于日本的成功十分钦佩，以致一切都以日本为模板，希望照本搬演即可以获得同样的功效。戊戌变法颁发的一连串诏令，其项目与内容几乎未离明治维新六条诏令的范围。仅以这一点看来，戊戌诸人实践康有为理论之处不多，而抄袭日本明治维新之处较大。

尤有甚者，文廷式（珍妃的老师）曾与日本汉学家内藤虎次郎（内藤湖南）讨论，主张邀请日本人在中国政府任职，说不定中国的改革可以成功。内藤认为中国人才济济，而且不应引用外人代管政治。从这一番议论推测，若文廷式执政，日本不必等候袁世凯的"二十一条",中国已掉在日本掌握中了。

在明治维新同时,暹罗(今泰国)也进行变法。拉玛四世(蒙固特)与五世(朱拉隆功)两代相继推行新政,完全仰仗英国顾问设计执行,结果暹罗名义上独立了,实则等于英国的保护国。再从朝鲜东学党事件看,如果中国维新也导致新旧两派兵戎相见,犹如朝鲜大院君与闵妃(韩剧《明成皇后》的主角),日本坐收渔人之利,取得朝鲜,还加上甲午战争的战果。历史不能论"如果"(if),往事不能回头再来,此处的议论不过是指出历史的复杂,成败利钝,种种是非,不能一概而论。

古代希腊有"惧外"(xenophobia)一词,意指对于外人的疑惧。惧外的常态是深闭固拒,关门不理外人。然而也可以转变为两个方向:

一是由惧而生羡,转变为全盘学习,日本明治维新即是由闭关锁国,一变而为全盘西化,甚至脱亚入欧,文廷式与拉玛五世的心态也是如此。今日海峡两岸的中国人亦复如此。

另一转变,则是由惧外转变为仇外。戊戌之后,慈禧与满洲亲贵纵容义和团,即是这一转变的后果。义和团本身无非白莲教的残余,但是完全丢失了启示性教派的教义,只剩下卖弄神通的仪式。至于义和拳的武功,是华北农村练武的传统,为了健身与自卫双重目的,原本是好事。当时中国受外人欺侮太甚,一些投机分子(二毛子)又挟教堂势力胡作

第三十七章 对于第二波西潮的反应

非为,惹怒了一般百姓。义和团的成员未受过教育,因此不能抬出圣经贤传以自诩优秀传统,只能在有限的精神资源中,借民间信仰与传说中的英雄与神人当作祖灵神祇,以肯定自己的文化与族群归属。慈禧本人与满洲亲贵见识也不高,于是借刀杀人,终于酿成大祸。

这种由惧外与厌外转变为排外、反外、仇外的心态,在人类学上可以找到不少例证。近代许多西方列强的殖民地常有本土运动。健全的发展是寻求独立自主。也有走歪了的发展,则是以族群优越论调,转变为本土至上论,当年甘地的纺车救印度,是无害的一例。如果转变为某些激烈教派的"圣战",即于人于己均有害无益。处于甘地与激烈教派之间,则是高度夸张本土优越性,以自求安慰,终究也是一种阿Q式闭关的心态。

法国画报上的石印画，描绘"拳民"破坏铁路的场景

法国画报上的石印画,座中的日本女人和俄国兵正为"分赃"而争执不休,亦预示了随后的日俄战争

第三十八章

# 辛亥革命

辛亥革命成立了中华民国，中国结束了数千年的帝制，走向民主共和。这是中国历史上划时代的创举，在世界近代史上，与俄国革命和土耳其革命都是20世纪前段的大事。中国四周，都受到中国革命的鼓舞，英据的缅甸、法据的越南、日据的朝鲜和台湾地区，其人民都因为中国建立共和而引发相应的独立与民主运动。

民国成立了，中国并没有走上坦途。若与俄国及土耳其的革命相比，中国革命之后的发展却是几十年的颠簸起伏。

1912年成立民国政府，革命领袖孙中山即被逼辞去总统一职，让位于创设北洋军的袁世凯。袁氏窃夺革命成果，旋即称帝。孙中山倡议第二次革命，响应的效果不彰，却由蔡锷领导西南部的偏师兴兵护国。袁氏死后，北洋将领把持政

## 第三十八章 辛亥革命

权,掌握北方与东南诸省。山西、东北与西南诸省,则由当地军阀纷纷割据。军阀之间还不断攻伐。孙中山在广州立足,实力不足,号令不行,仰仗粤、桂、滇军的鼻息,仅仅能在名义上维持革命力量的一缕希望。

俄国的1917年革命,几经转折,由列宁领导的布尔什维克建立了苏维埃联邦。当时的共产国际志向不限于在俄国建立苏维埃,还注力于推动世界别处的共产革命。对于中国,共产国际有浓厚的兴趣。孙中山遂与共产国际合作,联俄联共的策略使国民党有一外援,却也种下了后来国共斗争的因缘。

1925年孙中山逝世,中国还处于分裂局面,中华民国建国的理想——成立一个民治、民有、民享的共和国——还是未能实现。中国须在蒋介石领导北伐、建都南京之后,始出现形式上统治全国的政权。然而在实质上,南京中央政府号令所及,也不过长江流域中下游及沿海诸省而已!这一段历史,将在另一章中讨论。

从1912年到北伐时期的中国,借用孙中山遗嘱中的话:"革命尚未成功,同志仍须努力。"参加革命的人士也大多同意这一评价。20世纪末,有学者在讨论辛亥革命的意义时,认为那时候的中国如果不经革命的剧变,却经由立宪运动逐步演化为宪政体制,即使有一虚君也胜于经历多少年的反复暴力革命。无论孙中山临终时的认知,抑或是我们的同感,都是辛亥革命并未成功。

为此，我借土耳其发生于 1908 年的革命先作分析，然后以此与孙中山领导的革命比较，或能观知一些成败的契机。

土耳其革命前，原是中东奥斯曼土耳其帝国的核心部分。这个伊斯兰教帝国曾经显赫一时，却在西方列强侵侮下奄奄一息，离亡国只差一步而已。清帝国与奥斯曼土耳其帝国被当时的西方分别称为"东亚病夫"与"近东病夫"！"青年土耳其"（Young Turks）运动即是在这一背景下，由一群青年人尤其青年军官发动的革命运动。当时奥斯曼土耳其帝国的政权已经疲弱无能，不堪一击。"青年土耳其"联合内部各种力量，推翻了苏丹政权，成立土耳其共和国。土耳其自革命以来，即是伊斯兰世界唯一摆脱宗教影响的共和国，也是中东地区最为安定的国家。土耳其革命虽由青年军官发动军队起义，却是诸种力量的联合行动，包括当时工商业间的领导分子、农村的社区领袖、教育界与文化界的新知识分子及伊斯兰教中主张比较温和的教士们。他们制定宪法的过程并不草率，而是经过相当深入的讨论，始确立了这一国家大法。凯末尔是重要的领袖，但不是唯一的领袖，他还必须与"青年土耳其"以外的其他团体合作，始得有安定的局面，可以一方面抵抗外力压迫，另一方面让土耳其的新共和国逐步演进为适合土耳其历史与文化背景的宪政体制。

从土耳其的情形回头看孙中山领导的革命，我们立刻就能注意到：孙中山从来就不能有平等合作的伙伴。远在兴中

1914年，孙中山于中华革命党成立大会时与同志合影

1924年，孙中山于韶关誓师北伐并检阅国民革命军

会与同盟会阶段，革命党与康有为、梁启超等人不能合作，两者都有共同的敌人清政权，两者都有共同的目标宪政体制。但是这两股力量彼此敌对，在辛亥革命之后，北京的议会中，宋教仁领导的国民党议员也不曾与梁启超等人代表的进步党等力量合作，同心对付袁世凯。

在不同的阶段，孙中山曾经借重在美华侨工人、华南及海外的会党、华中的会党以及留日的中国学生，最后则是由华中会党渗透的湖北新军打响了辛亥革命第一枪，在武昌举起了革命大旗。然而，在辛亥革命以后，这些力量的代表人物除了留日学生外，并没有继续参加孙中山领导的民国政权，也没有参加反对袁世凯窃国之后的革命运动。

他的重要伙伴黄兴曾经指挥过多次武装革命，但在孙中山改组革命党时不愿宣誓效忠于孙中山一人，从此未再参与后来的行动。孙中山永远是追随者的"先生"，不是可以规劝的朋友。

孙中山从早期开始，即自居与人不同的领袖，是以"总理"一衔旁人不能用，在广州时，还曾有过"非常大总统"的名号。共产国际帮助孙中山改组国民党时，他自然地接纳了权力集中于党魁的制度。

土耳其革命从头即注意制定宪法。孙中山领导的革命经常是以口号代替理论，例如早年的"驱逐鞑虏""平均地权"，后来的"护法"等；在广州时，他才详尽地演绎三民主义理论及建国大纲，为中国发展描绘蓝图。在这时，他又制定了"军政、训政、宪政"三阶段来建立民主宪政,其中"训政"的观念其实与民主精神是相悖的。

在革命之后,国民党即成为专业党员的政治团体。党员的任务即是以这一政团取得政权,俾在其领导下实现民主宪政。于是,当国民党与军阀们斗争时,国民党主要的工作是为争取党员入党,却不在意于听取其他人士的观念吸纳为国民党的主张。是以,在"二次革命"时,国民党只能在有限几处地方短期建立地方政权。国民党没有在各省鼓励协助当地的精英,即使他们不是国民党人,也帮助他们逐步取得地方政治的发言权,由此而得到当地的领导权。反过来,若干省份的军阀竟往往获得地方领袖的支持,由此掌握了这些省份的资源。

以上讨论,对于孙中山无疑是"责备于贤者"。正因为孙中山在推翻帝制大业有极大功勋,正因为他是千古罕见的"贤者",此处方有如此严格的求"全"、求"备"之责。毕竟,国民党后来延续的个人寡头政治及由此而起的集权于一人,都与此处指出的情形有不能分割的关联性。

成也萧何,败也萧何!孙中山缔造了领导中国革命的国民党,孙中山的个人作风也为国民党种下了痼疾的根源。

第三十九章

# 19世纪中至20世纪初的世界大势

19世纪中到20世纪初,全世界的情势发生了急剧变化。第一次世界大战的爆发,结束了近代前期以欧洲为中心的国际形势。这一次大战历史上称为欧战,正是反映了当时的世界形势,由欧洲列强在欧洲的斗争跨入列强在全世界的斗争。

假如以1860年左右为断代的界线,世界各处的变化已呈现未来大势的端倪。在这一时间点以前,欧洲列国的主要成员,奥匈帝国(神圣罗马帝国的后身)及地跨欧亚的奥斯曼土耳其帝国在民族主义的浪潮下已经逐渐衰落。第一次世界大战后,这两大帝国在历史舞台上隐去。相对而言,欧洲的东部,尤其是巴尔干半岛,出现了许多新兴的国家,此时新秩序尚在成形,很难稳定。因此,巴尔干半岛成为欧洲大战的爆发点，1914年6月28日，奥地利王子费迪南德被塞尔维亚民族主义者刺死，全欧各国一个接一个都卷入这一为时四年、死亡以千万计的世界大战。战争结束时，欧洲原有的列国秩序即已完全改观。

19世纪后半段，英国逐渐崛起，遂执世界列强的牛耳。在大洋航道开通后，欧洲列强伸张势力，遍及非洲、美洲、亚洲及广大的海洋地区。那时列强在欧洲以外的势力，还是由西、葡、英、荷分别占有殖民地及航线上的据点。19世纪下半段，英国脱颖而出，抢得全球战略位置的优势。同时，美国、俄国、日本分别发展为地区性的霸权国家。

英国取得印度、新加坡及中国香港之后，从英伦三岛东来，穿越直布罗陀海峡，通地中海，经过苏伊士运河及红海，入印度洋，以此可在印度次大陆诸港，经过马六甲、新加坡，入太平洋，到达香港，所经之处都是英国米字旗在飘扬。

在非洲，法国从拿破仑时代起即已经营埃及、苏伊士运河，这本是法国人创议的计划；法国于1858年开凿运河，1869年通航。英国乃于1875年取得运河公司股份，1882年取代法国，控制了地中海出海的通道。英国通过两次布尔战争，夺得了荷兰移民开拓的南非。于是，英国由北到南，实质上占据了贯穿非洲的战略地位。

在中东地区，奥斯曼土耳其帝国这一伊斯兰文化圈的大国，内部既有教派的分歧，又有不同种族的矛盾，本来就不稳定。英国与德国都想掌握中东地区，以便经过陆路进入东方。

英国利用上述奥斯曼土耳其帝国内部教派与种族的矛盾,分解了帝国,将帝国切割为伊朗、伊拉克、阿拉伯地区与地中海东岸地区亦即广义的巴勒斯坦四个互相斗争的大地区,又在各地区内鼓动族群,成立许多小单位,尔公尔侯,互不相让。英国采取"分而治之"的策略,掌握了中东地区,将这一地区与印度次大陆、中亚腹地直至西藏高原连成一大片英国的势力范围。从那时开始,直到今天,这一大片土地,时时纠纷不断!这都是英国扩张势力大战略的后果。巴蛇吞象,奥斯曼与莫卧儿两大帝国竟被英国消耗无余!

在美洲,十三州独立,英国却仍握有加拿大;在南方海洋,英国据有澳大利亚与新西兰,都由英国移民鹊巢鸠占,取代了原来居民,成立殖民政权。环顾世界,英国的确组成了"日不落帝国",其疆域分布之广,为历史上所仅见。

这样一个庞大的大英帝国,欧洲已不足以限其足迹。但是,英国为了掌握霸权,不愿见新兴的德国与俄国也崛起为一时强权,是以英国在欧洲结好世仇法国以制衡德国,在东方扶植日本以削俄国左臂,于日俄战争时帮助日本消灭了俄国东来增援的舰队。

另一巨强美国则在19世纪下半期迅速崛起。美国内战之后,国体稳固,足以发挥其潜力。19世纪中,美国西岸发现黄金,淘金狂潮吸引了许多移民西行。美国于1862年开放内陆,招徕欧洲移民,一步一步充实了内陆,增加了富源。再以建筑铁路网,将东部、内陆与西部联为一个整体。美国从法国人手中买下南部路易斯安那等广大地区，从俄国购入阿拉斯加，斩断了俄国在新大陆发展的机缘。又通过战争，从墨西哥夺得得克萨斯及西南诸地。凡此开拓，有些是有所预谋，有些是机缘巧合。总之，美国拥有当时全球最大的处女地，地跨两洋，富有资源，进可以攻，退可以守，自然成为一时新兴的大国，也开启了此后世界霸权的气运。第一次世界大战，当交战双方战得难解难分时，美国参战，遂决定了胜负。潘兴（John Pershing）率军到法国，"我们来了！"一句，表示了美国报答法国帮助其独立之恩，这是美国成为世界巨强的第一次啼声。

俄国的发展是另一形态。莫斯科大公原为蒙古金帐汗国（钦察汗国）收税，取得了实质上的统治权。彼得大帝时，俄国大展宏图，迅速成为东欧的强国。俄国向东开拓，则在中国清初即已开始。原在顿河地区放牧的蒙古土尔扈特十余万人，不愿受俄国压迫，举部东迁，乾隆皇帝还派大军迎接土部返来。但是，俄国东向扩张的行动，似乎未为清廷所注意，甚至喀尔喀蒙古（今蒙古国）也未曾有所警惕。俄国遂沿喀尔喀蒙古的北面布里亚特地区，一步一步向东开拓其势力。直到接近北满，筑城于雅克萨，清廷方加以阻止，但也没有拦阻住俄更向东北的扩张。于是，由乌拉尔山至堪察加半岛，大片地广人稀的北亚冻原均属俄有。另一方面，俄国由乌克兰南向发展，收中亚北部的腹地，即当年伊斯兰势力发展时所谓"呼罗珊"之地，再由此扩张，终于将黑海以北

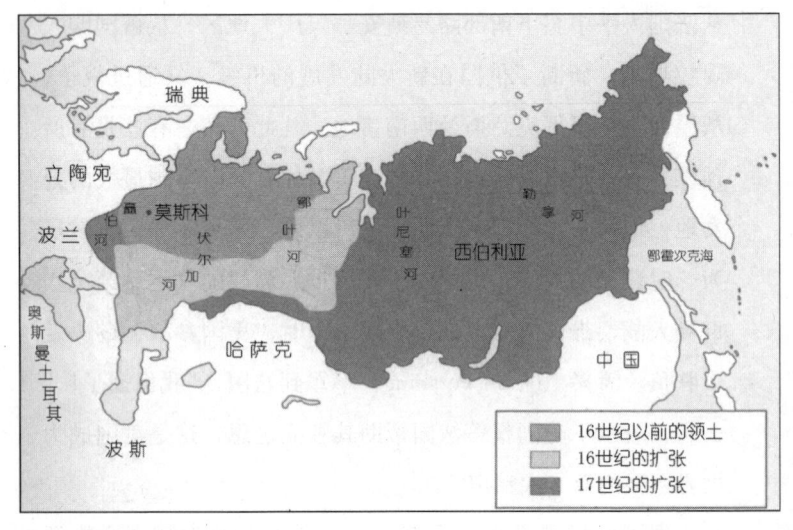

俄国向东扩张示意图

帕米尔以西的广大土地均纳为其所有。若是清廷当时未曾努力经营今日的新疆，这一大片旧日"西域"的土地，也难免归于俄国之手。

俄国拥有东方疆域之大，亘古少见。这些土地，尤其西伯利亚一带，气候寒冷，无论农牧均不适宜。然而矿产、黄金、林木资源则极为丰富。中亚内陆富于石油及天然气，在今日尤为重要资源。俄国疆域广袤，本身即是成就大国的条件。在拿破仑侵俄时，悬军深入，大败而回，即是俄国以空间深度赢得了胜利。俄国也时时冀望向西开拓，波兰即经常被俄国侵略。然而，中欧的德国与奥匈帝国挡住了俄国的西向。俄人还想由西伯利亚南犯中国，而且在清末已发展东北（满洲）为其势力范围。日本兴起，于日俄之战中，日本得英国奥援击败俄国，中国东北遂沦为日本的势力范围。中华民国成立，俄国伸展势力于外蒙古，第二次世界大战后，外蒙古号为独立，实质上为俄人据有。俄国的崛起起步晚于欧洲其他国家，却因其"后院"广大，中国又未在北方注意经营，俄国遂有隙可乘，短期内居然蔚为大国。

日本是19世纪后期才崛起的强权国家。日本地居亚洲大陆外海，中国又是大国，相形之下，日本原无崛起的条件。然而因缘际会，明清两代的中国已是文化僵化的古老国家，却又自居"天朝"，全无戒慎恐惧之心，遂予日本扩张的机会。其实，日本不甘于长居附属地位。丰臣秀吉早在侵朝之役中已有征服中国奄有海陆的野心。在近代，日本学者常以日语是乌拉尔—阿尔泰语系之一为由，以为征服北亚包括满蒙是其权利。日本又自诩为东亚文化圈中最为优秀的一支，应可取代中国，以建立"大东亚共荣圈"中新的"华夏"地位。西方势力东侵，日本更以领导东亚击败西洋为其责任。是以，当年吉田松阴、福泽谕吉诸人都鼓吹日本应当取得中国大陆及南洋海域。明治维新之后，日本前后击败中国与俄国，获得朝鲜、中国台湾，并在中国东北（满洲）发展特权势力。日本以为其大战略已逐步实现，次一阶段的并吞中国与南进太平洋诸岛则是其在20世纪尽力达到的战略目标。若是日本没有悍然发动太平洋战争，而全力攻略中国，以当时中国的国力,还是难定成败。

在上述四国中,欧洲内部,法、德都是大国。德国统一日耳曼诸邦已经成功,威震中欧。但其海外扩张则因为起步稍晚,已不能与英国的强势竞争,德国甚至不能取得有用的海外领土。德国的实力在于其统一日耳曼诸邦的强烈意愿,以此建立了强有力的国家机器,是以迅速有效地动员国力。20世纪工业化快速发展时,德国的科技与工业发展能有高度成功,于是德国俨然成为欧洲大陆最强大的国家。英国惧怕德国终将统一欧陆,遂于普鲁士已经强大时放下与法国的长期敌对关系,转而联合法国以制衡德国。在19世纪至20世纪,法、德不断冲突,普法战争和日后两次世界大战的战线均由法、德交锋开始。

法国是西欧大国,自视甚高,睥睨当时的太阳王路易十四、横扫欧陆的拿破仑,均是法国人念念不忘的盛世伟人。19世纪到20世纪,法国忙于欧洲内部的斗争,海外扩张所得无几。法国在新大陆美洲的殖民败于英国,最后剩下的不过东部加拿大的法语族群,还是必须与英裔合作组织国家不可。在东方,法国取得肥沃的安南、老挝与柬埔寨,但侵犯中国的福州与台湾都没有具体的收获。倒是在地中海地区,法国取得北非沿岸的阿尔及利亚与中东沿岸的黎巴嫩。这几个地区均有丰富资源,尤其地中海东、南两岸与法国本土里维拉海岸合起来,法国俨然成为大半个地中海的主人。法国在海外的势力也与天主教教会传教活动结合,通过以护教自居,在中国内陆各地以及云南等处均有特殊势力。

以上所述六个大国的扩张与彼此之间的纵横捭阖,实是19世纪下半期到20世纪初期世界各地战争与和平的关键。另一方面,这些国家欺凌与压迫其他国家的后果,则是各地都有强烈的民族主义出现。终于在20世纪后期,第二次世界大战之后,许多族群实现了民族主义的诉求,激起一批又一批的独立建国运动。19世纪以来,六个强国挟西潮涌入世界各地,也将全世界卷入西方文化的扩张与深化中,为此后经济与文化的全球化铺设了基础。

第四十章

# 从五四运动论自由与民主

五四运动是中国近代史上的大事。此事的具体过程，教科书已有叙述，此章则是从不同层次讨论这一史事的性质及其意义。五四运动当可分为三个个别的事件：一是1919年5月4日的学生集体抗议，一是白话文运动，一是新文化运动。后两者之间关系密切，但也各有重点。

1919年5月4日的学生运动，是由于第一次世界大战后的和约中，中国的领土主权为列强自行授受，中国没有发言权，而当时的北洋政府竟指令出席和平会议的代表签字接受；于是学生罢课集会，抗议北洋政权丧权辱国。这一案件，由于北洋政府内部权力斗争，阴差阳错，遂有签字接受的训令。有些当事人，如陆宗舆，则因职务关系首当其冲。学生示威，将有关诸人一概骂成汉奸，其实不无冤枉。当日行动，既打

## 第四十章　从五四运动论自由与民主

人又放火,则是群众情绪易发难收,实为群众运动之所难免。

至于五四运动在当时的影响,则是经过学生们在首都联袂而起,全国各地都有响应,遂使北洋政府的威信扫地;更为重要者,全国各地城市中的学生与一般市民结合为抗议的群众,呈现出所谓"市民意识",将过去书生抗言论政(如清末"公车上书"一案)改变为群众的性质,也采取了前所未有的方式。如以欧洲历史上所谓"民众社会"而言,中国至今还很难说有同样的公众空间,1919年的五四运动至少呈现了公众空间的潜力。至于后来数十年,一个强大的公众空间竟始终不能顺利地形成,当与中国的政权前后由两个政党掌握,国家机器的威力不容社会力有凝聚的机会有关。于是,从五四以来,中国还有1946—1948年内战期间的学生运动,无不是青年学生站出来为社会发言,与国家机器冲突。只见一次又一次的动乱,却不能出现理性对话的机制。

在白话文运动的层次,虽然也以五四为名称,实则早在胡适之先生等人在美国留学时即已发轫。这一文化运动是延续的努力,不应以某一天的事迹为其代号。在中国近代文化史上,白话文运动毋宁是成功的。至今已有三个时代使用白话,成为中文的交流媒介。若没有白话为中文的主要载具,全民识字教育未必能够顺利开展。这一大事,胡先生及其同侪功不可没!然而,我们也必须体认,白话文字的出现远远早于这个运动。元明至清代,戏曲话本都是以当时的口语书写,以至文人撰写的故事与小说,例如《红楼梦》《儿女英雄传》

《七侠五义》等,哪一本流行的作品不是白话文?这一洪流巨潮,早已有其澎湃之势,必然会取代文言文,只是时间早晚而已。

另一方面,口语与书写文字终究有相当的差异,无论如何通俗的文字还是做不到"我手写我口"的全盘反映。再者,文字传统有一定的延续性,雅言进入文字在所难免。是以今古文字之间,不可能截江断流。严格说来,任何书写的语文,都是精练、人为的造作,不可能是十足的通俗口语。我们如果以为文字与白话为完全不相关涉的两种语文,终究也是无谓的执拗。

五四运动的第三个层次是新文化运动,当是胡适之先生及其同侪最为关注的一环。那些对于生活态度的讨论,例如胡适之先生对中国人凡事马虎的"差不多先生"论、鲁迅批判的阿Q精神,以至提倡女权、反对家庭与宗族权力等,大大小小项目众多,难以一一在此讨论。一言以蔽之,胡适之先生坚持的乃是个人主义,并且以此立场论述自由的定义,也期许由个人的自由作为个人的政治权利与相对于群体的自主主体权利。当时新文化运动指涉的自由,毋宁与西方的自由主义有相同的观念,却因为转译的偏差,一般人对于自由的理解,变为"不受拘束,自由自在"。

追溯自由观念在西方的起源,欧洲启蒙运动及法国大革命时代的自由,是反抗天主教会对思想的控制,也反对封建领主对人身财产的控制。在19世纪时,自由主义是个人对群体（如国家、家族）要求自主权；而在20世纪时，自由主义的定义却又倒翻过来，成为以公平公义的原则，由公权力纠正贫富差距，扶贫救国。正是由于这一转变，我们理解自由一词，从其"不受……控制与约束"转变为"免于饥饿"的自由、"免于恐惧"的自由等，保障不受负面遭遇的权利。是以19世纪社会优势人士（例如富人、贵族）要求不受公权力约束，应让人人自由发展，一变而为20世纪时社会公义思想要求公权力保障，使任何人有其基本权利，而不致在不公平的竞争中，强者占尽便宜，弱者得不到机会。

这一转变，意指社会作为一个整体应有一定的和谐与公平，因此对社会成员可以有一定的约束与节制。个人是群体中的一员，个人也与别的个人同存共存；是以个人与群体及个人与别的个人都有相应的自由与节制，即有相对的权利与义务。新文化运动鼓吹的自由，因为有不受拘束的观念，遂只是有限度地反映了19世纪的自由观念，未能阐述20世纪的自由观念。

新文化运动提出的民主与科学（德先生与赛先生）两项诉求，影响中国知识分子的思想形态极为深远。至今日，民主一词已是全球政治体制的共同趋向，科学也是人类追寻知识的共同途径。

回顾这两项诉求，我们都须再加考察。民主其实不能仅是由全民投票选举、少数服从多数那样简单的方式。群众以至其多数、无理性的施暴，从古代雅典的排斥贤能到法国大革命雅各宾党的屠杀,以致近代中国累次运动造成的后果,历历在目。美国立国之初,法国政治思想家及历史学家托克维尔(Alexis de Tocqueville, 1805—1859)访问这一年轻的共和国,即指出其未来会迎合民粹而出现民主政治的庸俗化倾向。瞩目数百年来民主政治发展的种种模式,我们已经知道,民主不能纯仗计算选票数字,多数不应强暴少数,而各种不同意见的协商与折中,也许更能顾及最大多数人的最合理的福祉。

至于引入赛先生,这一诉求原是人类追求知识的大势。可是在中国,科学主义弥漫于人心,"科学"两字被当作信仰。很多人以为科学呈现的知识即是绝对的真理,竟不知科学是不断在假设与求证,不断地验证与开拓,是永无休止的求知过程。科学不能如巫师挥动魔杖,成为解决一切问题的千金方。胡适之先生提出了赛先生,他也特为说明,大胆假设与小心求证,亦即阐释研究是一个过程,不是一个结局。

然而,在新文化运动开展,介绍西方文明中的民主与科学时正值19世纪末至20世纪初,西方近代文明还充满乐观,以为西方正在发展的制度代表了人类文明的最高境界,全世界的其他地方也必然由落后进化到西方已达到的境界。这一共识,实际反映了当时"社会进化论"的思潮。但是,现在我们逐渐了解,达尔文的生物演化学说其实在陈述生物种类应因环境而不断分化衍生(evolution),不能直接由生物学上的现象转化为人类社会发展的过程。每一个人类文明系统,都是该人群从其环境与历史背景发展而成，各有特色，也代表人类众多成就中的一部分。人类并未经历独一无二的发展路线，也无须将每一人群强纳入同一模型之中。不同文明系统，在其个别的发展过程中，曾经有过许多次互相影响与适应的转变。这些转变使人类文化多彩多姿，开发了更多的可能性，俾后人采择。"全盘西化"的口号毋宁排除了适应与修改，使选择的途径狭窄了。当时，在主张"全盘西化"的声音外，还有一些人主张对于中国文化及西方文化都须有严肃的检查精神，庶几知己知彼，选择较为妥善的途径。可是，这些声音声势不如"全盘西化"的论调，遂使中国几十年的发展，常在邯郸学步。

今日讨论五四运动，的确感慨万千。当时的爱国活动，在外患不绝之时，终于凝聚为中国强烈的国族主义。中国在日本侵略时，借这一国族认同撑过了难关，却也因此许多人置个人于度外，为了群体放弃了自由。五四运动的一个层面，遂与另一个层面对冲。这真是历史的吊诡！五四全盘西化之论此后在两岸又次第成为话题。大家却未注意，中国文化已经分崩离析，除了饮食中的一小部分，实在所余无几，但是邯郸学步，学到了哪些？民主固不必多言，科学主义导致的新迷信，不仅见诸学术界，也见诸人人：只要可以列举数字，即似乎保证了正确与真实。今日的世界正在走向全球化，我们要求存在，即须有更多、更认真的省察，不能永远停留在口号式的思考中。

第四十一章

# 北伐与十年建设

孙中山去世后,在广州的国民党已成气候,难以偏居南方的政权,居然举师北上,打垮了盘踞北方的北洋军阀政权。北伐之后,至少在名义上统一了中国;对内对外,中国有了一个大家都能接受的政府。当然,定都南京的国民政府,其实号令所及不过东南地区、长江流域及沿海诸省,建国能用的资源也全在这些地区。

北伐能够成功,蒋介石的国民党以为是黄埔建军的成果,桂军系统以为是该军的战功,冯玉祥系统以为是在北路的牵制等。这些不同的说法,因人而异,也许众多机缘的凑合,始奏厥功。

在这些因素之外,国民党的号召代表了中国人的盼望。虽然孙中山在广州依靠地方武力,仰人鼻息,也没有可足以称道的政绩,但是他提出的理想确实不是北洋政权的领袖所能够提出,而正是许多中国知识分子及城市居民向往的新境界。孙中山在广州曾系统地演绎了他的理想:中国应有一个民治、民有、民享的国家,而其政府则在三权鼎立的模式外,还有两个独立的权力——继承中国文官传统的监督权(御史纠弹)与人事权(考试与督责)。在那个时代,资本主义的弊病已受到社会主义的挑战,孙中山将自由经济与公权力节制配套的观念有其及时的特色。五四运动既是中国人国族主义的表现,新文化运动又强力地提出了革新的方向,这一运动波澜壮阔,弥漫全中国。五四运动与国民党的号召并无彼此参与的关系,却有互相呼应的效果,为北伐铺设了民意基础。

北伐的军力,即使蒋、桂、冯、阎四个系统合计,其实还是不及北方军阀的实力。北军不堪一击,正是反映了他们已无斗志。更须注意者,北洋政权的组织系统继承了清朝旧制,徒有新的官职,并没有被整合为一个现代化的政府组织。相对而言,广州的政权至少在财政方面建立了一个能调动资源的中央银行,可以动员东南及华南民间的财富。蒋介石有了丰厚资源的支持,遂能在群雄之中脱颖而出,成为国家领袖。大陆学者对于这一段历史,往往描述为东南财阀支持蒋介石。平心而论,当时东南地区以上海为中心,华人财富虽在中国为集中之地,也未必有哪几个集团具备财阀的实力。我们只能说,东南都市经济聚集的财富为中国之最,而蒋氏以中央银行为机制，能够调动财富为其发展资本。

从北伐到七七事变全面抗战，中国有大约比较安定的十年，得以为建设国家奠定一些必要的基础。说到安定，也只是相对于其前此数十年的扰乱而已。这十年内，内有冯、阎联手反蒋及国共在江西的战事，外有日本一次又一次制造事件，侵夺东北、冀东、内蒙古各地，并在济南、上海挑起战争。这些内忧外患纷至沓来，中国人没有喘息的日子，甚至国民党政权内部也时有分裂，南京的国民政府其实并未真正稳定。

南京政府能在十年内确立为中国合法政府，并且还能进行建国的奠基工作，其最大因素在于获得当时大批优秀人才，这是中国发展成为一个现代国家应有的配套措施。

国民政府定都南京，号令所及的地区包括上海与东南、华南及华中的腹地。这些地区正是清末"中兴名臣"曾国藩、左宗棠、李鸿章及稍后张之洞等人经营的两江、湖广、闽浙、两广四个总督的辖地。中国五口开埠以后，外来影响集中的都市上海、广州、福州、厦门、武汉也都在这一地区。中国近代"洋务"的建设，包括江南制造局、马尾船厂、汉冶萍铁厂以及与之同时兴办的各科学校，加上外国人在华兴办的学校，也都集中于这一地区。在这一地区之外，只有北京、天津与东北，还有一些现代实业与学校，但其数量不及东南、华南与华中各地。再加上上海是全国出版业最发达的城市，清末香港与广州还有一些外国人设立了印刷与出版事业，到了 20 世纪初，上海的出版事业占了全国最大的一部分。

## 第四十一章 北伐与十年建设

凡此，学校与出版事业是建设国家必要的资源，有此依据，国民政府遂能吸引当时受过现代教育的人才，为其训练下一代的人才。在那十年内，不仅已有的大学扩大了也充实了，全国各处还增设了许多大学与专科学校。在南京时代以前，中国各级学校散处各地，却没有一个完整的教育体系整合各级教育资源。在这十年内，虽然学校数量不足以为全中国人口所用，但在质量与制度方面，则已有了较为一致的水平与规制。北伐以前，全国接受大学教育的人数，各级年龄群合计为数不过数万，而在全面抗战开始时，全国在校就读的大学生人数已经逾万，十年累积的大学毕业生为数十万人，受过中学教育的人数，十倍于大学毕业生。这一大批曾接受现代教育的人力资源，是20世纪此后数十年建设中国的种子，由他们又教育了建设中国的主力。

国民政府创设了中央研究院，还在几个优良大学设立了研究单位。中国遂在教学之外，还集合了当时才智之士，投入开拓知识的研究工作中。在十年之内，考古、地质、经济、数学几门学科都有卓越的研究成绩，置之世界水平也不逊色。在物理、化学及相应的工程科目，也有杰出的研究人才达到世界的顶级水平。没有这十年奠定的基础，嗣后数十年不会有继长增高的成果。

还有不少受过现代教育的专业人才，投身专业工作的部门。在金融与财政方面，中国有了粗具规模的管理系统，使全国财经有一彼此相通的网络。虽然关税还是在不平等条约的约束下由外国人管理，但是由清代延续到各地的割据势力都恃为利薮的厘金（内地过关卡的税捐）终于废止；全国邮、电、港口及道路管理，也已纳入同一规范。最堪注意者，是有一大批专家在"资源委员会"这一单位之下勘查中国的资源，设计规划以开发这些资源，组织与管理国家设立的生产事业。当时中国并没有苏联或德国那样的"五年计划""十年计划"，却有由这些专家为中国组成今日所谓技术官僚（technocrats）的队伍。这一传统，经过抗日战争、战后复员与嗣后台湾建设，技术官僚们的功绩不可埋没。而且，他们还一代又一代地传承，到台湾后，严家淦、尹仲容、李国鼎以及他们的部属都是从这一传统延伸而来。

在民间，这比较安定的十年来也有可观的发展。第一次世界大战，欧洲列强忙于战争，他们在华投资的企业大都为此萎缩，中国的民间企业家秉借上述的条件，筹集中国自己的资源与财力，发展了一些产业。例如，上海周边地区的棉纺业与面粉业，不仅在江南发展，还由江南扩散到武汉、青岛、济南等处。天津地区的化工工业，供给中国生产各种原料等。这些工业以今日的标准看，规模都不大，却是中国由无到有所发展的日用品的产业。凡事开头难，没有这些小小的基础，中国也不易有进一步的发展。

以上所说的情形，是中国近代史上一段值得纪念的时期。当时中国人如此地投入其心力于国家建设，并不是由于当时国民政府有系统、有计划的规划，毋宁是由于中国人寄希望于一个新的全国性政权不同于北洋政府及一些地方割据势力,大家盼望这一个新政府能执行孙中山承诺的理想及其描述的愿景。正因为有此盼望,全国上下都心甘情愿地尽一己之绵力。

蒋介石因缘际会,为众望所归。这一全国的盼望给予他全国领袖的威望,使各地地方势力虽不甘愿,还是不得不尊南京为中国统一的中央政府,即使中国共产党也在七七抗战开始时宣称接受中央的号令。在当时,蒋介石却有擅权的私心,发展了仿照德国纳粹、意大利法西斯等模式的集权机制,虽在短时期内为他排除了异己,定于一尊,但也使中国沦入集权专制的统治,终于导致蒋政权在1949年的崩溃。蒋介石曾是中国人希望所寄,他却辜负了民众,终于给历史留下了失望。

第四十二章

# 两次世界大战间的世界形势

第一次世界大战结束,世界并没有得到和平,却孕育了第二次世界大战的祸根!不论胜利者还是战败者,欧洲已被这次战争弄得民穷财尽。当时,战败的德国必须偿付巨额赔款,工业也大受破坏。这一全面性的灾害,使欧洲经济受创甚巨,德国马克的大幅贬值,尤为史无前例。1919年《凡尔赛和约》预伏了更多的仇恨。当时创设的国际联盟,并不具有维持世界和平的威信。列强只是稍微喘口气,又在准备下一轮的杀戮。

两次世界大战之间,最显著的现象乃是以国族生存与荣辱为号召,包藏野心的领袖们在许多国家借民心的怨恨与愤怒,集中权力于集权专制的政治体制,带领群众让国家走上奴役、战争与毁灭之旅。德国、意大利、日本、西班牙等国一个一个地走上了这条道路。

俄国在大革命之后实行共产主义,在西欧困难时,列宁实行新经济政策(1921),苏俄经济稍得复苏。他去世后,斯大林取得政权,以高压政策推动农业集体化,全力实行五年计划,促成苏联工业强大的生产能力。

意大利的墨索里尼以工团主义于1922年取得政权,担任内阁总理;1925年,法西斯党修改宪法,墨索里尼取得"领袖"的头衔,实行独裁统治,以恢复古罗马的光荣为号召。他对内专制,剥夺国民言论与集会的权利,对外侵略邻邦。意大利国力不充,却耗费大量资源于充面子的建筑及世界杯足球赛。意大利没有真正强盛,德意结盟号为轴心,意大利转而成为德国的小兄弟。

德国在第一次世界大战失败之余,国家困穷,人民愁苦。希特勒利用德国人的怨愤,先以合法选举取得纳粹党在国会的多数席位(1933),再进一步操弄民意,取得独裁的权力,自号为"元首"。他以日耳曼人优秀人种为号召,又以"犹太劣种"为替罪羊,清除杀害六百万犹太人。他以此立威,也以此建立了一个极权专制的政权,重建德国的工业,驱使德国侵略莱茵河区,并吞奥地利与捷克的苏台德区(1938),后又全面侵略波兰,欧洲战场的世界大战于是爆发。

西班牙早已不是欧洲的强国,但是佛朗哥夺得政权(1936)后,得到军人、地主与教士的支持,长枪党徒全力打压工人与知识分子的左派力量。西班牙内战(1936—

> **苏台德区问题**
>
> 苏台德地区邻近德国东部，在第一次世界大战前原属奥匈帝国，战后帝国解体，日耳曼人居多的苏台德区划归刚成立的以斯拉夫人为主的捷克。民族问题成为该地区引起国际关注的焦点，尤其是以民族情感为诉求的纳粹德国。1938年，希特勒以此为借口，德捷冲突眼看爆发。为之召开的慕尼黑会议，在英法等国的绥靖政策下，牺牲捷克，同意将苏台德区与德国合并。次年德国更进一步占领捷克，第二次世界大战终不能避免。

1939）中，苏联及共产国际支持左派，德国与意大利支持右派。美国的左派青年组织志愿军赴西班牙助战，西班牙内战竟成为嗣后第二次世界大战的预演。

日本在明治维新之后，本有发展民主政治体制的机会，"天皇机关说"已将天皇的神性转变为国家元首的位置，如无后来的变化，日本可以有机会实施英式内阁制的民主政治。但是日本军人有所谓"武家"专政的传统，幕府即是实质上的政府。日本军人集团早就有一套侵略亚洲、以东亚称霸世界的大战略，文人政府的施为不能满足他们扩张帝国版图的愿望。秉持日本"下克上"的军人干政传统，军人集团利用少壮军人，于1931年、1932年、1936年发动多次暴力行动，刺杀了滨口雄幸、犬养毅两位首相及曾任首相的斋藤实与内阁大臣高桥是清、渡边锭太郎等人，最后的"二二六"事件（1936）更是以现役军人公然袭杀内阁重臣。军人以杀立威，日本的民主政治成为泡影。从此，日本进入军人专政，全力积储战备。日本于甲午之战后已取得中国台湾与朝鲜，又于击败俄国后取得在中国东北的控制权。日本关东军原是驻扎在辽东半岛的军队，已控制了中国东北三省。又于1931年发动"九一八"事变全面攻击、夺取东三省，建立伪满政权。又在内蒙古及冀东成立亲日的地方武力，一步一步蚕食中国。中国北伐战争时，日本曾在济南出兵阻挡，嗣后不断制造事件，借故威胁挑衅。1932年甚至公然攻击上海。在这一时期（1930—1937），日本已全力发展军火生产工业，于是于1937年7月7日发动全面侵略中国的战争。在日本军人完全掌握日本政府时，控制全国教育及舆论，异口同声，国民将侵华视为举国的光荣使命,为建立"东亚共荣圈"必须"膺惩支那"、消灭赤色势力等。全国一片狂热，再无其他选择。甚至本来十分了解中国的日本中国研究者，也必须随声附和，拥护其国策。

中国当时的政权也模仿这些国家，走集权专制的路线。蒋介石学习德国与意大利，组织力行社、蓝衣社作为扩权的小圈子，软禁异己的胡汉民、居正等人，暗杀史量才、杨永泰、邓演达。蒋氏以军事委员会委员长执掌政权，俨然以党与军领导政治。

这些独裁专制的集权政权无不标榜一个"大我",或为国家,或为民族,或为革命,要求群众为了集体主义放弃自己,全般服从。独裁的领袖们运用宣传、特务与军队,达到举国服从的功效。历史上有过平民揭竿而起,但在现代国家机器的组织力量及军队掌握的武器之下,平民百姓已没有可以争辩的余地,更何况反抗?因此,万马齐喑,一国之内唯有一片拥护之声。

为了稳固自己的领导权,这些领袖排除竞争者的手段,十分凶残,毫不留情。希特勒对于参加魏玛共和国的政治人物,排斥、监禁或杀害;日本军人刺杀几位首相与大臣;蒋介石监禁了国民党的前辈,又利用上海黑社会打手攻击中共指挥的工人纠察队。

他们对于敌人,或不是敌人而只是轻视的族群,更是任意杀戮。希特勒杀害的犹太族群,不分老幼达六十余万人。日本军队以大炮、毒气灭了没有现代武装的雾社原居民……

为了自圆其说,他们一手遮天,德国戈培尔的宣传机器、日本大战前所有媒体等,都用动听的词句,美化邪恶的罪行。

两次世界大战之间,这些专制集权的国家,德、日都努力提高军火与武器的生产,无论质与量都有可观的发展。两次世界大战前的杀戮只是序幕,他们迫不及待,已经准备进行更大的杀戮。

第四十三章

# 世界经济恐慌与美国的崛起

20世纪初,世界经济结构与版图开始发生重大变化,其形成的新格局到今天才再起巨变。

自从西方列强的殖民活动开展以来,全球均为欧洲白人所主宰,各处资源被他们攫取。再加上工业革命,机器生产的产品价廉物美,占尽了全世界的消费市场。两项条件相合,始有"资本主义"的经济。按照亚当·斯密的理论,资本主义乃是由"看不见的手",即参与贸易交换的买主与卖主各凭其理性的判断做最有利于自己的交易,于是决定供销价格及生产质量,越是开放而未经外力干预的市场,越有其合理性。

这一说法必须假定参加市场活动的所有成员都有同样机会发展其在交易中应有的财力。事实上,如上所述,欧洲列强相对于亚洲、非洲等市场上的原来参与者，拥有不对等的优势。以中国为例，英国为了平衡对华贸易的逆差，凭借炮舰强力打开鸦片贸易，又干预中国的关税，以保障其贸易的优势。这一例证，即说明资本主义的那只手其实是站在优势者的立场为其利益运作。

再以生产货品的利润而言，自从机器大生产后，工人工作的操作能力不必有前此手工业时代的技能。不具特殊技能训练的劳工，工资必然较低，而且随时可由别人代替。于是，出资经营生产的资方，相对于呼之即来、挥之即去的劳方拥有绝对的优势。资方可以尽量压低劳方的工资，以取得最大的利润。因此，在劳力市场上，那一只看不见的手也在为拥有优势的资方博取厚利。

两只看不见的手，为欧洲的企业打开了史无前例的繁荣景象。18世纪、19世纪的欧洲列强，尤其是英国犹如天之骄子，这些企业扩大了世界经济规模，也提高了生产能力。到第一次世界大战时，全世界的资源与财富大部分流入欧洲，还有一小部分流入美国。到了20世纪初，美国更为强大了，日本崛起为东方强国，欧洲也有德国与俄国努力争取分润的机会。占尽便宜的英国不容德国挑战，才有了第一次世界大战。一场大战，争城争野，海上陆上，死者以百万计。坦白地说，即使是已经拥有优势者，也不容许真正公平的竞争。

第一次世界大战之后，德国被打倒了，丧失了一切，留下深切的仇恨。德国经济全垮了，贫穷与饥饿造成德国人强

## 第四十三章　世界经济恐慌与美国的崛起

烈的民族主义，终于使希特勒乘潮而起，组织了极权体制。俄国在战争结束前即因国内的大革命而退出战场，民穷财尽，为布尔什维克的革命留下发展的沃壤。英、法这两个最主要的胜利者，也因资源与人力消耗太巨，再加上原来占有的国外市场颇多被所在国发展的产业取去，两国经济都因此衰败。美国在战前的经济实力远远不如英国。第一次世界大战期间，美国未受损伤，而且又增加了不少欧洲的新移民，生产力一跃而超过法国，几乎与英国相等。英国的企业通过政府，运用种种手段，力求挽回经济颓势，如采用金本位制，英国货币增值了，更缺乏外销市场的竞争力。而通过降低工资以压低成本，英国的劳工也不能忍受，遂引发了大规模的罢工，这使英国的经济更是雪上加霜。

美国隔了大西洋，本有十分有利的条件和机会超越欧洲。可是美国以其资金流入欧洲市场，刺激了欧洲的生产企业生产不少新商品（例如汽车、家用电器），一时之间，大西洋两岸经济都有复苏的迹象。只是，人类贪婪之心不知餍足。美国经济过度扩张，股票市场吸收了无数游资，股市的上涨形成我们今日所谓"泡沫"现象。一旦肥皂泡破裂，繁荣的幻象也随之消失。1929 年，华尔街股市崩盘，美国经济沦入空前萧条。工厂倒闭，工人失业，昨日的富翁一夕之间沦为赤贫！这一次大不景气，也说明了资本主义如一只看不见的手，其实被贪婪无厌的欲望所挥动。

这一场经济大灾难，在发生之前，早有无数次劳工运动在提醒资本家不能也不应竭泽而渔，只为了利润而无尽地剥削劳工的劳力。有些资本家也采取了一些纠正的措施。例如，福特不仅发展了分割工作程序为流程的生产线制度，相对地提高了工作效率，降低了生产成本，并且将部分利润用于改善劳工福利。不过，大多数的资方则利用国家公权力的干预，压制劳工运动，强力打压罢工。我所居住的匹兹堡市，是美国的钢铁生产基地。1893年，钢铁工人罢工，厂主雇用平克顿保安公司的枪手射杀罢工工人十余人，并派本州岛国防军驻防，不许再有罢工发生。这一禁令执行达三十年之久后才得以解除！

经济大不景气，引发有识者的反思。在英国，本来早就有韦伯夫妇的社会主义理想，希望不经过冲突，劳资可以有所协调。基督新教的人道主义者也鼓吹基督博爱精神，改善劳工待遇（当时童工、女工的收入很低，一周工作六天，一天工作十余小时）。知识分子中的自由主义者如萧伯纳、拉斯基等，一变过去自由主义者反对国家权力干涉的立场，主张经过国家立法，保障国计民生。这一运动与劳工运动合流，在英国国会中，新起的工党逐渐得到国民支持，代替自由党成为国会两大党之一，以与保守党抗衡。英国在两次世界大战之间遂出台了一连串的社会福利法案，奠定了第二次世界大战后英国发展全面社会福利的基础。

美国在经济大不景气时期，也不断有劳工组成工会联盟，加上自由主义知识分子的推动，1932年罗斯福当选总统，推行"新政",将美国带入经济复苏。"新政"是以国家财力,以工代赈,启动造桥开路种种公共建设,以解决大量失业劳工的生活问题;实施《反托拉斯法》,遏止企业兼并及独占;实施低利贷款,帮助一般人创业。"新政"最为影响久远的法案则是《社会安全保障法》,由国家代工作者储蓄一部分薪资,雇主也缴存相对部分,累积为全民退休基金,使工作者老年时有可以维持其基本生计的退休年金;伤残与失业者也有一定的救济,使其有可以存活的机会。这一措施施行至今,不论贫富,受益者已达到全体国民的三个时代。美国从此一跃成为世界最富最强的国家。

英美两国的社会福利制度与对于企业无限扩张的一些节制措施,实质上已将这两个老牌资本主义国家的经济形态带入另一境界。凡此改变,相当程度改写了资本主义经济的性质与定义。全世界各地由此有了两种选择:一种是经过暴力革命,以国家的权力有计划地规划经济发展的模式,制约财富的分配,这是苏联等社会主义国家采取的途径;另一种则是在相对自由开放的市场经济上,以公民参与民主政权,经过公开辩论及合法程序,制定各种节制资本与保障人民福利的政策,这是英美两国所发展的途径。今日欧洲国家已大多发展社会福利,尤以北欧斯堪的纳维亚诸国执行最为彻底。但是即使如北欧诸国,今日所有社会福利国家的国民也均有耽于逸乐、工作意愿一代不如一代的倾向。

综合言之,两次世界大战之间,世界各国分别走向集权国家发展国力的激进方式与民主国家推动社会福利的渐进方式这两条途径,却都改变了过去资本主义经济的性质。这两条道路之间有冲突有学习,彼此纠缠,至今还在进行之中。

第四十四章

# 日本侵华与八年全面抗战

在明治维新时，日本思想家吉田松阴与福泽谕吉都做出规划，认为日本应致力于发展的宏图大业乃是奄有中国、朝鲜及东亚海洋，在东亚建立大日本帝国。是以，明治维新之后，日本即积极开展这一计划。甲午之战及日俄之战中，日本竭全国之力，前后击败中国与俄国，取得朝鲜、中国台湾的土地与人民及在中国东三省的特殊利益。自此到1937年七七事变，日本对华不断制造事端，引起两国关系危机。在华北与上海，多次酿成局部冲突。每次事件的发生，往往夹在中国的中央政府面临国内问题之时（例如，北伐军北上时，日本出兵济南阻挡；又如，国共在江西内战时，国民政府稍得上风，在华北便有冀东、天津等中日两国间的事件）。日本取得东三省，是在奉军不甘受日本控制时，日本先炸死张作霖；后来又因张学良挈东北三省，拥护中国统一，日本关东军遂立即发动"九一八"事变（1931），并制造伪满洲国。

凡此种种，在整整一代中国人的心目中，日本帝国的侵略行为一次又一次刻下了深刻的伤痕。中国的民族主义在不断的刺激下一次又一次得到强化、深化。日本军人在本国以暴力打击文人领导的合法政府，从此建立军人主导的全面扩张，以图实现大和民族的帝国霸业。日本军人操纵舆论，高举"天皇神性""大和民族优秀性""日本开化东亚文明的责任"等口号，充斥日本人的骄傲心与控制欲，以致大正时代短暂的思想自由一变为军国主义的一言堂，举国一致以日本的天赋使命自许，狂妄而不能自制。甚至一些优秀的学者，内藤湖南、清泽洌、加藤弘之等人，无不抛弃他们原来的学术修养与自由主义，歌颂并支持军国主义。太平洋战争前后的1942年，所谓的"近代的超克"座谈会，几乎把日本所有思想界与学术界人物都引向否定自己原来的信念与立场，拥护军国主义的方向。战后日本学界，对这一现象有所反省，称之为"人格的断裂"！

日本举国若狂，投身于帝国大事业，其狂热足以损害理性的判断。日本判断错误之一，以为中国及东亚各民族不堪一击，日本可在三个月内征服中国，然后又可轻易击溃英美，揽有东亚，以完成东亚"共存共荣"。日本判断错误之二，以为不断威吓，步步进迫，中国人会慑服于日本的威力，步步退让，以此割裂中国。日本判断错误之三，以为日本领导

> **"近代的超克"座谈会**
>
> 1942年（昭和十七年）东京《文学界》杂志举行一次文化座谈会，主题是"近代的超克"。此次会议有许多知识分子参与，但座谈会的目的并非在于文学学术上的讨论，而是欲建构支持军国主义对外侵略的舆论，主张日本要超越、克服西方的影响，重新建立东方的现代化。此一论述其实就是为了日本侵略亚洲各国寻求一个光明正大的理由。

亚洲，驱逐白人，亚洲人都应当感激日本解放大恩，心甘情愿地接受日本"提携"。这些自我期许，在自大心情下转变为一厢情愿。日本侵华于七七事变之后，中日两国不宣而战，整场战争持续八年之久，日本无法于"支那事件"中自拔，却又发动了太平洋战争，遂致有亡国的大灾难。

中国奋起抵抗，是凭借被日本人一次又一次刺激而加强的国族主义。明知国力还未充实，只为了去此一步便是亡国为奴。在一连串事件后，全国的民情舆论再也不允许国民政府妥协。卢沟桥事变时，日本军人还是以为中国会像过去多次那样忍耐，日本又得一次便宜。日本军人没有想到，中国居然奋起抵抗。尔后，日本全力攻击上海，中国极力抵抗，精兵良械，耗损逾半，却不再谈和。日本进攻南京，中国在淞沪一战中实力大亏，南京沦陷，日本又以为大举屠

1937年8月，四十九师开赴淞沪前线

1939年，重庆一所学校在日军轰炸中被夷为平地

1939年，第一次长沙会战，中国军队在巷战中

1940年，在昆仑关战役中，中国军队向日军山头阵地发起冲击。双方缠斗一年有余，最终中国军队取得胜利

杀、奸淫，便可以使中国慑服，失去继续抵抗的决心。但是南京大屠杀使中国人更加同仇敌忾，日本却从此背了千秋罪名。

全面抗战第二年，中国沿海地区全部沦陷。此后七年，中国战区有正面战争及游击战两个战略。正面的主战场以平汉粤汉铁路线西侧为双方拉锯战的地区。每年春秋，日军必然大举西犯，打了一阵，中国反抗，遂回原来对峙线。年年如此，以致河南、湖北、湖南的产粮地区误了春耕，也没有秋收。前线后方，军粮民食大半靠四川一省供应，全国人民常在饥饿之中。1942年太平洋战争起，缅甸一线通外道路也因日本侵缅而断绝，中国内地再无现代药品。日本轰炸内地，重庆屡次被炸平。我家曾居住万县（今重庆万州区），是内地的中型城市，并无军事设施，也在一次空袭中被夷为瓦砾。作战的伤兵、逃难及轰炸时受伤的百姓，因为缺乏药品，死者以千万计。在沦陷区，城市及交通线已被日本占领，日本在各地组织傀儡政权，作为日本压榨掠夺的工具。敌后农村有留下的国军分支部队、中共派遣的组织人员及地方自卫武力，处处发动游击战。日军在华北扫荡，采取三光（杀光、烧光、抢光）的威吓战略，但游击区并未因此而降服。总计八年全面抗战，中方兵员死亡七百万，平民直接死亡于战火及轰炸与因伤病死亡者三千万。中国与欧洲战场的苏联在第二次世界大战中损失的人口均为数千万，堪为人类历史上的浩劫。

中国付出如此巨大的代价！在死亡与毁灭中，以鲜血与泪水，中国人铸炼了中国国族的认同、中国的国格！自从秦汉以来，中国的认同是华夏文化，顾亭林所谓"天下"，至于"国家"，实指朝廷（政权）。中国历史上，中国人没有近代的国族观念（nationalism of nation-state）。日本侵华，中国方才憬然了解：日本人打的是中国人，不是哪一省人！日本炸弹与机枪扫射，不只是在前线杀人，也在内地不设防的城镇乡村杀人。人有人格，国有国格，这一国格，使中国人在粮尽援绝、民穷兵疲时还是不屈不挠，撑住一口气，不肯投降。这一个牺牲数千万生命凝成的血疙瘩，正如龙颔逆鳞，谁也碰不得！日本人不应轻易触动这一血疙瘩，今天台湾的政治人物更不可触动中国人的这一情结！

大战开始，沿海一带刚开始的建设项目不是被毁，即是沦于敌手。只有江南地区的一些工厂，拆迁内地，支撑了八年的基本民生需求。这些工厂在内地不仅重新组装投入生产，还复制了几套，分设于可以建厂之地。抗战结束，这些工业设备及工作人员大多留在内地，中国内地始有了后来工业化的种子。

人才培育亦复如此。沿海大学及一些优秀的中学与技职学校大半迁徙到内地，于空袭警报声中读书声不断。国民政府在一切艰难困苦的条件之下，设立学生求学的公费制度，中国遂得在八年之中培育了数十万大学生。今天，这一代大学生都八十余岁，十之八九已经离开人间。这几十万大学生，

1945年9月9日，日军投降仪式在南京黄埔路原中央军校大礼堂举行

常在半饥饿状态。内地的教育设施不足，然而在这样苦况下，中国还是培育了不少优秀人才，担起了日后数十年大陆与台湾的文化、学术与经济建设的工作。

抗战期间，中国茹苦含辛，撑过了空前的灾难，后世的中国人会为此哀恸，也永远不忘！1948年，日本在海陆两面作战，已难以为继。两枚原子弹爆炸，迫使日本投降。中国惨胜！这八年苦战，中国已经精疲力竭，竟是经历了一场没有凯旋的大战！伤者未起，死者未葬，军人不能解甲复员，又卷入国共内战达三年之久！台湾从日本殖民地回归中国，本应是大家欢欣鼓舞的事，却又因为内战，海峡两岸对立数十年。这一场史无前例的日本侵华巨灾，其后遗症远未有尽期！

今日撰写本章，强压心中悲恸，以两千余字的短文交代抗日战争轮廓。然而少年时期所经历种种，不断重现眼前，唤回的血光泪痕，如椎心泣血，不能自已！盼望今日此书读者，八年巨灾长记在心，任何战争都是灾难，愿我子孙永远远离战祸！

第四十五章

# 第二次世界大战

第二次世界大战涵盖了三面战场：中国战场、欧洲战场与太平洋战场。中国战场的战争开始日期应从日本夺取中国东北的"九一八"事变开始（1931），但是通常认为是从卢沟桥"七七"事变开始（1937）。欧洲战场的开始日期可以是1936年德国重新占领莱茵地区，也可以是1938年德国强占捷克苏台德区及德奥合并，通常认为是1939年9月1日德国侵入波兰与苏联瓜分波兰，两天后英法对德宣战。太平洋战争的开始日期，是日本于1941年12月7日突袭珍珠港算起。欧洲战场的战争，于1945年5月8日结束，中国与太平洋地区的战争于同年8月14日结束。三面战场彼此牵连，却又各别进行。全球卷入战争十余年，死亡人数几乎一亿，实是人类有史以来最为巨大的战祸！

## 第四十五章 第二次世界大战

中国战场部分已于前章叙述，此处不赘言。太平洋战争其实与中国战场一样，都是因日本帝国扩张的野心而起。欧洲战场的战争可以说是第一次世界大战（欧战）的延续，都是由于英法抵制德国的崛起。同时，第二次世界大战后，欧洲不再是世界权力结构的核心地区，国际列强间的互动，从此进入全球性的格局，可说是"全球化现象"的具体呈现。最堪注意者，美国再度介入欧洲战场，也因美国的加入决定了同盟国的胜利。从此以后，美国一跃而为世界超级强权，甚至漫漫然有独霸全球之势。苏联崛起，成为可与美国分庭抗礼的强国，则是因为其所处欧洲的边陲拥有巨大的发展腹地，遂改变了欧洲地缘政治的布局。旧日欧洲核心（英、法、德、意）重新整合，以至出现后来西欧与东欧的对峙，这一对峙却又预伏了日后欧洲联盟的逐渐形成。

第二次世界大战主要的参战者英、法、德、意、日、美，都是拥有殖民地的帝国主义列强。战争期间，它们的殖民地也牵入战争中。尤其太平洋战场，日本攻略之处，除了中国之外，都是欧美列强的属地。战争的死亡与毁灭，殖民地的小民百姓首当其冲。例如，日本山下奉文的军队在马来半岛与新加坡杀戮当地平民数十万人，均为马来族群与华人族群。日本自称为东亚的解放而战，其实只是从欧美手中夺取殖民地为己有。东亚族群无非是在虎狼争食时，再一次蒙受荼毒而已。又如，北非战场上，英德坦克大会战，以数百辆坦克纵横数百英里，决战于非洲的土地上，也不是非洲族群所能选择。中国台湾与琉球的百姓,因为日本帝国主义的扩张,被迫在战场上担任军夫,家园遭受轰炸,一般人家普遍因为粮食被征,长期食不充饥。这些事情,都是无辜百姓为了他人的霸业而面临死亡饥饿,却不能自己决定自己的命运。

大战之后,列强精疲力竭,难以遏制殖民地人民要求自由的运动,于是旧日殖民帝国主义的属地纷纷独立。在寻求独立的过程中,往往是一次又一次的战争。法国属地北非(阿尔及利亚)与越南的独立战争,几乎拖垮了法国;英国比较务实,采取妥协与谈判,非洲与亚洲的许多英属地区,除了中国香港之外,都获得自治权,由此逐渐独立建国。战败国的属地有的独立建国(如韩国),有的地方则是主权转移到胜利者手中,成为托管地(如太平洋的许多岛屿),这些地区日后也终于各自建国独立。第二次世界大战毋宁使列强割据的世界重组为全球性的列国体制。在第二次世界大战结束后的一个时代内,国族主权国家成为人类生活群体的主要形态。

人类互相厮杀,在使用火器后,由冷兵器转变为热兵器的战争。第二次世界大战,战争由平面转为立体,双方大量使用空中攻击,飞机轰炸将死神从天空投下。三面战场上,空战优势常是决定胜负的重要因素,空中袭击改变了战争的方式。德国的闪电战必先由空军炸射,取得制空权后,大量机械化部队接着潮涌而至。第一次世界大战的壕沟与碉堡,都不能再用。日本偷袭珍珠港,轰炸机群从海上的航空母舰起飞，远程奔袭，美国的太平洋舰队损失惨重。战争之中，不再有前方与后方的分别，中国的重庆及其他内地城市以及英国的伦敦等都为敌人的空袭轰炸，数度成为瓦砾场，军民百姓死者无数。1942年以后，美国参战，同盟国空军也大举轰炸德国与日本的军事要地（如军火工业所在地、电厂、机场、港口），也造成城镇全毁，数以万计军民的死亡。1945年8月，美国在日本投了两枚原子弹，两座城市，二十余万人，一瞬间灰飞烟灭。这更是致命一击，开始了世界恐怖战争的新一页。

第二次世界大战，德国以报仇雪恨之心，致力于发展重工业，为其第一阶段；美国发挥巨大生产潜力，投入战争，为其第二阶段。战争不再是沙场上人对人的对决，也不再是武器与武器的较量。战争遂是敌我生产能力的对比，谁拥有强大的再生力量，谁就能压倒敌人，取得全盘胜利。大战初起时，德国养精蓄锐，发展重工业，以此能力生产了大量战机、战车、巨炮、战舰与机动车辆。德军一出，锐不可当，英法军队无招架之力。德军侵俄，三百万大军排在数千里长的战线上，迅速推进，苏联也有数百万大军，还是挡不住其凌厉攻势。直到兵临列宁格勒，苏联坚守不退，方有后来的转机。中国战场上，日本军队的胜利，主要还是由于日本的生产能力，装备了一支拥有强大火力及机动性的侵略军。美国参战，以美国雄厚的工业基础及资源，遂能在参战时立刻编组强大武力，在欧洲扭转了盟国的颓势。珍珠港的重大损失，美国只花了半年时间,即有更多的飞机与战舰投入战争。大战晚期,以生产海军运输船的能力而言,美国可以一天有一艘大型船只(如自由级与胜利级,均为载重数万吨)出坞投入服役!

除了生产能力,科技创新能力也是战争胜败的因素。传统的造舰、造机、造枪械的技术,在战时不断得到改进。创新的部分有不少转化为日常生活中的重要项目,举例言之,雷达与声呐,是以光线或声波反应的遥测工具,第二次世界大战发明这两项技术后,现在已广泛应用于交通、医学等方面。喷气式飞机在战后转化为民用航空器,完全取代了过去的螺旋桨民用飞机。原子弹被投在日本的广岛与长崎,是史无前例的毁灭性武器,但在战后,核能发电成为许多能源之中最为重要的一种。在日常生活中,电信、医疗均能见到放射性同位素的应用。在战争中发展出的技术不限于此,不必一一叙述。战争之中,人类自相残杀,本是不祥之事。而一些为了杀人而发展出的技术,竟有和平时的用途,实非初料所及。

总之,第二次世界大战是一次人类空前的浩劫,人类彼此毁灭,其规模之大、方式之多均已臻极点。第一次世界大战终止时,人们曾以为那是一场终止战争的战争(The war to end war),但是,旋踵间人类又掀起更大的第二次世界大战!今后还有没有第三次世界大战?我们向众神祈求,不要再有战争!如果再有一次世界大战,也许就是终止人类生存的战争(A war that ends human world)!

第四十六章

# 国共内战

　　国民党与共产党之间，曾有广州时期（1924）的短暂合作。北伐军起，蒋介石系统的国民党在南京定都，国民党左派则与共产国际领导的中国共产党在武汉另立中央，是谓宁汉分裂。蒋介石清共，在上海打击亲共的劳工组织，那时国共实际已经展开武装对抗。1931年，中共调集分散各处的力量于江西，建立了中华苏维埃政权，国民党军队多次"围剿"。1934年，中共撤离江西，远赴陕北。这次长征，中共出发时大约有十万之众，在江西与湖南散去不少，到达延安时仅剩两万余人。长征由江西西行，经过湘、桂、黔、滇转向西北，入川边穿越少数民族居住的山区与草地。国民党军队尾追，上述各省的地方军奉命拦截。但是，地方军畏惧中央力量乘势进入自己的驻地，因此不认真拦阻红军。那些少数民族的领袖也同样宁可让红军过境，也不想有中央军进入自己的领地。

中共在1921年即已建党，党员大多为知识分子，经过多年努力，在城市的劳工中发展，但成果有限。江西时期，中共在农村展开工作却又不得不中途撤离江西，组织农民的工作也半途而废。

长征是中国共产党的转机。1935年至1937年，日本图谋侵略中国日亟。驻陕的东北军因"九一八"事变失去了家乡，十分愤恨日本，希望中国人团结一致全力抗日，因此反对执行"剿共"的任务。中共在延安也因此得到了调整的机会。

1937年全面抗战开始，中共宣布受中央政府编制，改编为国民革命军第八路军（又曾号为第十八集团军），并且宣称配合全面抗战，全军开赴华北，加入国民革命军作战序列。而此时，北方诸省已被日本占领，中共派遣人员在华北各地组织游击队，在正面战场的敌军后方乡村建立抗日根据地。在抗战时期，据日本军方资料，七成力量用于正面战场与国民革命军周旋，三成力量用于控制已占领的领土，其中大约一半力量对付中共的游击根据地。日本在华北的"清乡"，以"三光"（杀光、抢光、烧光）政策企图消灭抗日力量，却引发了敌后中国人更大的抵抗。中国共产党控制的地区日益扩大，在敌后的山西、河北、河南、山东四省的"边区"及江苏北部都有中共新四军建立的基地。

全面抗战八年，在抗日的民族主义号召下，中共建立了

## 第四十六章　国共内战

农村中的政权。中共能够成功地组织农村，当由于敌后农村广大民众为了保家卫乡接受爱国抗敌的号召。也由于19世纪以来，北方农村经济衰败，地方人才外流，地方层次的权力结构又因国民政府撤退而瓦解，中共组织力量恰可填补其留下的空白。

中共在敌后根据基地获取了组织农村的经验，不仅因此在抗战期间发展了大片疆域，控制了千万人口，也使中共在1949年以后能够编组中国广大的农村，撑起以农民为基础的国家力量。因此，黄仁宇曾说过：国民政府重组了中国的上层结构，中共则整合了以农村为主的下层结构。

1945年，日本投降，国共内战再度开始。内战四年，国府失败，迁往台湾！国民政府失败的原因，不止一端。全面抗战八年，后方饥饿贫穷，国家已经精疲力竭。数百万国民党军队打了八年仗，都想早早复员回家，谁也不愿再为蒋介石打内战。士无斗志，力量枯竭，国民党政府虽有美式装备，怎能再打？相对而言，几次大战役，国民党军队都须由远处调兵。孙子云：百里而趋利者，蹶上将。反之，中共军队在自己家乡附近作战，地利人和，都不是国民党军队能够相比。因此，除军心思归、士气不振之外，纯从军事因素看，国民党军队也难不败。

国民政府在后方苦了八年，物资不足，通货膨胀，东下接收沦陷区，各地货币兑换已经贬值的国家货币，兑换比率十分不利于沦陷区居民。原来等待王师，等来的竟是国家用兑换率劫夺每一个人仅有的财产。这一错误政策，使国民政府失去沦陷区的人心！再加上国民政府接收"敌伪产业"时，许多穷了八年的官员贪污腐败，无所不至，也使百姓寒心，人心思变，不愿再支持国民政府。

蒋介石在定都南京时，已经建立了专制集权的统治体制。抗日战争期间，为了集中力量抵抗敌人，大家可以忍受这一独裁政权。抗战结束了，全国希望政府能和平建国，能够实践三民主义、五权宪法的民主宪政。然而，蒋氏及其部属，以"反共"为口号更加强了集权统治。知识分子推动民主化，遭蒋氏特务的迫害，学生运动更遭武力压制。因为人心已失，蒋氏并不悔悟，反而强化其独裁，怀疑一切谏诤者，只信自己的一些部属。于是在政治、经济及军事诸项决策中十有九错，终于走上败亡的命运。

蒋氏如果在制定宪法时能够认真实践还政于民的承诺，国民政府未必不能因为行宪而获得不少人的支持。然而，蒋氏主导的大选其实是为了继续掌握权力。大选之事，使国民政府体制的各派各系分崩离析，为内斗耗尽人力及时间，遂使国民政府政令不振。前线战事又因蒋氏指挥失当，节节败退，终于在几次大战中不断溃败。

最后一根压死骆驼的稻草，则是"金圆券"的币制改革。由1946年开始，中国出现严重的通货膨胀。为了挽回货币信任，政府改革币制，于1947年发行金圆本位的"金圆券"，并且收缴民间的黄金与外币。然而，金圆券储备不足，再加上货币集

一只鸽子停憩在一名国民党士兵的行囊上

中于上海,为人操作投机。大量货币集中一地,形成"脑溢血"症状般的恶性贬值。一年不到,金圆券已成废纸。全国中产阶级全为此破产。此时,国民政府的心脏地区民心大失,前线作战的军队士气不振。淮海战役中,数十万大军被中共围困,不能突围,以致全面崩溃。中共大军涉长江,蒋介石辞职,李宗仁及国民政府残余不能在广州立足。中国大陆遂为中国共产党取得统治权,蒋氏退居台湾。

国共内战从1931年算起,到1949年,打了十八年。蒋介石本来有机会建立一个现代中国,却因外有日本侵略,内受自己集权专制的私心所害,遂将20世纪30年代的建国基础付之东流。国共两党对抗,都曾以民主自由为口号。许多人,尤其是知识分子,徒然盼望民主政治,而不见其实现。大敌当前时,民族主义与爱国热忱无疑使大家愿意在"抗日御侮"的大旗下,容忍政党的集权体制,以为在消除外患后,中国的命运可以走上坦途。不幸,历史并不如此!蒋介石专制自用,掌握大权,身边遂多阿谀之辈,天天奉承。日久之后,蒋氏真以为自己总是对的,于决策用人上犯了错还不自知,结果是:不到失败,不会觉悟。蒋氏误国,也自误,堪为"权力腐蚀人"一语的明证。

第四十七章

# 光复后的台湾

1945年,日本向盟国投降。基于盟国间的协议,日本放弃侵略他国占有的领土,台湾回到中国。此时,中国内战已经开始,美国驻台外交人员有人计划由美国占领台湾,不交给当时无力东顾的中华民国政府。美国政府却不以为然,中国政府也派遣陈仪来台接收台湾的统治权。在旧金山和平会议上,海峡两岸都没有代表出席,日本则在和约中完全放弃甲午战争割让台湾以后的对台一切权利。1952年,台湾当局与日本政府签订和约,终止敌对状态,并承认台湾回归中国。中国在台湾已实质拥有领土主权,而且国际上也无人提出疑问,是以1945年以后,中国恢复对台湾领土主权已是具体的事实。

在抗战后期,重庆的中华民国政府已筹备战后接收失去的故土台湾，欢迎流离的台湾同胞回归中国。中国政府招集了一批早就回到大陆的台湾人士，组织成班子研讨台湾于光复后的种种措施，包括成立特区以逐步融合于中国。陈仪是第一任台湾军政长官，则是因为陈仪早年留学日本，乃是日本军界的前辈，不仅日语流畅，也熟谙日本事务。

在1945年接收台湾时，陈仪调来台湾的国民党军队是他在福建收编的游击队及地方武力。其时内战已起，国民党军队诸部分赴各地。陈仪不调来国民党军队正式部队，一则他以为收回中国失去的故土应是和平的好事，再者，陈仪自己信仰的社会主义颇有在台湾付诸实现的可能，是以他罗致了民社党（原来的国社党）人员为幕僚谋士。他其实不愿有国民党军队正式部队驻台，以致他不能有控制台湾的全权。可是，这一批改编的地方武力并未经过正式训练，不知军纪为何物，他们的装备也是拼拼凑凑，陈旧不全。这样一支部队，在基隆下船，立刻让台湾人民失望：盼望来的国民党军队，他们的行为如此失检，任意取用民物，当然更引起百姓的贱视与仇恨。

来台工作人员中有一批素质优秀的公务员，例如严家淦、孙运璿等人，有专业能力，个人品行也属上乘。可是也有一些败类，操守能力俱劣，呼朋引类，盘踞一个单位，视同私产（我所目睹，有一所中学从校长到工友，百分之八十是福建永安同乡，非亲即故，别人不能渗入）。

国民党内部，早有党、团（三青团）两个系统。国民党

台湾光复，国民政府代表来台接受日本投降，民众齐聚在台北公会堂周围

来台建立分支党部，这两个系统由竞争而至对立，于是陈仪的政治集团与国民党的党、团，俨然三国相争。重庆时代参与接收台湾计划的台胞，青春结伴好还乡，此时在台各人都有一片天地，为当地人称为"半山"。这些人士中，颇有后来位居要津的显贵。另一批从大陆返台的台湾人士，有的是日本在华事业的职员及在华工作的专业人士（例如东北的医生、工程师），也有些是沦陷区内日本委任的官员（如翻译通事，也有伪政府的高官）。上述人士，第一类大致都是心怀中华，离台要回故国（例如连震东），第二类是没有政治立场的专业人士，第三类则多多少少与日本有些瓜葛。这三类人士，又往往与台湾"在地"的社会精英有切不断的社会关系。1945年以后，返乡"半山"与在地亲友主客易位，恩怨纠缠，情缘复杂。是以，台湾社会于日本人离去后留下的政治与社会空间，填补进去的本地精英及政治势力却是复杂无比。陈仪主政，其实不能掌握如此复杂的情况。他在"二二八"事件前后，对于台湾情况的理解程度，似乎既不完整，也不准确。南京当局又不在一线，接到的信息与之彼此颇多矛盾。是以陈仪与南京当局对于台湾动乱基于混乱的信息，其对策也因之错误。

1945年，台湾本岛已在太平洋战争中屡次受美军空袭，交通设施（铁道、港口）、工业（厂房、电路）都大受损坏。为了支持"前线"，在数十年"工业日本，农业台湾"的政策下，台湾粮食大量输往日本，本岛粮食反而不足。战争期间，实

## 第四十七章 光复后的台湾

行粮食配给制，本岛百姓的配额只有日本人的一半，也少于"国语家庭"的配额。本岛居民大多须以杂粮（例如番薯等）补足不够的饭食。第二次世界大战结束后，日本生产的日用品来路断绝，引发台湾物价飞涨。台湾产糖业因为厂房受损，日本技师又已离去，产量还未复原。台湾茶叶一向销往日本，第二次世界大战结束，销日路线一时断绝。糖业外销市场未及打开，台湾的经济大受影响。是以1945年以后，颇有几年，台湾百姓的生计极为艰困。幸而有严家淦、孙运璿等人尽力改善经济，修复电厂及道路，台湾始得逐渐恢复元气。

台湾百姓民风朴实，在日本统治的初期动乱以后，社会一直相当安定，民众养成奉公守法的习惯。太平洋战争时期，大量台湾青年参加日军，或为军夫，或为兵士。数万台湾人因为参军，得以成为"皇民"，地位虽不如日本军人，却高于本地人。这一提升地位的机会，使许多台湾人认同日本。他们对来台国民党军队的恶劣印象，更加强了这些人"日本国族优于中国"的观念。一时之间，不少台湾人对大陆的中国人接受了日本长期灌输的歧视，在生活条件恶化时，又于轻蔑之上加了一层仇怨。

"二二八"事件本身起于细故，但因为对国民党军队认知的落差，摆脱日本殖民回归中华原本可有的喜悦，遂因为仇怨引发为暴力的排斥。陈仪信息错误，误导了南京当局的判断，遂未能及早与台湾社会领袖协商。而且台胞提出的"自治"要求，又被南京理解为寻求独立。于是，陈仪请求援军，南京即派遣国民党军队一师来台，动乱虽平，却因数百名台湾精英被害，造成了民众难以平复的伤痕。

"二二八"事件本身被攻击伤害的对象是外省人，因此伤亡的人数无法统计，却也有不少外省人得到本省友人保护，躲过了劫难。本省人士被害，可分为两大类：一类是在战斗中死伤，尤以高雄要塞司令部与据守高雄中学的数百名本省青年的对抗，及谢雪红率领台共组织数百名武装人员与嘉义空军机场守备部队之间的两次战役，台湾人士死者各有数百人。另一类受害的台湾人，则是因政府追究动乱，以为各地民间组织的"处理委员会"乃是"叛乱"的组织。这些受害人大多是民间有声望人士，于一片动乱之中，出头维持地方秩序，却因此罹害！这批精英，有医生、律师、教员、作家等，均是日本殖民时代数十年积累的人才。台湾社会受此斫伤，其损失不能以人数计算！

"二二八"事件中牺牲的人数有不同的说法。台湾的党外人士及民进党，在历次选举中曾提出由一万八千人到十二万人种种不同的数字。

"二二八"事件后陈仪即被撤职，当时蒋氏台湾当局却未因此查办陈仪失职酿乱、杀害百姓的罪行。过去半个世纪，不少人曾建议台湾当局向人民致歉，并赔偿受害者——我即曾四度吁请台湾当局公开致歉——但蒋氏台湾当局从未采纳这样建议！于是台湾族群间的裂痕，始终不能有所疗治。

除"二二八"事件的痛伤外，台湾光复后推行国语，

"二二八"事件中,群众冲入台北专卖局,捣毁桌椅,焚烧物品

"二二八"事件爆发后,南京中央政府派国防部部长白崇禧来台宣慰

雷厉风行。台湾乡音为闽南、客家及原居民方言；日本占领台湾，推行"国语"（日语），要求台湾认同"内地"（日本本土）；光复后，又一次推行内地北方官话为"国语"，遂使台胞又一次有口难言。这一否定百姓母语的心理伤害，也使族群隔膜更形严重。

总之，甲午割台，台湾沦为日本殖民地，台湾同胞成为日本的二等国民。经过五十年的屈辱，台湾重归故国，本应是令中国欢欣鼓舞的盛事。但五十年的隔离，台湾人民经历了不同的历史，又已有不同的集体记忆及由此而起的自我定位。如果没有中国的内战，台湾与大陆之间经过一段磨合与调适，终究会渐渐和平融合。可惜，1945年时，中国内战已起，政府未能妥善地处理台湾回归。终因国民党政府与台湾民间彼此认知有严重落差，遂因"二二八"事件酿成巨变。政府又未能妥为"善后"，台湾精英在混乱之中蒙受灾害，死亡数百人，还不知道哪一个单位是杀害平民的凶手！如此的历史悲剧，即使今日尽力抚平，也已造成难以弥补的深刻剧痛。

第四十八章

# 第二次世界大战后的世界情势

第二次世界大战结束后,曾是战场的各国,遍地瓦砾,满目疮痍。在废墟上,世界的新格局正在形成。其中有战争的后遗症,也有前所未见的新兴事物。

胜利者瓜分了战果,英、法、美、苏分割德国领土:三个西方国家占领了西部,苏联占领了东部,德国首都柏林也一分为二,由西方列强与苏联分管。亚洲地区,越南分为南北越,朝鲜分为朝鲜与韩国。中国的东北曾由苏军占领,经中国努力交涉,苏军始撤退,但也将日本在东北建设的工业,凡是能够拆卸的全拆运回国。苏联原本也有四国(苏美英中)瓜分日本的建议,但蒋介石极力反对,美英也不愿让苏联取得太多,于是除了苏联占有库页岛及北方四岛,日本的本部由美国太平洋统帅麦克阿瑟占领,以监督日本改变国家体制,

雅尔塔会议上的三巨头：丘吉尔、罗斯福和斯大林

1945年6月，联合国在美国旧金山创立。图为中国代表团代表董必武在《联合国宪章》上签字

## 第四十八章 第二次世界大战后的世界情势

除去"神性"的天皇仍为国家元首，实行虚君立宪、颁布日本新宪法，废除日本武装。这样一个新编组的世界格局，影响至今。到今天，德、越都已各自统一，韩朝仍旧分割为两国。

1945年，盟国根据大战期间罗斯福总统在《大西洋宪章》中宣布的原则，邀请世界各国成立联合国组织，代替第一次大战后成立的国际联盟，作为维持世界和平与国际合作的机构。这一新的国际组织，由于美国与主要盟国的支持，其功能超过过去的国际联盟。联合国的安全理事会，由美、英、法、中、苏五国为常任理事国，再加上若干轮流的理事执行联合国事务，另有联合国的大会则由世界所有国家派遣常驻代表组成。上述五国拥有对于重大事务的否决权，于是五个大国联合执掌了世界事务。如果它们无人反对，则联合国的决议大致可以付诸实现。这一机制有其缺陷，因为在涉及五个大国本身利益时，联合国不能有任何作为。在联合国的大伞下，还有许多各有职掌的国际组织（例如教科文组织、世界卫生组织、粮农组织、国际法庭等），世界各国的"主权"在新的结构下实际上已不是完整的，也不再是至高的，世界的共同福祉高于国家主权的地位。

在纽伦堡与东京，盟国的法官组织国际法庭，审判德国、意大利与日本的战犯，控诉他们危害人类福祉及破坏世界和平的罪责。这些规划侵略战争的人物，分别论罪处罚（日本的天皇则未列为战犯）。这是人类有史以来，第一次以人类的福祉与世界和平作为不可侵犯的价值体现。

联合国的设计与执行，至今仍多不足之处。战犯法庭的审判，已有人提出"胜利者的公义"，不足以服人心（尤其日本至今仍不愿承认在中国战场及太平洋战场上的屠杀罪行）。但是，世界人类的地位至今已置于国家主权之上。这是人类历史上的一桩大事！

在还没有正式参战前，美国已以"租借法案"援助盟国作战。美国参战，更是以其强大生产力扭转战局，击败德意日轴心之国。战争结束，不论胜利者，抑或是战败者，各国都是百废待兴。美国对于欧洲诸国，以"马歇尔计划"全力帮助西欧各国重建家园。不到十年时间，欧洲的工业已大致复苏。受战争创伤最严重的联邦德国，等于从头开始，遂拥有最为新式的产业结构与生产设备。在亚洲，中国等国家也在联合国的救济及重建计划下获得美国的援助。中国内战方终，未能有复苏之效。日本则在麦克阿瑟主导下，尤其是1951年朝鲜战争爆发后得到美国全力支持重建工业，也因此拥有崭新的现代工业设备。德日两战败国，后来竟成为最有竞争力的工业国家。

美国在大战期间全力支持盟国，国内动员的人力物力已至极点。战时美国组织了人类历史上最强大的生产力。战后支持各国重建，乃是消化已经构建的巨大生产机能。美国遂成为全世界的主要工厂，从1940年至1980年达四十年之久，美国国家及个人的富足遂为举世之冠。至今美国的国力，他国仍不能比拟，只是富裕日久，不免骄惰，现在已呈现颓象了。

## 第四十八章 第二次世界大战后的世界情势

苏联在战争期间迅速地组织了强大的生产力，全力投入补充军备，遂能在战争后期以强大武力反攻，席卷东欧。战后，苏联支持东欧各国全面建立共产党政权。在亚洲，苏联参战不过十日，日本即因原子弹的投放投降了，苏联以胜利者的身份支持朝鲜建立政权。中国内战中，苏联以东北缴获的日本武器装备中共第四野战军，扭转了国共力量的对比。中国共产党建国之初，毛泽东全力秉持"一边倒"的原则，接受苏联支持。于是，一时之间，苏联拥有东方欧亚两洲许多国家的支持，与美国分庭抗礼。过去共产国际以世界革命为目标，成就远远不及斯大林在第二次世界大战的成果。

大战结束，联合国标榜的人类福祉、民族自由、国家平等及战争期间美国《大西洋宪章》所说"四大自由"（言论自由、宗教信仰自由、免于匮乏的自由和免于恐惧的自由）诸项观念，揭橥一个引人憧憬的理想，鼓舞了许多殖民地人民致力于寻求自己的独立。此时英法两国正在休养生息，一时没有镇压殖民地的独立运动。于是在非洲的加纳、利比亚、尼日利亚、阿尔及利亚、肯尼亚等各国纷纷独立，埃及也从英国"保护国"的身份取回主权，并且争回控制苏伊士运河的权力。在东方，印度取得完全独立，但是英国利用印度次大陆的宗教分歧，竟将印度分割为印度、巴基斯坦与锡兰（今斯里兰卡）三个国家；马来半岛成立联邦；新加坡又从马来西亚独立建国。英国的几个重要自治领地，加拿大、澳洲与新西兰，在战后取得几乎完全独立的地位，只是由英国维持一个旧日帝国的框架。菲律宾在战后也独立建国。越南与阿尔及利亚的独立运动，遭逢法国的压制。法国投入资源及火力，却不能阻止这些殖民地的独立。奠边府一战，法国大败，黯然退出越南。阿尔及利亚的战争几乎拖垮了法国，戴高乐只得放弃阿尔及利亚，以保全法国。中东则因为以色列建国，而伊斯兰教世界又因为英美控制油源不愿放手，情势复杂，至今不能稳定，也不能自主。

战后一连串的殖民地独立建国，终结了18世纪后西方帝国主义列强奴役全世界的局面，亚洲与非洲的许多民族从此能自立于国际社会。另一方面，欧洲列强在过去殖民时期留下的影响，依旧决定了这些殖民地自己发展的模式。例如，印度模仿英国的国会与内阁制，菲律宾模仿美国的总统制，两者均为照本全抄，然而印度、菲律宾两国的政局却完全与英美的形态不同。橘逾淮为枳，全盘抄袭终究不能成事，许多从殖民地独立的国家还是应当从自己的文化背景及地理、资源种种条件中，各自摸索最合适的制度。

在美洲，自从19世纪美国标榜"门罗主义"以来，中南美诸国一向唯美国马首是瞻。战后情势则大有改变，中南美兴起革命的浪潮。左倾知识分子与穷苦工人、农人联合，在多处发动社会主义革命运动。他们革命的对象，是富有的资本家与地主及保守的天主教教会。中南美国家长久以来常由军人专政，美国政府也庇护这些政权，以维持在美洲大陆的霸权。各国军人政权颇有渊源，彼此支援，天主教会内部

切·格瓦拉与卡斯特罗领导的古巴革命，打破了美国在中南美洲独霸的局面

> **香蕉共和国**
>
> "香蕉共和国"最初指的是洪都拉斯、危地马拉、哥斯达黎加等中美洲国家。其出产单一经济作物（如香蕉、可可、咖啡），经济命脉被美国大公司所操控，进而使其政治也遭受大国左右。

却是分裂的：上层高级人员与执政的政权合作，基层教区的教区教士则与革命分子通声气。各国革命分子也是互相支持，却又有民族主义的情绪（例如切·格瓦拉）。是以由20世纪40年代后期至今日，中南美洲的"香蕉共和国"政潮起伏，革命不断。古巴卡斯特罗的成功与中美国家组织的活动，已明白显示，美国独霸的局面终究不会永远不倒。

大战之后的世界的确在不断动荡之中。从长程的人类历史看，欧洲列强与美国代表的西方优势，挟工业革命、资本主义与现代武器的强大力量，霸据世界达三四百年之久，压制了非洲、亚洲与美洲的许多人类族群，掠夺了各地的资源，以成就白人的霸业。由此，他们也主导发展了人类的现代文明。经过两次世界大战，白人（及自以为脱亚入欧的日本人）自相残杀，将全世界卷入战祸，然而战争终结，他们也必须开始退出独占世界的霸业了。

第四篇

# 现代世界与东亚 (1950—2000)

第四十九章

# 国民党迁台

中国内战在1948年已经胜负分明。国民党各路大军纷纷溃败，蒋介石下野，副总统李宗仁接任。桂系在华中还有实力，原以为可以划江而守，与中共南北对峙。但是，桂系部队由武汉南移，越接近家乡士兵脱队离军的人数越多。大军回到广西后，散兵不能构成部伍。于是，已由南京迁往广州的政府不能执行政务，李代总统飞美求援，一去不返。在台湾的蒋介石复行视事，广州的机构也迁往台湾。

蒋介石下野后，不久即来台湾。其时蒋氏倚重的助手陈诚已担任台湾省主席，为蒋氏集团预先安排了退路。

当时还有九十万军队及数十万平民，分别由各地迁来台湾，使台湾人口激增至六百余万。台湾一岛忽然增加了至少百分之十五的人口，以一岛的资源几乎难以负荷！台湾的经

国民党退据台湾后，蒋介石与宋美龄出席集会

济在日本殖民时代原是台湾农业与日本工业互补的局面。大战结束，中国台湾与日本联系中断，与中国大陆之间又因为国民政府失败，两者互补关系未及开始即已断绝。再加上太平洋战争时蒙受损失不少，于是台湾经济濒临衰竭。

我于1948年年底来台，曾经目睹当时的窘困。铁路桥梁大多在轰炸中受损，原有桥墩常以枕木叠架为支撑，火车过桥必须减速慢行，乘客还须下车，从便桥步行到了对岸才可登车。台北到台南，车行须十余小时。粮食供应不足，往往须以番薯补充米粮。儿童的饼干掺了不少杂粮粉，颜色黑黄

## 第四十九章　国民党迁台

疲软。一般百姓，衣服不过几件棉布单夹衫裤，天寒时一层加上一层而已。大多数平民至多一双皮鞋，农村儿童经常赤足，在上学时才可穿鞋。台湾房屋，乡间是华南式农居，城内房屋大半为日式，八叠"榻榻米"（席）的房间，往往睡上五六人。我们曾有十七人挤在十八席房屋的经历，我与舍弟下半身躺在父母竹床下，上半身则在通道上！大陆来台人士固然如此，本地居民居住空间稍佳，但是贫富之间的差距却十分悬殊！

台湾物资不足，于是物价飞涨。虽然台币本来与大陆货币分隔，未受金圆券恶性贬值的拖累，但货币信任也已严重受损。台湾当局第一桩事，即是改革币制，以新台币兑换已经迅速贬值的台币。这一措施，仍是以台湾省的台湾银行为主，为了抵制大陆币信不良的影响，新台币的发行量不大，有十足准备，每周公布其发行数字，务求取信于民。历史吊诡之处是：金圆券改革时，国民党收兑民间黄金外币，是以大陆指责蒋介石，常谓蒋氏带走了大陆的财富，并以此为台湾日后经济发展的本钱云云。其实，在金圆券狂跌时，中央银行每天在上海市场抛售黄金希望能力挽狂澜，终于无效，是以那次收兑的黄金外币转眼间大部分回到市场，徒然肥了投机客。国民党运来台湾的黄金外币，为数并不多，仅够维持一个短暂时期的支出，用来购买药品、器械等。

台湾当局在一切窘迫时，集合了一批能办事的人士，争取原已承诺尚未运到台湾的联合国善后救济物资及已承诺美援的未支部分，也购买太平洋战争期间剩余的储存各处海岛的武器与民间物品；将这些物资转运台湾，以济军民需要。同时，国民党带来的技术人员填满了日本技师离去后的空白，他们努力修复糖厂、肥料厂、交通设施及输电系统。另一批干才则致力开拓外销，例如将台湾糖推入世界糖市场，为台湾争取外汇。上述这些工作，大都是由在大陆时结集于金融、实业等行业的专家负责。他们在"资源委员会"等机构累积了不少实务经验，遂能于台湾窘迫之际发挥了人才的效用。这些人物的名单，包括严家淦、尹仲容、俞鸿钧、吴铁城、俞国华、孙运璿，以及后来称为"科技教父"的李国鼎等人，而王世杰、叶公超等人在对外事务方面也有贡献。

本省的人才也致力于发展民间工业，由日本殖民时代的小型企业与当局配合，努力成长为重要的生产企业。例如，台湾水泥产业与岛内建设同步成长，并将其盈余用于开拓其他领域的企业。"大同"与"国际"，都从生产日用电器成长为足以供应岛内需求，更进一步从内销转型为外销于世界的企业。它们为台湾后来的经济起飞跨出了第一步。凡此发展的个例甚多，此处不需列举。正是这种政企内外的密切合作，使台湾一步一步走出最为窘迫的经济困境。

除经济的困境外，台湾在军事方面也十分危险。国民党新败之余，能够全身而退的部队不多。西北大军只有司令官胡宗南来台，奉命据守定海诸岛。青岛撤军，山东的军队来台人数不少，到台后分别改隶其他部队。孙立人奉命训练新

## 第四十九章 国民党迁台

军,成为台湾重整部伍的重要部分。海军损失了一部分实力,大部分船舰来了台湾,空军全军来台,海空两军遂成为防守海峡的主力。

此时人心浮动,草木皆兵。蒋氏组织的特务人员对中共谈虎色变,时时防范,常常抓人。他们破获的潜伏分子及间谍,其中有些是真的,也有不少是冤枉的。今日我们称之为"白色恐怖",即因当时错杀了不少无辜。刚经过"二二八事件"及后遗的许多冤狱,本省同胞如果将内心不满与恐惧形之言词,即有可能被特务捕捉入狱。大陆来台人士本来就成分复杂,而且经过江山易手的巨变,对于官吏贪污无能自然有所批评,这些人更是当时"白色恐怖"的主要受害者。究竟多少人是真的中共潜伏分子,多少人是蒙冤的无辜,今日已难计算。总之,这是一个悲剧的时代,因为一个错误而衍生一串暴行!

国民党在来台之后,在蒋介石的主导下,重新编组为权力集中于党部即"中常会"的建构。"中常会"不啻是蒋氏的小"内阁",由"行政院"及其他重要部门的主管组成。"中常会"通过的大原则,在"政府"各单位经过法律程序执行。这是一个以蒋氏本人的威权,通过政党指挥"政府",既不是一般所谓"内阁制",也不是"总统制"。在此威权体制下,蒋氏真正定于一尊,其权力之稳定,为他一生所未有。

国民党撤入台湾,这一刚从日本殖民地回到中国的岛屿从此任重道远,半个多世纪背负了沉重的"中国法统及名号"！在1949年以下数年，台湾于千辛万苦之中还经历这一蜕变，其困难可知。在蜕变过程中，台湾背负了一个所谓"中国政府"，却也因此有一大批来自五湖四海各方的干才，配合本地人才，为台湾拔出困境，尽了全力。历史的吊诡，在这一段故事中，最难以评估其对错得失。

第五十章

# 冷战的世界

俄国的苏维埃革命,对于资本主义国家当然是应予关注的警讯:资本主义必须面临严重的挑战了。第一次世界大战将要结束时,西方各国鞭长莫及,难以直接干预俄国的革命。在远东方面,美国、日本等国却派军进入俄国的滨海地区,援助白军与红军抗争。第二次世界大战,苏联与英、美共同抵抗德国。德军深入苏境,苏联急盼盟国早日打开西线战场,但是英军自顾不暇,不能强力牵制德军。反之,在远东战场,美国希望苏联早日参战,牵制日本;苏联又观望不动,直到战争结束前最后十天,苏联忽然挥军直入朝鲜与中国的东北地区,以举手之劳取得东北亚的优势。新仇旧恨,美、英与苏联因此互相猜忌防范。战争结束后四国共占德国,美英法三国与苏平分柏林,都是对抗的姿态。

第二次世界大战结束,苏联加上已经建立政权的中共,与英、美为首的西方诸国俨然已是剑拔弩张的形势。如果不是因为核武器蘑菇云的阴影,彼此都有所顾忌,第三次世界大战早就开打了!苏联很快也握有核弹在手,东西双方更是彼此牵制,谁也不敢进入全面战争。于是世界史上有了所谓的"冷战"。

西方与东方的冷战,处处有抗争。非洲各处,旧日西方的殖民地纷纷寻求独立,也常有因为国内不同势力的竞争而发生内战。于是,美苏双方各自选择一方,给予武器,也帮助组织力量。非洲各处,几乎都有西方"自由民主"与社会主义两方的代理战争。中南美洲,美国的"后院"长期在"门罗主义"下,唯美国马首是瞻。可是,这些西班牙语系的共和国常是军人掌握政权,与地主富商结合以把持国家资源,平民百姓长期不满,这些情绪遂成为社会主义革命的温床。这些国家因为革命引发的内战,实质上也是东方与西方的代理战争。

亚洲太平洋地区也与中南美情况相似,不过还加上民族主义的诉求,各地均有动乱,竟可说是融合了非洲与中南美两种形态的斗争。又因中共建立新中国的新形势,激起了马来西亚、菲律宾及中南半岛各处的斗争。在太平洋战争中的抗日游击队,大都转变为独立运动的左派武装力量。亚洲地区可谓烽烟四起!这些战争,其背后也有东方与西方大国的支持,同样也是代理战争。

## 第五十章 冷战的世界

东西双方对峙，用中国演义小说的套语，两阵对圆总会有直接的冲突，甚至双方主将也不免出面。第一个回合是柏林的封锁战。柏林市坐落在苏联占领区内，由四国分别占领一部分市区，西方三国的占领区合为西柏林，苏联的占领区则是东柏林：一个完整的都市，硬生生被切割为两半！西柏林的日用必需品，必须经过苏联占领的东德方得输入。苏联封锁柏林四周的公路与铁道，断绝西柏林的生活资源。美国不甘示弱，动用了大量飞机，连续由空中输送补给，几乎一年之久（1948—1949）。苏联终于允许西方以铁路专用列车输送西柏林的日常维生资源。这一次较量，美国是依仗雄厚的经济实力及空运力量，遂能赢得上风。

双方在远东的直接交手，则是朝鲜战争（1950—1953）与越南战争（1961—1975）两役。这两次战争都发生在第二次世界大战后分裂的国家，两个分裂的一半与另一半的战争，后面则都有资本主义国家阵营与社会主义国家阵营参与。朝鲜战争中，苏联装备的中国人民志愿军直接投入战场，以数十万众与麦克阿瑟指挥的以联合国军队为名的美国正规军队拉锯作战达三年之久，终于还是沿北纬三十八度线休战。朝鲜战争对于中国的影响，另章再予叙述。

越南战争则是越南独立战争的延续。第二次世界大战结束时，中华民国军队接受北越地区日本占领军的投降。越南独立运动（越盟）领袖胡志明在北越组织越盟，向法国争取独立。1954年，经过八年奋战，武元甲指挥的越盟大败法军于奠边府，法国承认老挝与柬埔寨独立，越南则一分为二。南北两个越南对峙，北越得到苏联与中共的援助，南越则由美国援助，双方持续冲突。1965年，美军正规军投入战争，打了十年，美军伤亡累累而不能取胜，终于因为美国人民反对继续在越作战，美军退出，北越取得越南全部国土。

在中东地区，英、美支持犹太人重建以色列。四周阿拉伯人的伊斯兰教诸国环伺，以阿双方多次冲突，阿拉伯国家从苏联获得武器，却还是赢不了以色列。中东石油资源为世界主要能源，为了争夺并控制中东油源，不仅东方与西方在这一地带明争暗斗，中东各国之间也是纵横捭阖，分分合合。不过，中东地区的动乱，美苏冷战并非主因。几个有丰富石油储量的国家国内也有民族主义者反抗英、美操纵，及不同教派之间的争夺政权。从1948年以色列建国至今，中东扰攘纷争，从未安定。

美苏冷战的主要战场还是在欧洲。美国尽其全力，以马歇尔计划帮助西欧资本主义国家重建家园。西欧诸国经济复苏，人民生活大为改善，西欧资本主义国家对于市场经济重获信心。美国是西欧集团的龙头，以北大西洋公约组织为名集合力量抵制苏联。苏联则组织了华沙公约集团，集结东欧诸国的力量与之抗衡。两个公约组织都有常设的武力，驻屯于欧洲的重要基地。这一资本主义国家与社会主义国家严阵相对的形势，乃是美苏冷战的最主要形态。

双方对峙，各自致力于整军经武，美苏核武器的比赛是

## 第五十章 冷战的世界

军备竞争的一个重要项目。与此密切相关的竞争,则是发展各种导弹,由近程至跨洲越洋,双方不断改进导弹的投射性能。这一项目的登峰造极,则是发射载具、探测太空的空间科技。苏联于1957年发射第一颗人造地球卫星,震惊全球。美国立即倾全力追赶,于1969年发射宇宙飞船,人类首次登上月球。之前的1962年,苏联在古巴部署导弹,直接威胁美国本土。美国立即摆出强硬姿态,不惜一战,要求苏联撤除导弹,一度情势紧张,人类前所未有地接近毁灭的边缘!

凡此种种军备竞争,双方都投下巨大资源。美国与西方诸国财力雄厚,还可支撑;苏联终究力量不足,为了竞争,苏联不断榨取掠夺自己集团中其他国家的资源,东欧诸国更为直接受害者。而苏联在这些国家借《华沙公约》的名义,其高压手段激起人民寻求自由民主及寻求国家独立自主的双重反抗,在匈牙利、捷克、波兰处处有大规模的抗争运动。苏联终究在长期竞争中难以为继,经济无法支撑。1985年戈尔巴乔夫进行改革,1991年苏维埃联邦解体!冷战四十年宣告结束。

四十年的抗争,不仅是双方经济实力的较量,双方内部也发生了制度上的变化。社会主义阵营的主要国家领导人推行计划经济,指望实现社会主义的平均社会。另一方面,西方集团在竞争中实力与日俱增,说明了开放社会与开放经济足以启动人人自发的积极性,遂赢得"冷战"。然而,也正在这一时代,西方各国的民权运动及劳工运动不断,也必须相应调整其社会体制。西方诸国在四十年中，几乎都发展了相当程度的社会福利制度，也在人权与民权两个层面都有了一定程度的改进。冷战时期在核战争的阴影下，双方居然都能自行调整，从而避免了人类毁灭的厄运。这不能不说是一件幸事。

第五十一章

# 新中国成立初期（20世纪50年代）

中国共产党赢了内战。1949年10月，毛泽东在天安门广场宣告：中华人民共和国中央人民政府今天成立了！正如中共在抗战期间组织敌后游击区，号召人民抵抗日本侵略，保家卫国，获得了民众的普遍支持。在建国典礼上，社会主义革命的号召当时并不突出。

中华人民共和国成立之初，全中国人民在大动乱之后有了休养生息的时光，社会秩序很快就恢复了，金圆券的噩梦也已成为过去。各地的交通设施虽然还未完全修复，至少各种物资已可有一定程度的流通，百姓的生活有显著改善。相对于当时台湾人民的困窘，大陆的中国人曾有过大乱动之后的短暂休息。

此时，人心望治！百姓的盼望并不过分：有一段安定的日子，逐步改善生活。知识分子及城市中产阶层则盼望国家彻底脱离独裁集权，走向民主。中共曾在与国民党斗争时提出的民主诉求，知识分子及城市中产阶层认为那就是中共真诚的承诺。1946年政治协商会议上，周恩来提出了《和平建国纲领草案》，开列了对于身体、言论、思想、居住等人民应享有的自由，也主张政党退出军队与学校。凡此主张，人民记忆犹新，热切地期望新的政权真的会落实这些承诺。

两年过去，朝鲜战争爆发，苏联不直接参战，却支持中国人民志愿军抗美援朝，大举进入朝鲜半岛。中国与美国在朝鲜打了一个平手。这一次考验，对于中国人民而言，毋宁证实了中国不必再屈服于西方列强。

新中国政权站稳了，中国的真正改变也就开始了。正面的建设，是第一个五年计划。中国仿照苏联模式，全力建设以重工业为主的工业基础。当时修复了许多原有的工业，并加以扩充，还建设了一些新的工厂；日本在东北建立的煤、铁、水电等工业，也逐渐恢复运作。凡此建设，对中国战后的重建有重大的意义。但在世界水平而言，中国第一个五年计划至多是在恢复战前的生产能力之外，在生产数量上有一些增长，还不能认为是突破性的成就。

第一个五年计划进行时，新中国更努力改造中国的社会与经济结构。第一次全国性的"三反""五反"运动后，是"三大改造"：改造中国的农业、手工业及资本主义工商业。中国工业遂以国有为主要形态，私营的工业及商业其所有权都转移于国家。于是，城市中小工商企业与大型工业构成的经济力完全归于国家掌握，中国的工商经济遂定于一尊。

更为重大的改造乃是改造中国的农业结构。到了20世纪50年代，中国的农业人口还占全国百分之八十以上。各地虽有地方性的差异，但中国农业基本上是劳力密集的精耕细作，以达到单位面积的产量。农舍手工作业，于近代不能抵抗工业生产的产品，相对于过去而言，已经相当萎缩。农村为了求生存，投入更多劳力换取农业产出，虽有报酬递减之窘，也不敢松懈。在这种情况下，人们工作意愿的积极性遂成为生产力的重要因素。农村中虽有地主，大多是由佃户承租；佃户在定租之外，收成都归己有，于是佃户有一定的积极性，改善耕地生产肥力，日夜辛苦，求取好收成。各地情况因土地资源及作物性质不同，各自有其土地所有与土地经营的形态。至于全国的情形，旧中国很少有拥田千顷的大地主；佃农基本上都有承佃权，自己决定生产的项目与工作时间。

中国共产党改造农村，早在抗战期间，于山西等地的游击区（老解放区）即已开始。他们发动群众，揽取地主的田产，给农民分田分产。这种处分方式，改变了农村传统的生产关系，也改变了农村社会的内在权力结构。20世纪50年代，改造中国的农村，即是将抗战期间"老区"的分田分产在全国普及。

这一运动中，农村家户分级为地主、富农、中农、下农

1950年6月28日，中央人民政府委员会第八次会议讨论并通过了《中华人民共和国土地改革法》，得到农民拥护

土改的重要措施之一即划分阶级成分，此为江苏省林隐乡第五村公布的阶级划分榜

四川某地在土改中斗地主

与贫农五级。当时每村都有至少百分之五的地主与富农，由群众分他们的田产。于是，中共让贫下中农（中农之中，有一些可能归入富农）打击地主与富农，取得他们的田产财物，也由贫下中农取得农村权力。运动无疑为中共政权奠定了控制广大农村社会的权力基础，也取得了支配农产资源的权力。

另一项措施则是反"会道门"运动。传统中国的城市与集镇存在一些宗教团体（例如白莲教、罗祖教）和拥有不少专业职工的组织（例如漕帮、马帮），更多是两者混合的社团（例如洪门）。这些会、道、门与帮派人数众多，形成国家权力以外的民间非法社会。新中国成立后，由于长江三角洲（尤其上海周边）有国民党的地下组织，寄托于帮会活动，新中国必须全力铲除这些民间非法组织。反会道门运动的结果，是中国民间的非法势力被一扫而空。

1957年，新中国又开始执行第二个五年计划。工业建设的成果，也颇为可观。但是，基于那个特定的时代，许多建设成果的数字现在尚不知道虚实。

中共在农村大办人民公社。当时认为农村仅仅分产，还是小农意识的结果，于是政府在农村合作社的基础上推动成立"人民公社"，俾彻底实现农村所有制与工作制的集体化。政府采取各种措施，在全国普遍成立"公社"。在公社体制下，出现农民不再积极工作的现象，不少地方集体消化公社的财产，吃光了存粮。加上干部为了表功，又虚报了农作产量。政府为了偿付苏联讨索债款，按照地方上报的生产数字要求收缴税款及产品。接下去就是持续三年的严重困难时期,饿死者为数众多,然而真正的数字至今不为人知。

新中国成立最初十年,如果遵循与民休息的原则,中国可能已走上经济发展的方向。黄仁宇认为中共改造了中国社会的基层结构,政府力量从此可以下达农村。这一改变,对中国社会产生了巨大而且深刻的影响。

第五十二章

# 朝鲜战争及东亚形势

第二次世界大战后,朝鲜半岛沿着北纬三十八度线分割为二:北半边金日成建立社会主义国家,南部由美国扶植流亡在美的李承晚建立亲美的韩国。长久与中国并肩抗日,由金九领导的韩国复国军,却是完全落空。当时,以盟军总司令名义占领日本的麦克阿瑟则统率美国在远东的海陆空三军,统筹全局。在第二次世界大战晚期,盟国曾有四分日本的构想,如同四分德国一样,由美英中苏各占一区,中国内战遂使这一构想成为空谈。

1950年,朝鲜战争爆发,韩国大败。麦克阿瑟命令驻韩美军援助新建的韩军反抗,将朝鲜军队逐回。此时,美国在联合国通过以"联合国军"的名义,派军队到达鸭绿江边。苏联是联合国一员,不能出面参战,遂支持中国以志愿军名

## 第五十二章 朝鲜战争及东亚形势

义大举进入朝鲜战场。美国未曾料到此事,"联合国军"面对中国数十万大军,连连败退。从此双方进退南北,互相攻伐,胜负难分,达三年之久,终于休战谈判,于板门店达成停战协议。南北对峙,至今依然。

朝鲜战争对于东亚形势有决定性的意义！1948年中国内战,国民党方面败象已十分显著。美国权衡得失,一时不能决定如何处理中美关系。眼看中共即将胜利,美国的舆论偏于接受中国的新政权,在适当时机与中共建交。另一方面,美苏冷战方起,资本主义阵营的美国已经防范共产党政权在中国立足。这一矛盾心情,在当时美国呈现为相当尖锐的意见分歧,甚至左右派对立。当时杜鲁门政府的国务卿艾奇逊有不支持国民党政府的白皮书,却又并不承认中共政权。朝鲜战争一起,中共参战,美国与中共为敌,回头支持台湾当局,并且派遣第七舰队巡弋西太平洋及台湾海峡。

这一新形势,对美国的全球战略有一定的影响。欧洲以《北大西洋公约》凝聚西欧各国,发展经济,也逐渐组织为区域性的安全共同防御体制。相对而言,在远东的阵营,美国在朝鲜战争中自己挑起大梁。第七舰队与陆空两军的驻防基地,将日本列岛、琉球群岛、中国台湾地区、菲律宾群岛连接为弧形岛屿链,而以韩国与台湾海峡为主要锋面,日本为后勤基地,夏威夷为第二线。法国在越南挫败,美国又将中南半岛列入其防线,同时也以新加坡、马来西亚与澳大利亚、新西兰的英国防线互相支持。美国这一东方大战略,至今仍可见其格局。

日本是美国在远东的主要后勤基地，美国在日本投下大量人力与资源重建日本的工业，以维护和供应部署于东亚的军事设施与装备。为此，麦克阿瑟总部全力扶助日本原来的企业，更新其设备，提升其技术，也将美国在大战中开发的大量生产模式移转给日本的工业。日本战前及战时的军国主义，是由军人、财阀共同构建的。日本的政治人物在军方势力的笼罩下，也早已听命于军方。这一军方、财阀与保守主义政客之结合，正是麦克阿瑟最为中意的力量。是以，虽有远东国际法庭的判决，惩治了一批战犯，日本的自民党代表上述之结合，在麦克阿瑟总部的庇护下连续执政数十年，其势力至今未衰！另一方面，日本在战后曾经一度十分活跃的劳工运动与学生运动，被美国认为过分偏左，经过美国与日本政府的抵制，日本社会的保守主义也复活了。日本工业复苏，经济繁荣，人民生活富裕，工潮与学潮也不再有活动的空间。

经过这一转变，日本在战前打下的经济基础上继长增高，一跃而为世界级的经济大国。太平洋战争时期日本军队坦克打不下的地方，后来都以丰田汽车、八佰伴商场、日立电器等打下了日本东方经济霸权的天下。日本的工业设施在第二次世界大战中大受空袭的摧毁，朝鲜战争之后，日本经美国支持建立的工业，其科技条件最为新式，因此日本的新建工业是当时崭新的。相对而言，美国本土的设备已经老旧了。

## 第五十二章 朝鲜战争及东亚形势

战后德国与日本的新建工业,其生产能力一时超越美国水平。世界经济实力的分配版图为此改变,以至于今。

朝鲜战争一起,中国投入战争,从此西方各国与中国长期成为仇敌。不过在那一时期内,中共其实还与欧洲各国保持相当接触,并未完全被闭关于世界之外。中共与苏联之间的关系本来相当密切,苏联支持中共抗美援朝,但当苏联欲强力讨回欠债,中苏关系便渐趋恶化。在20世纪50年代末的三年困难时期,这使中国雪上加霜,民力大受损伤。另一方面,中共与美国在战场上打成平手,对于中国人重建信心具有划时代的意义。因此,许多中国人虽百死而无悔,这一股国族主义的力量实不可忽视。

在朝鲜战争以前,退居台湾的国民党实在已山穷水尽,内缺粮草,外无救兵。从上海带出来的黄金与外币支撑了两年的军需民用,所余无几。朝鲜战争一起,中共没有足够的海军,台湾海峡遂成天险。美国援助对台湾军备与经济,都及时地纾解了困难。从1951年以后,台湾遂有时机重建经济。

朝鲜战争对于美国,竟可说是第二次世界大战后另一次相当全面的战争。打了两年多,美国死伤及失踪人数不下十万。在美国历史上,当是仅次于南北内战及两次世界大战的战争。美国国内反战情绪因此高涨,导致共和党在选战中击败了民主党。可是新当选为总统的艾森豪威尔也只能将朝鲜战争以长期休战的方式保持对立,不能完全终结战争。

朝鲜战争之后,美国投入越南战争(1961—1975),又是以失败结束。于是,从 18 世纪以来,西方在东亚的节节胜利转变为一次又一次的失败。西方力量的优势在朝鲜战争后,竟由巅峰走下坡路了。

朝鲜战争实际上打了不过两年,但是发生在朝鲜半岛的内战,却牵动了许多有关的国家;东亚甚至太平洋地区,各国之间的起伏兴衰,都在这一战争后发展出前所未有的变化,而其效应至今还在进行之中。

第五十三章

## 重整时期的台湾地区

朝鲜战争以后,东亚情势呈现为美国对中国大陆的围堵。以台湾海峡为界,台湾与大陆从此隔海对峙。本章所论则是国民党退居台湾后,台湾初期的发展。

国民党于1949年迁来台湾。"二二八事件"的惨剧影响还在,国民党却必须在这一海岛上寻求安定。朝鲜战争起后,有了美国的援助,台湾一时安全无虑,重整经济遂是急迫的课题。当时台湾的经济基础还是农业:一部分是供应食粮的稻米与水果,一部分是农产加工业的经济作物,尤其是甘蔗、烟叶与茶,都是日本殖民时期的台湾农业支援"工业日本"政策下发展的现状。

台湾在开拓时期,垦户占有大片耕地,再一级一级分别由地主、佃户耕作。另一形态的农业则是农产加工业,工厂或商户必须掌握原料来源，遂与农户约定收购，农户依约生产作物。因此不论生产粮食、作为大量外销的商品，或是提供工业加工之需，台湾的农户都有所有权与经营权的区别。这种情况下，台湾农田往往为据有较大面积的地主拥有所有权，他们放租给佃户耕作：地主收取地租，农户以其收获出售工厂或商家，博取缴租后的余款。台湾农业经营，南部为稻米与甘蔗，中部到北部之间的山地种植烟、茶，北部则有稻米和茶。全岛各处都有温带、亚热带与热带的各种水果。

日本占领台湾时，殖民政权不愿台湾出现强大的地方势力，登记土地所有权时夺去当年拥有大片土地垦户的支配权，是以原来分领的租户成为实质上的地主。这些地主中，拥有千甲的大地主不多，大多是拥有数百甲到数十甲的中小地主。耕户之中，佃农与自耕农的比率大致是两成与三成之间。一个耕作户能够耕作的土地——山地平地、旱田水田——及土地肥瘠的区别各有不同，大多可以耕种数甲至十余甲田地。地主家庭承袭祖业，不劳而获，子弟不愿在农田中劳作，遂接受教育，成为医生、律师，或从事工商业。他们生活优渥，在乡里有社会地位，也有地方事务的发言权。佃户终年劳苦，但求满足衣食，不能奢望更进一步。自耕农则差堪温饱，也不能有整足的积储。

台湾当局在台的土地改革，改变了农业人口的社会结构。三七五减租与耕者有其田，两个阶段的土地政策提高了佃农的生活水平及社会地位，却结怨地主阶层，积为反

## 第五十三章 重整时期的台湾地区

对台湾当局的潜因！

从事土地改革，是孙中山先生念兹在兹的大事。革命之初，"平均地权"即与"驱逐鞑虏"并列为主要的主张。后来在民生主义中，为了杜绝地主不劳而获大利，而有照价征税、涨价归公的土地政策。国民党在1930年以后也制定过土地法案，但是因为内外战争，也因为国家财力不足以负担偿付地主的经费，这一政策从未落实。但无论如何，台湾的土地改革还是比较成功的。

台湾土改能够有一定的成果，一则台湾当局握有日本留台产业，可以用作偿付地主的经费；二则当时台湾当局与地主阶层没有人情瓜葛，可以彻底执行；三则配合土地制度的改革，当时"农复会"负有推动农业专责，全力提升农业技术，也有农业贷款等资源，以此支持农业发展。农户既能掌握有用的资讯，也有可以与内外经济挂钩的机制，遂在很短时间，农户即能提高其收入，也使农业总收益有了大幅度的增加。

这一措施，平心而论，是为了社会公平公义的理念。在1949年前的国民党无暇执行同样的政策，别的国家，例如菲律宾，也未能成功，其原因则在于菲律宾地主阶层的势力强大，土改政策遭遇极大的反抗。

当时台湾土改成功的效益，也不全在佃户得益。这些正面与负面的效应可分几面：第一，大约有三分之一的人口收入增加；他们新获得的购买力，转化为岛内市场，一些工商产品因有了岛内市场，得以稳定扩展，例如家用电器、纺织、

台湾推行土地改革，得到耕地的农妇喜笑颜开

地政工作人员访问地主，向其宣传"耕者有其田"政策

## 第五十三章 重整时期的台湾地区

建筑器材等均一时而有蓬勃气象。满足岛内市场后，这些产业有了余力开拓外销市场，为台湾后来经济发展奠定基础。

第二，台湾当局以日本人留下产业的股权补偿地主的土地价值。许多地主从此转入工商业，农业资本遂转化为工业资本，对于台湾经济转型具有发轫的作用。但是，也有不少地主习惯于不劳而获，得了股票，折现为消费，坐吃山空，遂由富裕沦为贫穷。这些人怨恨台湾当局夺人财产。他们原是台湾的中产阶级，有社会地位，也能左右社会舆论，夺产之恨转化为怨恨台湾当局，再转为仇视外省人，三转为自外于中国及中国文化。今日台湾的势力，颇多由这一条线索发展的成分。当年土改损伤了这一地主阶层的既得利益，今日海峡两岸关系的难题颇与此事有关。

第三，许多佃户及自耕农，恰巧有土地在后日的都市地区。台湾经济发展引发迅速的都市化，市区内的土地寸土寸金，于是当年能分到若干甲耕地的农户竟忽然暴富。台湾当局当初土地改革，本是有耕地与都市用地两个阶段的计划。都市发展太快，还未有时间执行都市土地改革，地价已如脱缰野马，一发不能收拾，徒贻今日恶性都市化的痼疾。而且，这一份财富有自我滋长的动能。新兴的暴发户更与经济发展同步，他们攫取了更多的财富，酿成社会极度的贫富不均！

第四，在日本殖民时期，台湾农村即有农会、水利组合等组织，发挥了农业社会的服务功能。土地改革后，农业贷款、产销合作、民间存兑等机能，使这些机构成为地方乡镇的权力中心。国民党既推动了土地改革,掌握这些机构的地方人士遂与国民党有了共生关系。在土改以前,地方的权力阶层是地主、地方工商业者与"小镇医生"们,土改以后,原有的地方精英失势,代之而起的即是台湾地方当局与国民党培植的新贵。他们后来成为地方选举的得益者,既是桩脚角头,也是民意代表及地方行政干部。这一新起的地方权力阶层,论其文化素质,不如过去的地方精英。台湾地方政治的恶质化,也是土地改革的负面效应。

若从经济效果看,台湾的土地改革不但在平均财富有一时可见的效应,而且台湾农业为此日益精致,土地单位面积的农业收益也一时位列前茅。然而,农业的繁荣,很快即被外销工业的兴旺超越了,农业又被挤入次要的产业中。

当然,当时更为可见的效应,则是由生活改善取得的社会安定。退居台湾的国民党在流离中,遂由此而立足台湾,一时之间,教育、文化及生活所需的设施均得以逐步取得发展的机会。

台湾当局以土地改革稳定台湾经济,其原来意图已如上述,原有构想是为了落实社会公平公义的理念。历史发展却并不常尽如人意,前述诸种效应,颇有出当事人预料之外者!

总之,1950年以后,因为土地改革成功,台湾安定了。许多后来的建设与发展遂能有次第展开的机会。土地改革,这一本意不恶的措施,对台湾安定有阶段性的正面意义。然而,历史本是复杂的,在正面价值的底下,却伏下许多负面的效应!我常用"吊诡"一词形容历史的复杂变化。让我再用一次:这一时期,以土地改革为中心的台湾历史,也是充满了吊诡!

第五十四章

# 台湾地区的经济起飞

台湾在20世纪60年代后期得到了喘息的机会，从70年代开始，一步一步踏上经济发展的征程。这一转折的起点，竟是在"中华民国"失去联合国的席位时，上下都出现了旺盛的斗志。发生转变的基本条件，一则是内部安定了，土地改革后百姓有了较强的购买力，撑起岛内市场，也铺设了工业化的基础。这一部分已在前章讨论过，此处不赘。另一个条件则是台湾当局结合了内在性质发生蜕变，实质上放弃了"回到大陆"的指望，全心全力发展托身于斯的台湾。

台湾当局在20世纪60年代后半期已逐渐改变，蒋介石执掌的大权渐渐交给蒋经国。蒋经国是在苏联经验下长大的政治人物，他在早年政治生涯中耳濡目染，脱不开"政工"经验，即以组织掌握部属的思想与忠诚。在台湾，他也重建了同样的系统，为他的父亲牢牢掌握军权。蒋介石自己以军权起家，但在国民党的老党员中，大陆时代的蒋介石从未能全盘抓住国民党组织。来台之后，国民党经过改造，蒋氏方能运用党机器完全操纵以党领政的威权体制。蒋经国接过权力棒，也是从政工掌握军权，接过党机器。他的接班过程，却由担任政工首长及救国团领袖开始，第一个任务即是安顿数十万退役的荣民。在这一任务上，他从荣民筑路、荣民开拓、荣民医药、荣民创业等许多繁杂事务中，体会到政工的教条口号及个人的忠诚不足以解决实际问题。他从工程、金融、管理等这些实务中，接触到诸多单位的许多有专业能力的技术官僚。他从技术官僚的工作中，体会到所谓"工具性的理性"：为了达成一项任务，工作人员必须从实际的数据掌握问题，凭借已有资源，取得最合理的效果。他从"政工首长"接掌"经建会"，乃是他一生事业的转折点，也是台湾当局摆脱教条转而追求实际效果的转折点。

台湾经济的发展，第一阶段是十大建设，努力建立全面发展所需的基本配套设施，即建设交通（机场、港口、高速公路）、能源（各种发电与输电设备）。在软件方面，则设立各种服务性机构，包括掌握经济发展理论的研究所、搜集数据的数据库、收发货币及外币的国际贸易单位等。台湾当局的重点任务，遂由军事、政治与安全转向为发展若干特定的工业。执掌台湾当局实际权力的高层，也由党方与军方转变为工程师、经济学家与银行家出身的技术官僚群。前章曾提到的严家淦、孙运璿、李国鼎、俞国华、蒋梦麟、沈宗瀚、蒋硕杰、刘大中等人，遂在台湾的经济发展史上留下了不能湮没的名字。

台湾的发展模式既不是完全开放，也不是完全由当局执行计划，而是由当局研拟发展的项目及发展的次序，再以贷款与免税等条件诱导民间的企业家投入人力物力来发展一些特定的工业。一波工业的发展高潮过去，即须开始发动另一项工业，延续发展的动力一波又一波。台湾的产业结构的重心，由农产品（如水果、茶）及农产加工（如制糖、烟酒）转变为日用品的生产（如纺织、家用电器），再转变为工业用品及交通工具（如精密机械、造船、机车、汽车），再转变为石化塑料，再转变为信息工业。到20世纪80年代下半期，再下一步的发展，应是光电、生物科技及纳米工业。但是蒋经国去世后，台湾沦入内争，再也没有进一步开展那些具有潜力的产业，以致今日的台湾经济停滞，竟不能再继长增高。

台湾当局组织了推动某一专门产业的机构，集合公私官民的人力物力，引进这一行业的知识，组织研究团队，将可行的技术转让给民间投资的厂商（例如石化工业的王永庆、赵廷箴等）或者由当局投资配合，在当局筹建的工业园区预置能源输送、材料以及成品运输、安全与环境保护等配套设施，集中有关工厂投入生产，再以加工免税条件促使成品外销。凡此成套的设计，从研究到外销都是官民协作，方能在短期内即迅速建立一定工业规模的生产业绩。

## 第五十四章 台湾地区的经济起飞

台湾的经济从20世纪60年代后期发轫,到80年代已成绩斐然可观。为了配合经济建设所需的人才,教育制度也有改变。中等教育的技术与职业学校,为台湾培养了一个时代的优质技工,大学中的工学院、管理学院及商学院也为社会训练了够用的专业人员。那二十年内,台湾经济实力大幅度增长,国民所得也翻了好几倍。一个不大的岛屿,没有自己的资源,却能创造这样的成绩,不是凭借口号,也不是借力情绪,而是在有计划的安排下,由公权力创造可以发展的条件,集合民间的才智与财力,这样,每一个人即会自动自发积极努力,以求取个人的成就。许多个人的成就累积为完整的经济体,在这时,就是大家的共同成绩。台湾得到了东亚经济"四小龙"之首的名号,在香港地区、新加坡、马来西亚等以华人为经济主流的社会中,俨然执其牛耳。"台湾钱淹脚目"是外人的印象,也是台湾自己傲人的自诩。

当经济成为台湾社会最重要的一个领域时,蒋介石时代的党政、军队与情治体系,相对而言,都必须退避三舍。国民党的"中常会"本是蒋氏权力结构的核心,开始容纳一些"红顶商人",即有实力的财团东家。军队也因为装备、训练及组织都趋于美国方式,军官必须具备一定的专业水平。军队专业化,逐渐摆脱了"政工"不够专业的影响。情治系统在蒋经国手上已由多元合并为单一系统,又因为情治工作不是仅在打报告,而必须以专业搜集与分析有关信息,也趋于专业化。于是在蒋经国时代,他自己虽有无比的威望,足以驾驭军队与情治系统，但实质上已将这两个专业化的系统转变为政治机器的一部分。

凡此演变，随着金钱至上的观念占上风，国民党体制遂已改变，有了若干专业工作的团队为台湾服务。蒋经国的继承人李登辉已不再能继承蒋经国十足的个人威权，只是落日还有余晖，李登辉仍旧延续了一些余威。国民党内，无人再可以凭借军队、情治及党机器打造另一个威权领袖。

经济发展使绝大多数人的生活改善了。好事的另一面，终究难免有伴随而至的负面效应。台湾快速的工业化与都市化，许多富郭良田变成市区工厂及道路，都市生活的方便与舒适，付出的代价是绿地迅速消失，导致环境的改变。都市排污，也污染了水资源。人口增加以及活动空间的扩张，都因过度开发使山林田野日益消失。

都市发展，为拥有土地者创造了不劳而获的财富。这些财富又投资于工商业，博取丰厚利润。拥有土地与资本的富人，在人口比例上终究是少数，然而他们却拥有大部分的财富；相对而言，领取薪资的工作人员及劳工占全人口的绝大多数，他们的个人收入较之富人微不足道，他们收入的总和也不比富人财产总数为多。经济学家称为自由竞争的市场规律，若没有其他力量干预，贫富差距只会不断拉大，而不会自动调节为缩短其间的差距。

在社会伦理及文化价值方面，富有的社会也未必会因富而人人有礼。人人志在发财时，若没有以公义为尚的教育，

台湾第一条高速公路麦克阿瑟公路于1964年5月2日举行通车典礼，该路连通台北、基隆，给民众带来莫大便利

1978年10月，台湾南北高速公路全线通车

缺少防范以财压人的法律，则行为不再会有规范；只要能发财，将放僻邪侈，无所不为！台湾富足以来，不过一个时代，社会伦理已非常浇薄，暴发户的庸俗粗鲁是普遍可见的现象。《论语》上说：在人口众多之时，必须使他们生活富裕；富裕之后，则必须使他们有教养。但是，富人以为财富即可骄人时，谁还想到教养？谁还想到公义与公平？

台湾由贫困一变为富裕，文化却并没相应地提升。剧院的设备讲究，却不见够格的剧本和优良的演技。媒体、印刷与画面多姿多彩，却逐渐空洞庸俗，在思想、文学、艺术、音乐各领域，三十年来只见其退，而不见其进！

总之，台湾三十年来，经济发展的确大有成就。正面的效应是，一般民众的生活改善了，威权体制因为经济挂帅，而失去了其寄托的权力来源。那一批技术官僚的专业团队，可谓有用的人力资源。负面的效应则是社会贫富悬殊，公平与公义的社会伦理丧失殆尽，自然环境也因为都市化而大受斫伤。

第五十五章

# 台湾地区的民主化与大陆的改革开放

这一章论述的历史,正在我们眼前展开。许多方面还仍在发展之中,不能有定论。因此,本章只陈述几条主要的发展轴线,不赘述细节。

台湾的民主化是与蒋经国时代的经济起飞相伴而至。蒋经国在20世纪60年代的晚期即已掌握实权,但是许多政治与经济的发展主轴,还是在他接任之后次第开展。1987年蒋经国去世,李登辉继任,又将蒋经国留下的工作推向另一方向。

蒋经国时代初期,台湾经济建设已见眉目。由孙运璿、李国鼎、蒋彦士等人辅佐,蒋经国于1971年之后全心全力发展经济。孙运璿等人致力于将建设事业的讨论放在公众论坛,这样既可寻觅发展方向,又可借舆论塑造社会共识。

政府与民间，尤其是两大报业集团，不断邀请海内外人士集议台湾发展的方向，并以大篇幅的论文在公众媒体讨论各项问题。于是，言论大展，打破了一切过去威权统治的禁忌。

这些讨论奠定了台湾光复二三十年改革的蓝图。在经济方面，以高科技产业及金融服务业为主轴，因此台湾经济从外销高附加价值的产品提升产业水平，融入全球经济网络。岛内的硬件工程（如港口、道路）及服务项目（如科技园区、技职教育），都是与此相关的配套设施。

在政治方面，以民主化与本土化为发展主轴，台湾当局逐渐开放言禁，约束过去的情治系统（例如外放王升），及落实各级民选行政首长及民意代表，尤其准备政党竞争时的选举制度，最后则是解除戒严，回归宪政。台湾当局也致力于罗致本土的青年人才，培养新血，以接替1949年从大陆来台的前辈。

在民间方面，经济发展的结果是职业多元化，许多青年人就业机会多了，大家的收入也增加了。民间的社会力量为此渐渐茁长。另一方面，主张本土主体性的民间人士与海外力量以群众运动向台湾当局抗争，在街头与军警发生冲突（例如中坜事件、高雄美丽岛事件），凝聚了本土民间的反对力量，党外力量终于结合，组织了以建立"本土权力"为宗旨的民进党，奠定了政党活动的基础。2000年，民进党执政，完成了民主程序的权力转移。

## 第五十五章　台湾地区的民主化与大陆的改革开放

蒋经国在任时，一步一步减少对民间活动的干预，是以台湾地区的民主化发展过程，相对于其他威权体制的转型还是比较和平与渐进的。李登辉继任后，致力于推动蒋经国时代已启动的民主化进程。

以上这些发展的结果是台湾富足，有"钱淹脚目"的口头语，本土政治力量逐渐取得民间资源的支持。

在中国大陆方面，经历了1957年的反右运动、1958年开始的"大跃进"浮夸风、1958—1961年的严重困难以及1966年发动的长达十年的"文化大革命"的恶性效应，引发了全面的反弹。后来在邓小平的务实政策下，逐渐走向开放的市场经济；与经济开放同步出现的，则是政治体制改革也已启动，走向务实的方向。

中国人民在改革开放之后，释放了巨大的潜能。中国遂由封闭的社会迅速地发展了新形态的经济。邓小平以南方沿海地区（尤其是深圳）的发展经验，施之于全国其他地区。在他退休以前，中国的经济发展已摆脱了"姓资姓社"的束缚。至今，邓小平的继任者都延续了以发展经济为主轴的国家政策。

经过几十年的累积，中国成为一个庞大而有活力的经济体。在世界经济网络中，据有旁人不可忽视的地位。生产能力提高了，中国一般百姓的生活水平也提高了。整体言之，现在中国的经济实力非常强大。但是中国人口众多，人均收入相对于发达国家还是相当微小。

经济发展了，中国的学术与文化也有了相应的复苏。最可注目的学术发展是在科学工艺技术方面，即使在经济困苦时，中国对有关国防的科技建设仍投下不少人力物力，发展核武器、导弹及飞机、战舰的设计与制造能力。中国近来则在太空探测、生物科技、信息科学方面均有长足进步。中国已是拥有现代科技研究与应用能力的大国。总体言之，中国的实力是在理工实用方面，至于人文社会学科的水平还有待提升。

台海两岸，在最近二三十年来，彼此关系并不和洽。蒋经国时代，美国在正式承认中华人民共和国为中国唯一主权之后，以《台湾关系法》维持了台湾当局在台湾的实质统治权。这"一个中国"的原则，两岸有空间各自解释其含义。"一中原则"遂在模糊之中延续两岸之间的对决，维持了台海和平。蒋经国在20世纪80年代开放大陆老兵回籍探亲，开启了两岸民间接触与交流的渠道。二十余年来，双方也容许经济交流（包括投资与贸易）及文化、宗教等双方的来往。但是，中国国力渐强，在中国已是一个大国的今天，政府不会坐视台湾的脱离。中国在法理上坚持国家主权的完整，坚持台湾是中国的一部分，从国防安全的观点出发，更不容许一个有敌意的台湾扼中国东海的门户。

最近二十年来，台湾与中国大陆都经历了深刻的变化，台湾的民主化历程值得肯定，而中国大陆正在崛起，为世界瞩目。总而言之，两岸之间，如何和平共存，携手合作，而不是两败俱伤，全看两岸人民与执政者能否以智慧约束情绪，找出好的解决方案。

第五十六章

# 亚洲太平洋地区的情势

亚太地区的任何变动,都会直接间接影响台湾地区与中国大陆。最近一个时代,亚太地区确实发生了许多重大的变化。

在上一个时代,即第二次世界大战以后的三十多年,许多西方列强的殖民地纷纷独立建国。英、法、荷兰的势力都离开了亚洲,而英联邦的澳大利亚与新西兰还没有自认为是亚太地区的一部分。美国在朝鲜战争之后,沿着太平洋西岸布置了一条防堵中国的防线,从朝鲜半岛的三十八度线,经过琉球、台湾地区到中南半岛的北越南越分割线,处处有美国的势力。在太平洋地区,韩国、琉球、中国台湾地区、菲律宾都有美军驻守,第七舰队南北巡弋,金兰湾、清泉岗、苏比克、关岛是其前哨基地,日本是美国支持各地的后勤基地，夏威夷则是太平洋美国军事力量的总部。许多国家仰美国鼻息，美国的经济力量与军事力量，面对其假想敌苏联与中国，维持了其在太平洋的安全。浩瀚的太平洋，不啻美国在冷战时期的内海。

经过一个时代的对峙，美苏冷战逐渐消退，尤其中国与苏联关系紧张，社会主义阵营不再是铁板一块；以美国为首的西方国家（也有变化）则因为欧洲从战乱中复苏，渐渐发展了欧盟的共同体，其经济实力不下于美国，于是以自由民主与市场经济为号召的西方世界，亦不复唯美国马首是瞻。这一形势，同样对亚太地区的国际社会也有相当影响。

1962—1975年，中南半岛风云变化，牵动了美国在世界棋局中的地位。北越以中国为大后方，以南越为前线，与美国周旋。十余年的越战，越南死伤以百万计，美国也损失惨重。终于在1975年，以两越统一结束了这一比朝鲜战争更长久、更残酷的战争。美国退出越南，实是其立国后在国际战场上的严重挫败。美国在亚太地区的霸权陡然失去分量。

美国逐渐减少对亚太地区的直接干预，放弃了金兰湾与苏比克两大基地。中华人民共和国恢复在联合国的合法席位。随着尼克松访华及中美建交，美国也结束了在台湾的基地。美国削减在韩国的驻军，也将在冲绳的基地转移到日本本土，于是美国只以航舰群及远程导弹作为太平洋防务的主力，不再直接驻防军队于亚太地区。美国除了关岛以外，唯有在日本以横须贺作为舰队驻泊港口与军机维修基地。

第五十六章　亚洲太平洋地区的情势

在此同时，中国从"文革"浩劫中脱胎换骨，经过邓小平务实政策的改革开放，逐渐发展起来。中国在"冷战"时期曾是亚太革命势力心仪的对象，在这一时代，又成为亚太地区发展经济的模式，而且中国庞大的市场及生产能力也牵动了亚太地区的国际经济布局。

亚太地区各国在20世纪60年代晚期即开始筹划建立地区性的新秩序。1967年，新加坡、马来西亚、泰国、印度尼西亚、菲律宾五国组成东盟（ASEAN），后来又陆续有文莱、越南、老挝、缅甸、柬埔寨加盟。这一国际组织的最初作用，是互相合作协调，共同发展经济，后又加入区域安全、文化学术教育、自然生态保护等共同合作的项目，并组成秘书处，在雅加达设有东盟的常设机构。1997年，东盟又增加了中国、日本及韩国为额外会员（所谓9+3，其时柬埔寨尚未入盟）。2004年，这一组织又为了亚洲区域论坛，邀请澳大利亚、新西兰、印度等国家参加，然后论坛的参加者越来越多，实际上涵盖了环太平洋区及亚洲的众多国家，俨然有发展为亚太区域组织的趋势。假以时日，东盟未尝不可能发展为类似欧盟的区域共同体。

美国对于东盟并不十分热心，也不很重视，当是因为东南亚国家自己组成了这样一个区域合作组织，竟跳过了以亚太盟主自居的美国。美国旋即于1993年联合澳大利亚等国，组成亚太经济合作组织（APEC）会员国及观察员，一网打尽包括所有亚太地区的大小国家。亚太经济合作组织的功能，也是协调国际经济合作及讨论国际性的共同议题。亚太经济合作组织的特点，是在会员国元首定期集会时，各国有关部会的首长也参与个别有双边或多边的协商会议，为实质议题安排国际合作的论坛。亚太经济合作组织在声势上似乎超过了东盟，但亚太经济合作组织只是热热闹闹的论坛而已，其未来提升与充实的可能性并不很大。台湾地区是亚太经济合作组织的"地区性实体"会员，可以与香港等地区一样参加该组织。

中国国力渐强，国际地位提高，对于亚洲事务遂有了发言权。苏联解体，原为其联邦加盟国的哈萨克斯坦等五个中亚国家毗邻中国西北，彼此接壤，遂与中国有上海论坛的组织，现在也有不少亚洲国家参加这一论坛。[1]

由上述情形可以观见，亚太地区的国际新秩序正在形成，多方面势力纵横捭阖，都在寻觅施展的场合。美国还想维持其领袖地位，中国十分活跃，他国也不敢轻忽中国的潜力。台湾地区由于情况特殊，则寂寞憔悴，十分无奈。

日本以其经济力量之雄厚，在亚洲太平洋地区事务中本应有发言权，却有处处插不上手的窘态。此中原因，当然是由于日本曾经侵略中国，吞灭朝鲜，又在太平洋战争中侵害东南亚各国。日本在侵略战争中，杀戮劫掠，罪行斑斑，却

---

[1] 编注：上海合作组织于2001年6月在上海成立，截止2024年10月，有十个成员国：中国、俄罗斯、哈萨克斯坦、吉尔吉斯斯坦、塔吉克斯坦、乌兹别克斯坦、印度、巴基斯坦、伊朗、白俄罗斯，另有两个观察员国和十四个对话伙伴。中亚的土库曼斯坦并非组织成员。

## 第五十六章　亚洲太平洋地区的情势

又至今拒绝认罪，更别说向受害各国道歉。亚太地区诸国对日本抱有疑惧，哪能再让日本插手亚太区域的共同组织？

日本自认国力强大富足，可是受制于麦克阿瑟加诸日本的宪法，至今仍不能具有"正常国家"的身份。多年来托庇美国的保护，节省了军费，遂得迅速发展经济。但是，美国视日本为放在东亚的棋子，亦如英国是美国放在欧洲的棋子，美国也不会轻易放任日本自作主张。日本的地位尴尬，一时还未必有解。

第二次世界大战期间，亚太诸国仰仗美国出钱出力，击败了横行一时的日本。美国因此在战后据有盟主的地位。二战结束已逾半个世纪，东方诸国，成败枯荣各有其发展过程。今天亚太区域的新秩序正在渐渐成形，也正是世界全球化过程中必有的阶段。美国不甘于从盟主地位上滑落，在欧洲与亚洲都努力撑住长期保有的领袖身份，为此对于区域性秩序的形成，不愿放任当地诸国接下这一工作。亚太新形势，其实已经明白可见其趋向。美国处处干预，反而为自己招惹麻烦。人类历史上许多复杂问题，往往由于功成者不能自知抽身所致。

第五十七章

# 今日世界大势

前面两次世界大战之间,只有不到二十年的喘息。第二次世界大战结束,至今居然没有第三次世界大战!这是由于核武器的毁灭性太大,谁也不敢发动一次玉石俱焚的大战。于是数十年来,只有美苏之间的冷战与局部地区的冲突,例如朝鲜战争、越南战争、巴尔干战争、车臣战争以及中东地区不断的战争。美国以霸主身份,自诩为捍卫民主人权的国际领袖。从 1950 年以来,世界各地的大小冲突,很少没有美国的介入。这一段相对稳定的时代,历史的记载可能是"美利坚和平"(Pax Americana),堪与过去罗马和平(Pax Romana)、华夏和平(Pax Sinica)、英吉利和平(Pax Britannica)相提并论,而且这一霸权涵盖地域及人口几乎遍及全球,遥遥超越前几次历史上的国际秩序。

## 第五十七章　今日世界大势

冷战期间，西方（美、英、法）与东方（苏、中）都拥有核武器，也都有洲际导弹，足以毁灭敌方本土。为了维持这一均势，各国都致力于发展高科技，也都集结了一批盟国，壮大自己的声势，扩大自己的影响。在欧洲，西方的北大西洋公约组织集结了西欧本土的国家，与东欧为主的华沙条约组织对峙了数十年。在亚太地区，美国划下了防线，两次直接投下美国的军队，先后在朝鲜半岛与中南半岛参与战争。1962年，在美国的大门口，苏联也曾在古巴部署了导弹，肯尼迪以不惜发动大战为威胁，赫鲁晓夫才撤除已运去的导弹。以上是20世纪中期的情势。

最近二三十年来，世界情势已有丕变。不仅冷战结束，苏联解体，而且欧洲诸国的欧盟逐渐茁壮。欧洲已成为可以与美国分庭抗礼的国际力量。欧盟原是西欧为了战后重建，1952年成立煤铁联盟，共享资源。经过数十年演变，欧盟几乎已是一个政治实体。欧盟诸国边界不设防，货物也没有关税，各国文化学术交流完全畅通。最重要的一步，则是2002年欧洲共同体发行的欧元，流通各处，币值也已超过美元。

欧洲诸国本来分分合合，颇多恩怨。尤其法德之间，自从普法战争以来，这两个不同族群的大国，战争不断，胜负迭见。两国接壤的地区强占割让，反复易手，每次都留下仇恨的记忆。但建组欧盟却是法德携手的大事业。这两个国家的合作，使欧洲大陆的大部分国家凝聚为一个集团，其坚实程度为法兰克王国以来所仅见。最堪我们借鉴者，最近法德两国历史学界共同撰写两国间的几次战争，排除了许多积淀的偏见与扭曲，务必求得真相，结束过去，开启未来。

欧盟发展的趋势，早晚会成欧罗巴合众国。在欧洲孕育开展的列国制度及国族主义（Nationalism），数百年来被认作人类政治组织的终极形态。经过欧盟的演变，人们已不须坚持国族国家（nation state）的必然性，更无须为了这一特殊形态寻觅甚至编造理由作为构建某国家存在的合理性！

从欧盟发展的过程看，所谓"国族国家"的主权，并不必然是绝对的。在欧盟的框架下，许多主权项目可以让渡给区域组织，同盟诸国之间可享有更多的共同福祉与利益。这一发展模式，其实与"联合国"的理想是吻合的。联合的存在，是为了全球人类社会的和平共存，互济与合作。这一个国际共同组织，若要求其更进一步茁壮成长，参加的会员国必须将主权中若干项目让渡给位阶高于"合众国"的"联合国"。举一些实例，世界卫生组织、国际法庭以及世界共同参加的护持地球生态等，无不要求各国放弃若干项目的主权，以成全人类共同的社会。

当然，理想与现实之间会有落差，欧盟是为了"合"而出现，可是小地区之间仍有人在鼓吹"分"。捷克斯洛伐克本是捷克与斯洛伐克两个族群合组的国家，十余年前，斯洛伐克人坚持从捷克斯洛伐克中独立建国。昔日的捷克斯洛伐克分裂为两个国家。可是，以农业为主的斯洛伐克终究不能不放任其国民纷纷移往捷克就业。比利时的荷语族群与法语系统族群也在闹分裂。一所古老的大学为了族群分裂分了两个校区，以致图书设备也割裂为二，确实验证了"合则双美，分则两伤"一语的智慧。

在欧盟以外，"分"的要求也处处导致灾难。巴尔干地区族群成分复杂，国族国家已将这一地区分割为许多小块，小块之内还有更细的分类，以致有科索沃战争等争城争地的冲突。中东伊斯兰教在族群之外又有教派的分裂，什叶派与逊尼派的斗争一千余年从未终止。最近伊拉克战争，除了美军与当地人之间，还有这两个教派之间的游击战。在非洲，过去西方列强的殖民地独立建国，其中有些国家包含若干不同的族群，同时同一族群又分别居住在不同的国家。今天的非洲，国际冲突与国内的族群内战虽然都用了过时的武器厮杀，但又何尝不是以百姓为刍狗，牺牲了许多生命，只为了一个"分"字！

今日全人类的人口总数增加了不少。生活水平各处差异很大，总体说来，比五十年前有相当程度的提升。于是，人类消耗的资源及能源都比过去多，消耗的速度也更快。这一现象，一方面造成资源的争夺更激烈，另一方面也使生产与市场的版图更不断在变化。资源的争夺之中，尤以石油为最严重，因为这一种能源至今用途最多，也已是大家依赖的能源。今天中东地区最为多事，虽然宗教因素招致不少纷扰，然而匹夫无罪，怀璧其罪，若该地没有大量储油，英美列强也不至于强力干涉，不愿放手。世界资源日渐不足，未来为了争夺资源而起的纠纷看来会越演越烈。

但从有效地使用有限的资源以及有效地保护人类生存空间的角度言，人类除了合作之外，别无他途！于是今日我们既有了"欧盟"趋于"合"的努力，也有上述族群意识孕育了"分"的问题。欧盟与东盟这一类形态的发展，是人类发展的合理趋势。美国霸权或其他大国可能发展的区域霸权，若以北大西洋公约、亚太经济合作组织甚至世界贸易组织（WTO）而言，也并非顺应"合"的时代意义。大气候的"合"之同时，小气候的"分"还是会不断出现。今日世界终究是纷纷扰扰，事故不断，却也在孕育了未来人类共同社会合作共济的希望。

第五十八章

# 后现代论述

20世纪中期以后,从欧洲与美国开始的后现代论述逐渐扩散,至今弥漫各处,俨然形成全球性的文化反思运动,甚至竟可能引发全球文化发展的大转折。

"后现代",是指对现代的反思。两三百年来,自从欧洲的启蒙运动定下了"现代"的基调,西方文明遂以理性、科学(包括科学主义)及民主为其主要的诉求。国族国家、资本主义市场经济、自由竞争、个人主义,西方列强都以这几个观念确认西方文明的扩张与成长,甚至西方殖民主义也借用生物演化论,衍绎为人世间弱肉强食的合理性。

西方的优势,迫使亚洲、非洲与大洋洲各处文化俯首称臣。于是,弱势文化族群为了奋起直追,也以西方的"现代"作为自己学习的对象,五四运动提出的"德先生"与"赛先生"

即是一个例证。对于日本治理台湾的种种措施，今日台湾有人即称之为日本将"现代"带进了台湾。二三十年前，有些台湾学者不断鼓吹现代化，今日中国大陆有不少人也以模仿西方为"现代化"的同义词。

可是，在西方，由欧洲的知识分子开始，却已在认真地思考"现代性"的本质，也在寻找"现代"以后可能如何。另一方面，文化的创造者、艺术家、音乐家与文学家分别以其敏锐的直观，探索上述"现代"以外的其他可能性。

早就有人指出，西方启蒙运动的本质，是摆脱天主教普世教会的思想教条与相应的控制机制。自由、平等、博爱是法国大革命的三色象征，原是反教会与反贵族社会，其中并不必然具备普世的意义。启蒙运动的理性思维，固然追溯到希腊文明，然而科学与自然律之间的关联，却又与基督教上帝的神圣律（divine law）难以分割。韦伯论述资本主义的起源问题时，指称基督教"神恩"在于鼓励个人积极工作的意愿。

由此可知，启蒙运动实是西方文明自己的独有条件，在那一特定时空出现的现象。近来社会学家与历史学家以为"现代性"是一个"多数"的名词，世上应有，也正在开展若干不同内涵的"现代"。

对于"现代"的质疑，克尔凯郭尔（Søren Kierkegaard）的神学已将上帝的理性拉到人自己的主观观点，黑格尔对于"现代"依据的理性也提出了"变"的辩证论。马克思的经济学则对于"现代"所依据的生产方式与生产关系，不仅严

# 第五十八章 后现代论述

> **克尔凯郭尔的神学思想**
>
> 克尔凯郭尔（或译祁克果，1813—1855），是丹麦的哲学家与神学家。他的神学思想强调"主观的真理"，认为宇宙万物都是为了人而存在，因此每个人对所处的环境都有很大的责任。虽然每个人所面对的未来充满不确定与忧虑，但是每个人作为"存在的主体"还是必须要自己做抉择。

厉批判，还提出社会主义为其对策。

从西方以外的角度，萨义德的"东方主义"论述，则指出所谓东方实际上是以"西方"观点强加于"东方"的标准，而不少"东方"人士却以西方的观点回头衡量与思考自己的属性，竟以为西方的经历为必然的，也是普世的。经过认真的检讨，许多非西方的人士，开始从自己的角度看问题，中东、拉丁美洲与非洲都有人跳出广义的"东方主义"，重新审视自己的过去与未来，付诸实际行动。

在历史学的园地，19世纪的实证史学长期以来是这一学科的主流，福柯、哈贝马斯、德里达等人却揭开"历史"的主观性，揭陈历史的记录、传承与叙述其实都是诠释。对于国族观念，安德森指出国家与族群其实都是构建出来的想象共同体；启蒙时代以来，国族俨然是人类群体的终极形态，在"想象的共同体"的检视下，也失去了其神圣的属性。是

马丁·路德·金在对群众演讲

1968年5月,法国爆发大规模学生运动,史称"五月风暴"

## 第五十八章 后现代论述

以无论是纵向的时间轴线还是横向的社会空间，那些束缚"人"的传统都面临挑战的颠覆。

美国的非洲后裔（黑人）从百年奴隶的困境中重新找到自己，以一波又一波的民权运动争取族群的平等与基本人权。族群诉求，遂挑战了西方现代主义的强势主导（所谓霸权）。这一挑战主流的运动扩散到妇女运动，女性也质疑以男性观点主导构建的历史与种种相应的制度。这一性别的再认识，延伸到同性恋的问题，揭开了自古以来长久遮掩的社会禁忌。20世纪60年代，美国西岸大学生发动的民权运动，很快遍及整个美国。这一学生运动内容十分复杂，竟可说是一次宁静的文化革命。主轴虽是人权尤其是性别问题，却对于权威与传统全面检讨，甚至矫枉不惜过正，可以看作颠覆了传统。美国在60年代之后，经由立法程序，在人权的领域，公权力颇多有旨在救助的措施；更堪注意者则在社会舆论，这番宁静革命也发生了指导的效应。欧洲方面，也是由青年与文化人担纲，各处均有类似的运动。欧美知识分子的自觉，启动了全世界相当广泛的响应。吊诡之处在于，这一对于西方主流文化的质疑与反动，仍是由西方带动了东方世界，后者本应是揭竿而起的力量，反而又一次追随居优势地位的西方！

文化的创先者，即文学家、音乐家、艺术家等，并不必然与学术界的阐释同一步调。这些领域的发展，是经由他们的直观创造性地转变了表现的方式，文学家如卡夫卡、戈尔丁，艺术家如梵高、毕加索，音乐家如史特拉文斯基、马勒，处处都突破禁忌与传统的束缚，寻求新的形式与内容。今日的文化领域内，意识流的文学、"披头士"以下的歌唱、抽象的绘画，无不是颠覆过去传统规范的尝试。

整体言之，21世纪的新文化正在一步一步成形，其发展方向是以自然流露代替规律，以认识主观代替假想的客观，以多元代替一元独尊。这些文化的展现可能缺少优雅，可能喧哗浮浅，却是比较真实、自然，也有尝试的勇气。

20世纪的全球性文化革命可能只是在对过去的"破"，还没有走到对未来的"立"。人类历史上，这种现象数见不鲜。以中国为例，春秋时代的礼坏乐崩正是孕育儒家道家思想的前提。汉代礼法严整，规律井然，必须经过魏晋以下的怀疑、质问与放肆，中国方有机会将已经僵化的儒家重新糅入道家的新解，收纳新来的佛教。那几百年间，又一次的"礼坏乐崩"，终于冶铸了唐宋时期的第二次中国文明。

今天的世界，正在颠覆启蒙时代以来的西方，即大家艳称为"现代"的文明。人类文明，在全球化的新环境下，正在全新缔造之中。任何文明系统的转变，必须有一个或数个"他者"作为针砭，作为借鉴，长期以来屈服于"西方"的"他者"，是不是能发挥挑战与刺戟的功能？当是由"他者"自己选择哪一个角色：挑战，还是追随？

第五十九章

# 信息革命

人类异于次一级的灵长类,一则是有思考的能力,所以"人类"的种属名称是 Homo Sapiens,用我的老师李济之先生的话,Sapiens 是"能够思辨"。再则,人类掌握了语言,能用一个群内都懂得的声音符号传达复杂的讯息。那些接近人类的灵长类,也有一些代表危险、快乐、威吓的声音,却不能传达复杂的思想,也不能借助语言思考。

语言是面对面的交换意见,受时间(当时)与空间(面对面)的制约。在人类历史上,有过几次"资讯交换"的突破。第一次突破是文字的出现,语音转化为图像(象形文)或可以复制的声音(拼音文字),用文字记录的信息遂能跨越时空的限制,留存给后人,传达于他处。各处人类各有其文字出现的发展过程,此处不必赘述。第二次突破当是印刷术的出现，同一份文件，因此可以大量复制，分散于各方。第三次突破当为电话及电影的出现，真声与真影，不再受空间与时间的限制。

计算机的出现，可以说是第四次突破，而且以其发展的迅速与功能的多样，竟可称为一次划时代的革命，其对于人类文明影响十分深刻！这次的突破，发轫于将近五十年前那一台1975年装成的计算机，至今还保存在美国宾夕法尼亚州州立大学。几大间房间的机件，其能做的功效，还不如今天手掌上薄薄一片的计算器！五十年来，我们目睹了计算机的发展，诚可谓日新月异，目不暇给。论其原理，仍然不外是二进制的系列，一开一关，经过许多选择，拣选信息，联结信息，也保留信息。当初的计算机乃是计算的工具，因此英文名称还是computer，倒是中文的名字"计算机"更为传神，能说明这一工具的功能。今天计算机用途广泛，已是人们生活的一部分，大家都清楚，不必在此一一叙述。我毋宁以此篇幅，论述这次信息革命引发的影响。

以我们学术研究而言，计算机能储存大量数据，也能迅速地检索搜寻，这一功能将"博闻强识"几乎完全可以交托于计算机。同时，其他学者在异地进行的研究，经过网络互通声气，是以分工合作，不必在同一工作单位，也不必属于同一研究团队。因此，每一个人都拥有看不见的人力与资料，支持自己的研究工作。今日研究工作，尤其那些正在开展的尖端学科，实质上已是全球一体。资料是大家共有的，问题

## 第五十九章 信息革命

与设定的工作程序也是共有的，核对研究成果往往是几处同时进行。过去某一发现或某一理论可以归功于某一位学者，现在，一些重要的贡献其实是许多人的集体业绩。这些尖端学科发展迅速，不断改变学术园地的版图。上述全球化的现象，当是相当重要的条件。相对而言，一些曾经占有重要地位的学科，竟由于累积的习惯积重难返，还是在分别割据为小块领域中，其成就遂不能与尖端学科相比了。

在文化的传布方面，计算机及其衍生产品将音响、图像迅速广泛地传布于网络，是以一首歌曲或一场演出，同时观赏的大量人口跨越了空间的限制。这种形式的传播最有利于大众通俗文化的传布，今天种种演艺人员与运动明星，拥有群众之多，成名之快，令人咋舌！大众文化挟其优势，抛去了地域性与文化性的间隔。今天，一位当红明星往往是全球闻名。一般读物，例如日本的漫画，已为举世青少年欣赏。大众文化的全球化，将于近期内统一世界人类的娱乐与休闲方式。相对而言，精致文化的产品，由于挤不进大众传播的网络，即使在一时一地有存在的余地，也许再无远达别地、传之后人的机会了。文化的全球化，大致也意味着通俗化与一致化。各处人类势将享用欣赏几乎同质的文化。从好的一面看，大家有文化上的平等，甚至还有参与文化创造的平等机会。从坏的一面看，下里巴人的庸俗势将排挤阳春白雪的高雅。同构型的文化弥漫全世界，也不免扼杀任何"异端"出现的机会，对多元化共存更是不利。

信息革命对于世界经济的全球化推波助澜的效应尤其显著。在16世纪时，因为新大陆的金银投入了欧亚的长程贸易，世界经济已开始编织为一个庞大的全球网络。工业革命以后，世界各地供需互依的格局将全球经济拉成一片。这次由于电子传讯而出现的信息革命，使全球网络更为紧密。

在许多效应之中，影响我们日常生活处最堪注意者，一在全球金融的迅速融通，一在许多产业的结构发生改变。先说前者：过去各地银行通汇，即使电汇，也还须有数小时的时差，始能将一笔钱转移到别处。今天电子网络拨款的速度，只需键盘上轻轻一击，远在地球另一端即可收到汇拨的款项。世界股票市场最近几年内起起落落，幅度惊人，过去的经济布局，纽约票据市场进进出出无非美国的资金，伦敦市场则是英国的资金为主。今日则不受此限。24小时的时间，纽约、东京、台北、上海、香港、新加坡、苏黎世、法兰克福、伦敦，每一个时区都有市场在开市。大笔资金随着时区一站一站流转，进出任何一处证券市场的资金，往往是外来的"热钱"大于当地"中央银行"可以控制的流动货币量。若干拥有巨资的财团，遂如同经济战场上的快速机动部队，东奔西驰，翻云覆雨，攫取巨利；而由于其流动性强，任何国家的公权力都不能奈何这种财团的"骑兵行动"！

再讨论第二个例子。美国在20世纪初工业化已经成熟，产业结构渐渐整合为"一条龙"的生产过程。举例言之，福特汽车公司生产的汽车，由轧钢到全车装配，都在自己的工厂进行，生产线是一贯作业。今天则不然，由于计算机设计，一件产品的许多元配件可以分割为许多单元，分别在各处生产；由于计算机设计的工作过程精确，这些零件配件可以精准地组装为一体。经过信息网络，各处厂商都能分别标得生产某一工序产品的机会，也都能维持其规格的精准要求。于是，过去一贯作业的工序可以分解为许多步骤的分工。在分工的链线，每一步骤都有上游与下游的供销关系，却也不必局限于同一地点。近来各种产业都有"外包"的链线，其中一个一个环节分散于世界各地。各国的产品，经过"外包"合而为一个整体。一辆丰田汽车，内部实际上有许多"外包"生产者的产品，丰田已很难说是日本的汽车了。"外包"制度，其中参与者众多，各个环节之间的上下游关系，也并不固定不变。是以，资讯革命已彻底改变了工业生产的组织形态，既是全球化，也是因"外包"而切割为流动化。

今天全世界经济版图丕变，美国、日本的工业转移，中国、印度工业扩张，都与上述产业结构的变化有关。对于我们日常生活，许多货物的价格可以降低，但是许多地方的工人会失去职业，而财团则获得庞大利润！

以上所述，只是信息革命对于我们生活冲击的两项举例，都是信息革命促进了全球化现象。文化与经济的全球化，无疑促进了世界大同，但也冲散了各地社区与社群。天涯若比邻，是全球化的一面；比邻若天涯，则是全球化的另一面，一个现象，往往还是必须从不同的角度参看其意义。

第六十章

# 科技的发展

20世纪以来，科技方面的进展多彩多姿。物理学的相对论与量子力学尤为数理科学开了全新的境界。工学技术方面，喷气式飞机、导弹、雷达均是划时代的创新。石油化工制造的塑料，影响了人的日常生活。凡此都不能一一叙述，总的说来，20世纪科技方面开展的速度及特色，诚可说史无前例。

择其最有影响的项目来说，信息工具（如计算机、电视、载波）、太空探测与生物基因的研究，这三个项目当是最重要的发展，甚至称之为"科学革命"的三大项亦不为过！信息革命一项在上章已经涉及，本章则讨论太空探测及生物基因两个项目的情形。这些都是牵涉广泛的课题，不是本书一章可以涵盖，此处也不过提示与我们最有关系的几个问题。

先说太空探测。1957年苏联发射人造卫星"伴侣"号，

## 第六十章 科技的发展

进入外层空间，一举惊动世界！五十年来，人类在这一科学领域的进展十分可观，我们已亲眼看到人类登陆月球，回收太空舱。今日美国的科学家甚至已在讨论如何在月球及一两颗行星上建立永久基地了！至于在外层空间，联结几个太空舱，设立太空站，则已成事实，也许这一设计会扩大为飘浮的太空基地，较之在别的行星上设立基地更为易行。

回顾人类过去对于天空与各种天体的种种想象，以至后来的太阳中心论代替了地球中心论，人类走过了漫长的发展过程。各处科学探测，古代以璇玑玉衡，黄、赤道仪等机械工具，尝试掌握天体运行的规律；近古则发展了光学工具，即各种形式及不同倍数的望远镜，遥测苍穹的点点繁星。人类确是费尽心力，想从自己寄身的地球捉摸到地球以外的宇宙，只是无论有何等进展，人们始终停留在"管窥"的程度，也不能从另一角度寻索宇宙的种种现象。

今天，人类可以从外层空间回头俯视地球，那些太空航行员回顾来处，地球逐渐变化，由一片大地收为一个明亮的光点；他们的激动可想而知！人类离开地球进入外层空间，离开的距离，较之无边无际的宇宙不过一指之遥。犹如小舟离岸，仅有数十尺，外面还有浩瀚的大洋大海，波澜万里，亦不过稍胜于沙滩边缘冲浪的弄潮儿而已。然而人类对自己及对于宇宙的视角，都已与过去大不相同。人类终于理解，地球只是亿万行星中体积不大的一颗小星，地球的年龄也还相当年轻。更重要的是，天与地、天上与人间不再是两个相对的观念。天空、天庭、天国以及诸天神佛、耶和华在太空中没有着落处，所有宗教的超越与凡俗的对立不能再以天上人间为喻。这一难题早已困扰一切宗教，当年伽利略之受天主教廷排斥，即因为太阳中心论的宇宙观动摇了宗教以"天"为喻的理论基础。自从太空探测有了进展，上述的基础都难以成为神学立足之处。

在另一方面，太空探测的许多数据似乎都在证实宇宙不断扩张的假设，是以所有星体及星体系统之间的距离都在持续拉远。这一假设，往回看，必须有一个开始扩张的原点，而且在时间轴线上也当有某一刹那，一声霹雳，忽然有了如箭矢疾飞的"时间"。然则，那一原点置于何处？那一霹雳声，又如何开始？这些都成为今日的"天问"，似乎我们经历了数千年的文明，屈原提出的问题又来到眼前。于是实证科学的假设与验证，九九归元，还是转回老子、庄子、佛陀等人提出的问题。"无"为"有"之始，"无"之前还必须设定一个"无无"的阶段。这些问题是大哉问，还在困扰我们，我们还是不得不在形上哲学中设定一些论述。

另一项目的科技发展，是在生命科学的领域。1953年沃森（James D. Watson）和克里克（Francis H. C. Crick）找到了平行双螺线，作为排列生物基因的模式。到2007年，英国的生物学家已成功地从没有生命的元素合成为有生命的菌丝孢子，这一个有机体虽然非常简单，却符合生命体的定义，能自行繁衍，生生不息。在两个时代的努力之下，生命科学

## 第六十章 科技的发展

的基因研究有如此长足进展，其成就堪称非凡！

现在的生命科学，尤其基因研究已是显学，其可见的后果也是多方面的。医学、药学、农学、环境控制等无不因为基因研究而改变其关注的方向与课题。基因改造也可施之于人类，排除若干疾病，甚至改变人的性格与喜恶趋向，目前，学术界还在自我节制，不做创造生命的研究，也不创造不同物种混合的生物品种。但是这一禁忌难以长久不受挑战。上述英国科学家合成的菌丝孢子，已经突破了禁忌。信息学的研究使得简单的人工智能现已做到，若加上生命科学的研究，也许真有一天，人类创造了也制造了智能不亚于人类的人工人类。如果哪一天真的出现了这种生物新品种，人类是取得了上帝的权力，还是打开了潘多拉的灾难之盒？

生命的奥妙，至今尚未为我们解读。人类自认为万物之灵，自古以来，人类不断探索这一禁地。青春泉、长生不老药、成仙成神等，都是由于人类未能掌握进入禁域的钥匙。现在，人类似乎将成功破解密码，下一步将如何？不做准备，还是预做准备？都是会影响到人们对于"生命"探索的无比重要的大事。

即使单纯从医学的进步言，人类也正站在一个重要关口。今日医学的进步，已使许多原本致命的疾病转变为可以治疗可以延迟其恶化的病症。不久以前，癌症是绝症，今日则基本可以治疗。老年人的心血管病症本是老化过程的必然现象，现在有了药物，长年服用，即成为可以延续甚久的慢性病。人类的自然寿命，不论哪一地区，都或多或少不断地提高，人人可享长寿，"长生不老"的梦想似乎已将实现。然而，人寿虽长，终究已经衰老，寿命提高，老人们承受七痛八病的时间也随之拖长，这样的生命质量，是可欲，抑是可怜？

此外，为了延长寿命，社会付出了不少资源（包括研究与医疗护理的人力与物力）。人口结构由于寿命延长而老龄化。因为老一代不退下，中青年人即不能有递补上一代工作的机会，反而必须负担赡养大量老人的责任。今天一个五十余岁的中层工作人员，其升迁到上级位置的时间大为延迟。一个三十余岁的基层工作人员却必须背起侍奉内外两家四位长辈的责任，即使不由个人直接支付养老费用，他们仍以政府征税的方式担起这一重担。是以，若从整个社会的新陈代谢看，医药的进步打乱了自然生命一代接一代的程序。

纳米（nanometer）则是另一项科技显学。这一种微型技术，也从1950年起即开始有人研究，到20世纪60年代逐渐受人注意。今日纳米技术的应用范围，几乎已遍及所有高科技工业。纳米技术，举例言之，可以将分子焊合，也可以构建细胞单物质分子的复合体。数十年前有一部科幻小说，描述微型小舟，循人体血管巡航，清理血管内部。今日内视镜技术也既可用摄影机探视人体血管内部，还可以执行切割手术。配合激光超音波，许多医疗技术已可做到过去不能想象的工作。

仅以上述几个科技领域所能做到的事迹，人类已能深入其大无外、其小无内的境界，也几乎接近了破解的生命奥秘，这些都在 20 世纪 50 年代开始发轫，今日已卓然有成。借用基督教《圣经》的伊甸园比喻，亚当与夏娃吞食了"智能"的果实，上帝为之震怒，将人类逐出无忧无虑的伊甸园。人类曾经将一切难题都推给上帝，或者祷告求助于诸天神佛。现在智能之果的神效逐渐涌现，人类能做不少事，但是不能解决伴随而来的许多难题。上帝淡出，众神隐退！人类只有自己肩负起解决种种困难的责任。但是，人类有这样的准备吗？

第六十一章

# 知识工业与经济

五十年来,现代科技的发展是多方面的。上章所述太空、生物、信息与纳米诸项以外,航空、材料、农业、石化、核能等诸项也均有长足进展。这些项目,我们可以观见,都是纯理论与实用之间密切相关的知识。是以,半个多世纪以来,生产事业的发展无处不受益于新开拓的知识领域,也经常有助于进一步开拓更多的新知。

过去,工业化的进展大致一步一步在纯理论知识中,有人找到可以转化为实用目的的产品,然后经过实验室试验,引进到产业界尝试,设计生产程序,最后才大量生产,进入市场。这一渐进过程需要相当时间,许多理论性的知识不是为了实用,不少工学院实验室的成果未必引起产业界的兴趣,最后进入市场还必须有广告宣扬,始为一般消费者采用。

## 第六十一章　知识工业与经济

最近半个世纪的情形是，上述的研发过程似乎反其道而行之。现在，敏感的产业界察觉消费者的需求，直接地自己研发，再经由对学术研究的支持，引导学术界在有关领域从已知的基础指向那一个方向，不断试验。由于那些未来产品的市场已经明显可见，有关研究的商业价值也几乎可以标定。

推动这些研究的力量，并不仅是来自民间的产业界，也常常来自掌握庞大资源的政府部门。国家参与学术研究的方向，大致有两个原因：为了军备及为了经济发展。在战争期间，甚至冷战期间，列强都全力投入资源，寻求强化军事力量，这一类的例证多不胜举。第二次世界大战期间，德国发展了导弹，将毁灭与死亡投入遥远的英伦腹地。英美苏急起直追，未曾因大战结束而停顿。这一系列的研究，不仅导致各国目前以导弹为国家军备的主要力量，也引发了太空探测的竞赛。由这一条线索带动的力学、材料、燃料、控制以至与太空研究有关的物理理论，无不突飞猛进，蔚为显学。另一例证则是核能研究。德国在大战期间早着先鞭，但其研究工作由于英军破坏了制炼重水的设备，未能有实际的成功。美国以曼哈顿计划，集中当时物理学界精英，制成原子弹，以此胁降了日本。从此以后，列强一个一个从事核能研究。核能研究的冲击改变了整个物理学领域，量子力学理论蔚为物理学主流。核能的和平用途，由发电到医疗，具有广大无比的经济效益，也为人类生活增加了无数深远的影响。

为了经济发展,不少国家和地区也会投入资源,推动若干有发展潜力的研发。远的不说,单以台湾地区的经验为例。20世纪70年代,台湾的石化工业(塑料)已有良好发展,当局必须策划下一阶段的产业升级,遂以扶植石化工业的经验用于推动信息工业,却又有更为深入的参与。当局组织"资策会"开设新竹科学园区,尤可称道者,当局设立工业技术研究院开发有用的技术,也经由"国科会"与"经建会"推动大学研究工作。这一努力的成果卓然可见。台湾不仅有了新竹的雏形"硅谷",也在几所大学中培养了优质的研究团队,今日,电子、信息软件等学科,台湾均拥有优秀的研发人才。台湾的经济基础至今还是仰仗信息硬件与软件的产业。

目前世界最有发展空间的学术项目是生命科技,包含基因研究及其各有关科目。台湾在这一领域投下的资源其实不够,也太迟,是以韩国生命科技的研究水平高出台湾。最近几年,台湾才在若干研究单位投下资源,期望有能与当年发展信息科技相比的成果。从台湾的两项发展我们已可理解,发展经济可以引发强大的诱因,带动有关学术的研究。

在理工学科之外,由于市场经济本身是一个颇为有趣的现象,人类社会的发展,自从工业革命以来,经济领域的比重一天比一天重要。经济学遂日益茁壮,竟渐渐脱开其他社会科学,俨然自成体系。今日市场的国际化及多元化,掌握市场信息,预测其起伏趋势,都是有极大实用价值的知识。是以经济知识本身成为有用的商品。同样的情形,企业规模日益庞大，牵涉的因素日益复杂，管理企业也成为专门学问，其知识也因此具有商品价值。

以上所举一些理、工、经贸、管理学科，因为其"商品价值"，在各国学术界都发展迅速。电子学院、商学院、管理学院等往往是大学校园最为惹眼的单位，能调动的资源远远超越传统的文理学科。"书中自有黄金屋，书中自有千钟粟"，这些谚语，今日已另有含义。电子新贵又无不盼望与比尔·盖茨同列，股市高手也日夜梦想巴菲特的业绩。

于是，知识不但有商品价值，拥有知识者不但可以找到财富，也找到权力。过去的知识人或中国传统的读书人可能想到"学而优则仕"，却不能与今日若干学科的知识人同日而语。

理性的知识本是一个互相牵涉的大系统，其中若干分子取得社会注目，未尝不能附带拉动整个知识系统的成长。前面所举数例已可显示，理论物理因若干实用科目的发达，也随之启动研究课题。市场管理学的需求，近则带动统计学、社会学等学科，远则刺激历史学与哲学，都必须面对新课程，凡此均是好事！

另一方面，知识成为商品，知识人之中也就难免有人因追逐财富与权力忘了自己原有的本业。追求知识本是发挥智能，秉承理性，由已知推入未知，以逐步了解自己，了解人类所处的社会与宇宙。求知的乐趣，本身即是这一志业的报酬。一旦知识的求利动机压倒了知识本身的意义，有些知识人可能即有垄断知识、出卖知识、伪造知识种种不良行为。学术界的作假事件越来越多，十分令人担忧。

综合言之：人类有史以来，知识的实用意义从未有今日如此引人注意。知识领域，本应以理性与求知热忱为主要动力。面对最近数十年来的变化，我们一则以喜，一则以忧：可喜处，知识为人所重视，也许人类行为可以有较多的理性；可忧处，知识领域由于越来越偏于实用，越来越受制于市场价值，其课题的选择可能有所偏重，积重难返，知识领域中将来可能不再有纯理论的探寻未知了。

第六十二章

## 美好的新世界?

提起全球化,常会想起世界大同。然而,两者毕竟是迥异的观念。世界大同是一个理想的境界,而全球化则是陈述一个正在进行的趋势。未来的世界是否美好,无妨一观全球化可能来到的情形,再预测其得失。

在前面曾提到,现在的国族国家或将在国际组织的框架下失去相当部分的主权。国族国家因此不再是人类群体必然与终极的模式。这一陈述,并不指陈只有一个全球化的人类社会作为人类的主要层体。人类还是会有其他形式的组织,整合不同的人群。

目前可见的现象,除了全球化的趋向于合,其实还有地域性与族群性的趋向于分。举例言之,苏格兰长期与英格兰、北爱尔兰同为联合王国的一部分,已有数百年,最近却要求有自己的议会之外，还要有自己的内阁。又如，比利时由荷语、法语两大族群合为一个国家，两族龃龉为时已久，法语族群竟提出分为两国的要求。非洲诸国，由于当年被西方列强霸占，一国之内有不同的族群，同一族群分属两国。自从二次世界大战后，殖民地纷纷独立建国，这些强合为一国的族群要求独自立国，已是常见之事。欧洲巴尔干半岛族群复杂，犬牙相错，难以切割，族群纠纷，时时演变为暴力冲突。凡此情形，世界各处屡见不鲜。

近代主权国家有其功能，即在集合国民，统筹资源，俾得对外保卫国民的集体安全，不受外人侵略，对内挹注资源，救困济弱，使国民有生活的保障。但是，20世纪的国家公权力极度扩张，个别公民在强大公权力笼罩之下，颇有太阿倒持之苦。国家主权削弱，或可由社区与社群取回一部分公权力，以执行内部安全保障的功能。一个社群或社区也不能太小，应有数十万人的共同体，方能聚集足够资源，挹彼注兹，合作互济。从血统、语言界定的族群却未必是最好的共同体，因为这些"先设"的定义其实常是虚拟的，而且先设定义的族群内部利益并不一致，文化理念也多差异，未必能组成谋求集体福祉的生活共同体。因此，我认为一个人数不过百万的地缘社区组成共同体，再加上理念或职业相近的社群组成另一层次的群体，在社区共同体中以协商方式共谋群体的最大福祉，可能避免强大公权力的弊病。

全球化的另一范畴则是经济的全球化，我已在前面的章

# 第六十二章 美好的新世界？

节陈述经济全球化乃是16世纪启动的趋势，其动力沛然不可制止。到了今天，各种国际组织中最有实际功能者，也是经济合作组织（例如世贸组织、亚太经合组织、东盟、欧盟）。在具体运作的层面，跨国投资公司、多国公司的外包业务均是自然衍生的经济国际化现象。全球化现象竟可说是由经济国际化开始的，其持续发展的动能还是自由经济的市场行为，本来不应有经济动机以外其他力量的强力干预。

19世纪以来，西方列强挟工业生产的优势，强力侵略世界其他地区，它们以国族主权国家借武装力量凌驾弱者，长保自己的经济优势。最近数十年，由于经济交流，各国经济体之间不能再有过去的藩篱；正如几个水桶，彼此之间原来只有强力控制的挹注，现在则有了水桶之间的水管相通，于是原来并不相等的落水高度，难以避免会逐渐拉平水头，诸桶蓄水终将在同一水平。最近中国、印度、巴西等国经济崛起，其实即是拉平水头的效应。对于人类社会全体，这一发展大势，是矫正不平等的好现象。

不过，从另一方面看，"经济全球化"过程中，已有一些财力雄厚的财团利用经济互通的情势，在各处流动以博取厚利，却又利用国与国之间的权力间隙逃避任何一处公权力的管理与约束。轻则逃税，重则违法犯纪。这种在国际流窜的财富在今日有日渐增多的趋势，"经济全球化"的过程中必须对这一现象有所纠正。

上章所述科技知识商品化，与经济全球化也有互为表里之势。在许多相同兴趣的知识人整合时,他们的密集互动最有利于知识的累积与增长。眼前美国加利福尼亚州硅谷、波士顿附近地区均是知识人群集的中心;这些聚集密度最高的地点,也正是知识衍生财富与权力最具显著效应的地方。将来全世界将有若干类似硅谷的聚集中心,其人才、财富互相拉拔,将长保优越地位,凌驾于广大的腹地之上。从可喜的方向看,人类共同资产的"知识",在这些养精蓄锐的地方得以迅速而有效地增长。从可忧的方向看,若干中心的存在,势将剥夺其他地区发展所需的资源,科技知识的地区性偏差可能很难有改变的机会。长远而言,对于世界整体的发展,这些偏差还可能提供多些选项。

大众文化的全球化,亦是已经显而易见的现象,流行歌曲、时尚服装、体育运动及电影电视节目,均已由一些引领风骚的中心四处弥漫,遍及全球,尤其青少年喜爱时尚,不论身处何处,都已如由同一模板翻印。在这一通俗文化的领域,地理空间并无距离,时间轴线的代沟反而更为显著,世界各处的青少年似乎正趋于相同。可是相对西方,无论哪一个文化体系的传统精粹之处却在不断流失,通俗文化挟现代大众传布的利器,正在排挤一切精致文化。也许不需两代,中国的诗词歌赋、西方的交响乐与文学巨作,都只是大学学术研究的课题,不再能在芸芸百姓之中发挥启迪灵性、提升情趣的作用了!

最堪担忧的事,则是几个主要思想与信仰体系日趋衰微。

## 第六十二章 美好的新世界?

佛陀、犹太先知、孔子、耶稣诸人,开创了人类的价值系统,于是人类知所善恶,也知道坦然面对生死、穷通种种难知的命运。凡此生命的意义,经由说教与信仰,不断继长增高其价值系统的内涵与外延。可是现代数理与生命科学发展至今,那些价值系统借以立足的信仰很难自圆其说。

今日世界各处交往频繁,再无隔离。文化的多元共存,势必将各处信仰系统对照比较。任何信仰,在其原来地区大多独尊一家,各行其是。各家系统对比之下,彼此异同,互相抵消,信仰系统很难继续主导其信众,规范他们的行为。

综合本章,世界走向全球化,在政治、经济与文化各方面都会出现巨大变化,效应也有利有弊,并不是理想中的世界大同。再者,世界本应同中有异,方能留下抉择余地,一切同质,也未必是好事。至于如何重建可以持守的价值观,则将在下章中讨论。

第六十三章

# 重建价值系统

两千多年前,各处圣哲为人类界定了是非、对错、善恶种种价值,将大多数的人类带进文明开化之境。人类之异于其他生物,就在我们知道如何规范自己,如何彼此合作,如何减少弱肉强食,唯力是恃。人类也有了提升自己性灵境界的反省与启悟,遂得在顺畅时自制,在横逆时不馁,在无可奈何时宁静。

如上章所述,20世纪开始,几个传统文化都在日益式微。基督教与伊斯兰教都将文化的超越部分构建在独一真神的意志上,一切价值系统,都以神谕神思为基础。自从启蒙时代以来,基督教中人颇致力于修正调节,但在太空与生命科技迅速开展下,还是难以自圆其说。世界多元化,许多文化系统互相碰撞,基督教系统也难以独尊,伊斯兰教系统至今仍

## 第六十三章 重建价值系统

陷于诸多内外冲突；东方的两大文化系统，即印度文化与中国儒、道、释融合的系统，则承受西潮的冲击。于是，今天举目全球，那些古老的文化系统都渐渐隐去，前面的舞台几乎全为上两章描述的科技文化占去。科技文化今天大多有"致用"的特色，"工具理性"的成分极大，于超越性的价值还有待界定与开发。

在今天科技文明已经成形的时代，构建人类文化的价值系统不能再以先验的天与神为基础。超越性的价值必须从自我反省开始。何谓超越？借用人们日常经验为譬喻：我们在博物馆中站在一幅悬挂的艺术品前，往往趋前以近距离谛视细部，又退后一步以较远距离欣赏全局。退后一步，即是超越局部与细节。此处"超越"一词，可引申为超过此时此刻，跨越眼前的空间！我们未尝不能试试，如何从科技文明本身寻找超越价值。我们也未尝不能由"人"的现象作为寻找超越的起点，毕竟我们自己是"人"，也正因为自己是"人"，我们在寻找如何为"人"的生活重建超越的价值。

假如以"人"的现象为起点，我们至少可以肯定，此时此地，"我"在思想；这一事实，即可以确认，"我"是存在的。笛卡儿"我思，故我在"的名言，即是陈述这一肯定存在的起点。"我"既存在，则由我投射，可以肯定，别人即别人的"我"也是存在的。这是中国儒家人本哲学的陈述，"推己及人"。我有好恶，则推及他人，即是"己所不欲，勿施于人"。儒家以此陈述其超越的仁及仁所衍生的道。积极的方向，"仁"

者爱人，己欲达而达人，己欲立而立人，遂与"恕"道互为表里，既博施及于众人，又不将自己的意志强加于他人。在基督教价值中，"爱人如己"，注重于积极的方面。一不小心，即可能尽力推广自己的系统而不容许拒斥，甚至不容许有异见存在。基督教与伊斯兰教都自恃为独一无二的真理，他们的传教过程往往多用强力，而两个信仰系统本来同出一源，却固于"恕"道有所不足。两教兵戎相见已逾千年，今天中东的战乱，还是由于两者都自恃为绝对真理，不容彼此共存。

从"推己及人"，更进一步则是"推己及物"，此处的"物"涵括"人"的观念以外之众生万物。物理与化学，均考察万物结构，近代太空探测考察宇宙天体的结构，生命科学则考察细胞、基因的结构。今日可知者，外则恒星与行星，内则分子、原子与许多粒子。它们的构建都是一个一个的"系统"，其中各个部分又彼此维系，互相影响，不断地互动以调整其衡态。同时，大大小小各个结构，套叠为多层次的结构，包有大小各级的"宇宙"。一个原子结构，宛然一个小型太阳系的结构。至于信息科学，其功能在建构网络，当然更可启示系统的特性。

这一其大无外、其小无内的多层网络系统，启示我们大小宇宙息息相关，一个小宇宙的变化牵动其所属的大系统。"人"所属的人间社会，其中一个一个不同性质的组织，其实不过是人类系统中的局部。这些局部系统的内部还有分开系统，各有统属，却又在人类共同系统中各自运作，又彼此牵连，也彼此互动。人类共同系统则又放置在不同层次的生态环境之中。人类改造生态，也受制于生态。

这一段描述，在董仲舒的天人感应之说中，实已由形而上学的思辨观见其情况。佛家华严宗描述的帝释网，网上千千万万明珠回照反映，由一粒明珠映照可以见到整个大网，甚至也可从"他珠"的映照见到"我珠"。是以，中国与印度的文化观念中已有如此认识：万物皆备于我，由自身的观照可以体认到宇宙的存在。回到前面所述笛卡儿的名言，则主观的自己肯定其存在，既可跨越主观认知外界的客观存在，而且往还返照彼此之间的互依互存，则"人"的现象可以扩而大之地肯定了"宇宙"的现象。这是由"推己及人"，进而为"民胞物与"，再进而为"天人相通"。天人感应的辩证关系可说是由观照到悟觉，万物皆备于我，我与万物息息相关。

由此转化，则人人可以知道与人为善，也能由民胞物与转化为恫瘝在抱的同情，不仅实践为"人饥我饥、人溺我溺"的悲悯，甚至推而广之，悟到对于万物与环境的怜惜。这一连串的价值观，全可由"仁"的认识及网络系统的由己及人与天人交感，一点一点引申得之。

若理解价值系统为真、善、美三个方面，善的部分可由上述诸点开出，真的部分则可追求科研知识的"学术行规"导出。任何学术工作本是为了追求真理，求真的推论、归纳以至实验，无非以理性寻找可能企及的"真"，并以反复推敲及实验以验证是否如此。学术研究可能因为资料不够，考虑不周，遂使推论错误，但是至少学术工作者不应也不会存心作伪，编造数据欺骗自己！

为了求名求利，少数不肖之徒存心作伪以欺骗同行，例如2006年韩国克隆生物的丑闻。这是知识商品化的恶果。即使在韩国的这一例子中，以伪造实验成果欺骗世人的生物学家自己心知肚明，也不会相信这一实验。因此，在正常情况下，学术工作者以求真为其志业，即可由此专业伦理转化为真诚不欺的普遍伦理。

善的价值，由人类有情，也能为情所动。此处的"情"字，不是仅限于喜悦，也一样有惊奇等种种启动的情绪。美丑的定义与尺度在不同文化系统未必一致，然而却有共同的人性为基础。有的人，情的体会较为敏锐，也有人则较为迟钝。大体言之，人人心中有情，如何启动，颇由机缘。若从前面所说认识人性为出发点，则对于情的流露也未尝不能有所开发；甚至由求真的学术工作，一条数学公式，越简洁涵盖面越广，则其干净利落处，本身即如完美的几何学有其激活人情的美感。自古以来，文字、艺术、音乐等动人处，颇多是在这种恰到好处打动了读者、阅者或听众的心弦。简言之，还是不外推己及人，"感同身受"！

今天人类还处于旧日文明崩解之时，新的价值系统亟待构建。科技文明代替了过去的农业文明与工业文明，这一个新的文明，是以人为本，以知识为用。本章所述，只是一己的尝试，企求从人本与求知两块基础上推行可以安顿人心、

## 第六十三章　重建价值系统

安顿社会的价值。明日的世界,必须有个人之间相处的伦理、个人与社会群体相处的伦理以及人与自然相处的伦理,庶几这一正在开展的文明可久可大,有其增长的空间。过去的文明,神是因缘之源,也是终极目标。这个"神"字,在不同文化系统有不同的称号。但也有"道"与"Logos"代表天地间的"理"字。今后,我们或可持"人"为起点,也以"人"为终点,而以人的理智灵性作为"神"的内涵。所盼者,大家都多多思考这些问题,但不宜当作学术问题,也不应当作教条,毕竟由知识或可提炼为智慧,日常生活则是价值的实践。

# 中外大事记

| 年代 | 中国大事 | 世界大事 |
| --- | --- | --- |
| 前 3500 年 | | 埃及人发明文字 |
| 前 3100 年 | | 两河流域出现苏美尔城邦文明 |
| 前 3000 年 | 黄河流域的聚落纷纷筑墙 | |
| 前 2686 年 | | 埃及旧王国时期 |
| 前 2300 年 | | 古印度河文化开始进入巅峰期 |
| 前 1700 年 | | 米诺斯文明开始强大 |
| 前 1500 年 | | 雅利安人入侵印度 |
| 前 1300 年 | | 迈锡尼文明控制克里特岛和爱琴海 |
| 前 1025 年 | | 希伯来人建立希伯来王国 |
| 前 841 年 | 中国开始有明确纪年 | |
| 前 814 年 | | 腓尼基人于北非建立迦太基 |
| 前 770 年 | 平王即位，东迁洛邑，东周始 | |
| 前 525 年 | | 波斯灭埃及 |
| 前 509 年 | | 罗马开始共和时代 |
| 前 492 年 | | 希波战争开始 |
| 前 450 年 | | 罗马公布"十二表法" |
| 前 431 年 | | 伯罗奔尼撒战争爆发 |
| 前 359 年 | 秦孝公用商鞅变法 | |
| 前 338 年 | | 马其顿人征服希腊各城邦 |
| 前 326 年 | | 亚历山大建立跨欧亚非的大帝国 |
| 前 307 年 | 赵武灵王胡服骑射 | |

续表

| 年代 | 中国大事 | 世界大事 |
| --- | --- | --- |
| 前 221 年 | 秦国统一中国 | |
| 前 139 年 | 张骞出使西域 | |
| 前 134 年 | 汉武帝罢黜百家，独尊儒术 | |
| 前 111 年 | 攻南越，置九郡，取西南夷 | |
| 前 108 年 | 攻朝鲜，设真番、临屯、乐浪、玄菟四郡 | |
| 前 51 年 | 匈奴呼韩邪单于来朝 | |
| 前 27 年 | | 屋大维任奥古斯都，罗马进入帝国时期 |
| 91 年 | 窦宪败北匈奴，匈奴西徙 | |
| 166 年 | 第一次党锢之祸 大秦王安敦遣使至汉 | |
| 184 年 | 黄巾之乱起 | |
| 208 年 | 赤壁之战，天下三分 | |
| 280 年 | 晋灭吴，中国统一 | |
| 311 年 | 永嘉之乱 | |
| 313 年 | | 君士坦丁宣布基督教为罗马合法宗教 |
| 320 年 | | 印度笈多王朝建立 |
| 380 年 | | 狄奥多西定基督教为罗马国教 |
| 383 年 | 淝水之战 | |
| 395 年 | | 罗马帝国分裂为东西两部 |
| 399 年 | 东晋法显赴天竺 | |
| 476 年 | | 西罗马帝国灭亡 |

续表

| 年代 | 中国大事 | 世界大事 |
|---|---|---|
| 493 年 | 北魏孝文帝迁都洛阳 | |
| 589 年 | 隋灭陈,全国统一 | |
| 605 年 | 开进士科,首开科举制度 | |
| 622 年 | | 穆罕默德迁麦地那,伊斯兰历纪年之始 |
| 627 年 | 玄奘西行求法 | |
| 630 年 | 平东突厥,西北君长上"天可汗"称号<br>日本遣唐使抵华 | |
| 641 年 | 文成公主嫁吐蕃赞普 | |
| 643 年 | 拂菻(东罗马帝国)遣使来华 | |
| 646 年 | | 孝德天皇推动大化革新 |
| 663 年 | 白江口之役刘仁轨大破日本 | |
| 751 年 | 唐玄宗时怛罗斯之役为大食所败 | |
| 755 年 | 安史之乱(755—763) | |
| 800 年 | | 罗马教宗为查理曼加冕为"罗马人的皇帝" |
| 843 年 | | 《凡尔登条约》将查理曼帝国一分为三 |
| 875 年 | 黄巢之乱(875—884) | |
| 936 年 | 石敬瑭割燕云十六州给契丹,自称"儿皇帝" | |
| 962 年 | | 罗马教皇加冕奥托一世为"神圣罗马帝国皇帝" |

续表

| 年代 | 中国大事 | 世界大事 |
|---|---|---|
| 979 年 | 宋统一中国 | |
| 1004 年 | 宋辽澶渊之盟 | |
| 1044 年 | 毕昇发明活字印刷版 | |
| 1054 年 | | 基督教分裂成罗马公教和希腊正教 |
| 1088 年 | | 波隆那大学成立 |
| 1095 年 | | 西欧基督教国家对地中海东岸国家的战争（共七次，1095—1291） |
| 1115 年 | 女真阿骨打称帝，国号金 | |
| 1138 年 | 宋金议和，南宋正式定都临安 | |
| 1170 年 | | 巴黎大学成立 |
| 1206 年 | 蒙古铁木真称成吉思汗 | |
| 1215 年 | | 英国约翰王签署《大宪章》 |
| 1219 年 | 蒙古第一次西征 | |
| 1240 年 | | 基辅罗斯被蒙古所灭 |
| 1258 年 | 蒙古灭阿拔斯王朝 | |
| 1274 年 | 元军侵南宋，攻日本败归 | |
| 1275 年 | 马可·波罗至中国 | |
| 1337 年 | | 英法百年战争（1337—1453） |
| 1347 年 | | 黑死病开始在欧洲蔓延 |
| 1351 年 | 白莲教起事 | |
| 1368 年 | 朱元璋建立明朝 | |
| 1369 年 | | 帖木儿汗国兴 |
| 1380 年 | 明太祖杀胡惟庸，废丞相 | |

续表

| 年代 | 中国大事 | 世界大事 |
| --- | --- | --- |
| 1392 年 | | 高丽李成桂自立为王,受明册封,国号朝鲜 |
| 1405 年 | 郑和第一次下西洋 | 帖木儿卒 |
| 1453 年 | | 东罗马帝国灭亡 |
| 1469 年 | | 卡斯提尔和阿拉贡两国联姻 |
| 1492 年 | | 哥伦布到达美洲 |
| 1498 年 | | 葡萄牙人达·伽马发现印度新航线 |
| 1514 年 | 葡萄牙人抵珠江口后,欧洲人开始通过海路抵达中国,寻求通商的机会 | |
| 1517 年 | | 马丁·路德揭开宗教改革的序幕 |
| 1519 年 | | 西班牙将领科尔特斯登陆墨西哥 |
| 1522 年 | | 麦哲伦船队航行地球一周 |
| 1526 年 | | 莫卧儿帝国建立 |
| 1531 年 | | 西班牙将领皮萨罗企图征服印加帝国 |
| 1549 年 | | 耶稣会教士沙勿略进入日本,欧人在日本传教之始 |
| 1554 年 | 中国准葡萄牙人于广东互市 | |
| 1555 年 | | 新旧教诸侯签订《奥古斯堡和约》 |
| 1581 年 | 张居正实行"一条鞭法" | |
| 1582 年 | 利玛窦至澳门 | |
| 1588 年 | | 英国大破西班牙无敌舰队 |
| 1592 年 | | 日本丰臣秀吉出兵朝鲜 |

续表

| 年代 | 中国大事 | 世界大事 |
|---|---|---|
| 1598 年 | 明朝援朝鲜，丰臣秀吉卒，日军退 | 俄国占领西伯利亚 |
| 1600 年 | | 英国成立东印度公司 |
| 1601 年 | 利玛窦至北京 | |
| 1602 年 | | 荷兰联合东印度公司成立 |
| 1603 年 | | 德川家康被天皇任命为征夷大将军 |
| 1618 年 | | 三十年战争（1618—1648） |
| 1619 年 | | 荷兰人于爪哇建立巴达维亚城 |
| 1624 年 | 荷兰人占据台湾南部 | 英国制定专利法 |
| 1626 年 | 西班牙占据台湾北部 | |
| 1633 年 | | 日本于 1633—1639 年多次颁布《锁国令》 |
| 1642 年 | 荷兰人将西班牙人逐出台湾北部 | 英国发生"清教徒革命" |
| 1644 年 | 李自成陷北京；吴三桂引清兵入关 | |
| 1648 年 | | 签订《威斯特伐利亚和约》 |
| 1657 年 | | 俄人筑尼布楚城 |
| 1660 年 | | 英国皇家学会成立 |
| 1661 年 | 郑成功入台湾，次年驱逐荷兰人 | |
| 1683 年 | 清将施琅攻克台湾，郑氏政权灭亡 | 奥斯曼帝国攻打维也纳，遭奥地利与波兰击退 |
| 1685 年 | 清败俄于雅克萨 | |

续表

| 年代 | 中国大事 | 世界大事 |
| --- | --- | --- |
| 1688 年 | 英国对中国的贸易已居西方国家中的首位 | 英国"光荣革命" |
| 1689 年 | 俄国与大清帝国签订《尼布楚条约》<br>英国开始到广州经商 | 英国国会通过《权利法案》 |
| 1699 年 | | 俄彼得大帝开始"西化改革" |
| 1701 年 | | 普鲁士王国建立 |
| 1720 年 | | 日本江户幕府放宽《禁书令》 |
| 1723 年 | 清世宗禁教 | |
| 1727 年 | 清俄订定《恰克图条约》 | |
| 1757 年 | 海上通商限广州一口 | |
| 1763 年 | | 英国击败法国,占有加拿大 |
| 1767 年 | | 英国针对北美推行数种进口税 |
| 1769 年 | | 瓦特改良蒸汽机成功 |
| 1770 年 | | 澳大利亚成为英国的殖民地 |
| 1773 年 | 英国东印度公司垄断对中国的鸦片贸易 | 波士顿倾茶事件 |
| 1776 年 | | 美国独立 |
| 1786 年 | 台湾发生林爽文事件 | |
| 1787 年 | | 美国召开制宪大会,通过史上首部成文宪法 |
| 1789 年 | | 法国大革命爆发 |
| 1790 年 | | 日本江户幕府下令禁止异学 |
| 1793 年 | 英使马戛尔尼到北京 | |
| 1799 年 | | 拿破仑成为法国的"第一执政官" |
| 1814 年 | | 欧洲列强召开维也纳会议 |

续表

| 年代 | 中国大事 | 世界大事 |
| --- | --- | --- |
| 1816 年 | 英国派阿美士德使节团至中国 | |
| 1822 年 | | 希腊宣布独立 |
| 1826 年 | 清朝对英国的贸易出现逆差 | |
| 1830 年 | | 法国爆发"七月革命" |
| 1832 年 | | 英国国会通过选举办法的重大改革 |
| 1839 年 | 林则徐到广州禁烟 | 荷兰承认比利时独立 |
| 1840 年 | 鸦片战争（1840—1842） | 新西兰成为英国的殖民地 |
| 1842 年 | 清英订立《南京条约》<br>魏源出版《海国图志》 | |
| 1847 年 | 俄国西伯利亚总督逐渐占领黑龙江下游地区 | |
| 1848 年 | | 法国爆发"二月革命"<br>马克思、恩格斯发表《共产党宣言》 |
| 1850 年 | 洪秀全率太平军起事（至1864 年） | |
| 1853 年 | | 美国将军佩里率军要求日本幕府撤除《锁国令》 |
| 1855 年 | 云南、贵州回变（至1873 年） | |
| 1857 年 | 英法联军之役 | |
| 1858 年 | 订定《天津条约》《瑷珲条约》 | 英国人开始统治印度 |
| 1860 年 | 第二次英法联军，订《北京条约》 | |

续表

| 年代 | 中国大事 | 世界大事 |
|---|---|---|
| 1861 年 | 自强运动开始 | 意大利建国<br>美国爆发南北战争（至 1864 年） |
| 1862 年 | 陕甘回变起（至 1873 年） | |
| 1867 年 | | 日本幕府"大政奉还" |
| 1868 年 | | 日本实行"明治维新" |
| 1870 年 | | 普法战争 |
| 1874 年 | 牡丹社事件 | |
| 1875 年 | 沈葆桢来台，奏请"开山抚番" | |
| 1877 年 | 清廷派公使驻英、日 | |
| 1879 年 | | 日本改琉球为冲绳县，不再臣属清廷 |
| 1883 年 | 中法越南战争（至 1885 年） | |
| 1884 年 | 新疆建省 | 英国成年男子皆获选举权 |
| 1885 年 | 台湾建省 | 西方各国瓜分非洲（至 1895 年） |
| 1886 年 | | 英国将缅甸划为英属印度的一省 |
| 1894 年 | 中日甲午战争<br>兴中会创立 | 日本逐步废除与他国签订的不平等条约 |
| 1895 年 | 《马关条约》签订，割台湾予日本 | |
| 1898 年 | 戊戌变法<br>德国强迫中国订约租借胶州湾 | |
| 1899 年 | 英美向中国提出"门户开放"政策 | |

续表

| 年代 | 中国大事 | 世界大事 |
|---|---|---|
| 1900 年 | 义和团事件，八国联军攻占北京 | |
| 1901 年 | 清廷下诏变法 | |
| 1903 年 | 英国借口抵消俄国在中亚的势力，将势力范围逐渐扩展到西藏 | |
| 1904 年 | | 日俄战争（至 1905 年） |
| 1905 年 | 清廷明令次年废除科举制度<br>同盟会在东京成立 | 德、法爆发第一次摩洛哥危机 |
| 1906 年 | 清廷宣布"预备立宪" | |
| 1910 年 | | 日本并吞朝鲜 |
| 1911 年 | 武昌起事 | 第二次摩洛哥危机 |
| 1912 年 | 中华民国成立 | |
| 1913 年 | "二次革命"失败<br>在英国唆使下，西藏单方面宣布脱离中国 | |
| 1914 年 | | 第一次世界大战开始 |
| 1915 年 | 日本对华提出"二十一条要求"<br>袁世凯称帝 | |
| 1916 年 | 袁世凯取消帝制，不久后卒 | |
| 1917 年 | 张勋复辟<br>北京政府对德、奥宣战<br>孙中山至广州组建军政府 | 美国参战<br>俄国爆发"二月革命""十月革命" |

续表

| 年代 | 中国大事 | 世界大事 |
|---|---|---|
| 1918年 | 军政府改组，孙中山离粤 | 第一次世界大战结束，协约国获胜 |
| 1919年 | 五四运动 | 巴黎和会召开 |
| 1920年 | 直皖战争，直系胜 | 国际联盟成立 |
| 1921年 | 孙中山在广州就任非常大总统<br>中国共产党成立（上海） | 列宁推出"新经济政策" |
| 1922年 | 第一次直奉战争<br>陈炯明炮轰孙中山总统府 | "苏维埃社会主义共和国联邦"成立 |
| 1923年 | 孙中山在上海接见越飞，发表联合宣言 | 土耳其改制为共和国 |
| 1924年 | 国民党改组，联俄容共，黄埔军校成立<br>第二次直奉战争 | 外蒙古成立蒙古人民共和国 |
| 1925年 | 孙中山病逝于北京<br>国民政府成立（广州） | |
| 1926年 | 北伐 | |
| 1927年 | 清党<br>宁汉分裂 | 日本田中义一组阁，对中国东北和蒙古实行扩张政策 |
| 1928年 | 国民革命军入北京，全国统一 | 苏联开始实施第三个五年计划 |
| 1929年 | | 美国纽约交易所股票暴跌，引发全球性的经济大恐慌 |
| 1930年 | 关税自主<br>开始"剿共" | |
| 1931年 | 中共建立十三个苏维埃根据地<br>"九一八"事变 | |

续表

| 年代 | 中国大事 | 世界大事 |
| --- | --- | --- |
| 1932年 | "一·二八"事件<br>伪满洲国成立 | |
| 1933年 | 国民政府废两改元,统一币制 | 美国罗斯福总统实施"新政"(至1939年) |
| 1934年 | 红军开始长征 | |
| 1936年 | 西安事变 | |
| 1937年 | 七七事件,对日全面抗战开始(至1945年)<br>共产党设立陕甘宁边区政府 | |
| 1939年 | | 希特勒进攻波兰,发动第二次世界大战 |
| 1941年 | 国民政府对德、意、日宣战 | 日军偷袭珍珠港,美国参战 |
| 1942年 | 共产党在延安开展"整风运动"<br>英美宣布废除在华不平等条约 | |
| 1943年 | | 开罗会议 |
| 1945年 | 中共七大召开,确定毛泽东领导地位<br>马歇尔调停国共问题 | 第二次世界大战结束<br>联合国成立 |
| 1947年 | 公布《中华民国宪法》<br>国共内战转剧<br>宣布动员"戡乱" | 美国发动反共的"杜鲁门主义" |
| 1948年 | 第一届国大会议,选蒋介石为行宪第一任总统<br>发行金圆券<br>淮海战役 | 欧洲16国合组"欧洲经济合作组织"<br>印度和缅甸独立 |

续表

| 年代 | 中国大事 | 世界大事 |
|---|---|---|
| 1949 年 | 中华人民共和国成立<br>国民党退居台湾 | |
| 1950 年 | 中华人民共和国开始土地改革、镇反运动 | 朝鲜战争爆发（至 1953 年） |
| 1952 年 | 台湾当局与日本签订和平条约 | |
| 1953 年 | 台湾当局实施耕者有其田政策<br>中华人民共和国开始实施第一个五年计划 | |
| 1954 年 | 台湾当局与美国签订共同防御条约 | |
| 1958 年 | 中华人民共和国开始"大跃进"、人民公社化<br>两岸金门"八二三"炮战爆发 | "欧洲共同市场"成立 |
| 1959 年 | 刘少奇任中华人民共和国国家主席<br>庐山会议 | |
| 1961 年 | | 东德筑柏林围墙<br>越南战争爆发（至 1975 年） |
| 1962 年 | | 古巴导弹危机 |
| 1965 年 | 美国终止对华（台湾）经济援助 | 法、意、德、荷、比、卢六国签订《布鲁塞尔条约》，将欧洲煤钢组织、欧洲原子能组织与欧洲共同市场，统称欧洲共同体 |
| 1966 年 | "文化大革命"开始（至 1976 年） | |

续表

| 年代 | 中国大事 | 世界大事 |
|---|---|---|
| 1968年 | | 捷克"布拉格之春" |
| 1969年 | 中、苏在黑龙江省珍宝岛发生武装冲突 | 美国航天员登陆月球 |
| 1971年 | 中华人民共和国恢复在联合国的合法席位 | |
| 1972年 | 美总统尼克松访中国<br>日本与台湾"断交" | |
| 1973年 | 台湾推动"十大建设" | 美国从越南撤军<br>以阿战争导致第一次石油危机 |
| 1977年 | 中共召开第十一次全国代表大会 | |
| 1978年 | 中共召开第十一届三中全会，邓小平复出 | |
| 1979年 | 中华人民共和国与美国建交<br>美丽岛事件 | 苏联入侵阿富汗（至1988年）<br>第二次石油危机 |
| 1980年 | 台湾当局与美国共同防御条约废止 | 两伊战争（至1988年） |
| 1987年 | 台湾地区解除戒严<br>开放中国大陆探亲 | |
| 1989年 | 中苏关系正常化 | 东欧社会主义阵营开始解体 |
| 1990年 | 海基会成立 | 伊拉克占领科威特<br>德国统一 |
| 1991年 | 海协会成立 | 海湾战争爆发<br>苏联解体 |
| 1992年 | 邓小平南方谈话 | 欧盟成立 |
| 1993年 | 辜汪会谈在新加坡举行 | |

续表

| 年代 | 中国大事 | 世界大事 |
|---|---|---|
| 1994 年 | | 卢旺达种族屠杀 |
| 1995 年 | 江泽民发表对台八项主张 | |
| 1996 年 | 第三次台海危机<br>第一届台湾地区领导人直选 | |
| 1997 年 | 香港回归中华人民共和国 | 东南亚金融风暴（至 1998 年） |
| 1999 年 | 澳门回归中华人民共和国<br>台湾发生九二一大地震 | 美国将巴拿马运河主权归还巴拿马 |
| 2000 年 | 陈水扁当选第十届台湾地区领导人，完成首次政党轮替 | |
| 2001 年 | 厦门与金门、马祖实施"小三通"<br>中国大陆、台湾地区加入世界贸易组织 | 美国九一一恐怖袭击事件 |
| 2003 年 | 台海两岸首次春节包机直航<br>台海两岸 SARS 疫情严重 | 美国出兵攻打伊拉克 |
| 2005 年 | 中华人民共和国通过《反分裂国家法》<br>中国共产党总书记胡锦涛会见先后访问中国大陆的中国国民党主席连战与亲民党主席宋楚瑜 | |
| 2007 年 | 中华人民共和国提出两岸和平协商 | |